国家社会科学基金一般项目"基于道德信念的内隐偏见产生机制研究"（13BSH058）

心理学视域中的社会公正和社会排斥

胡金生 ◎ 著

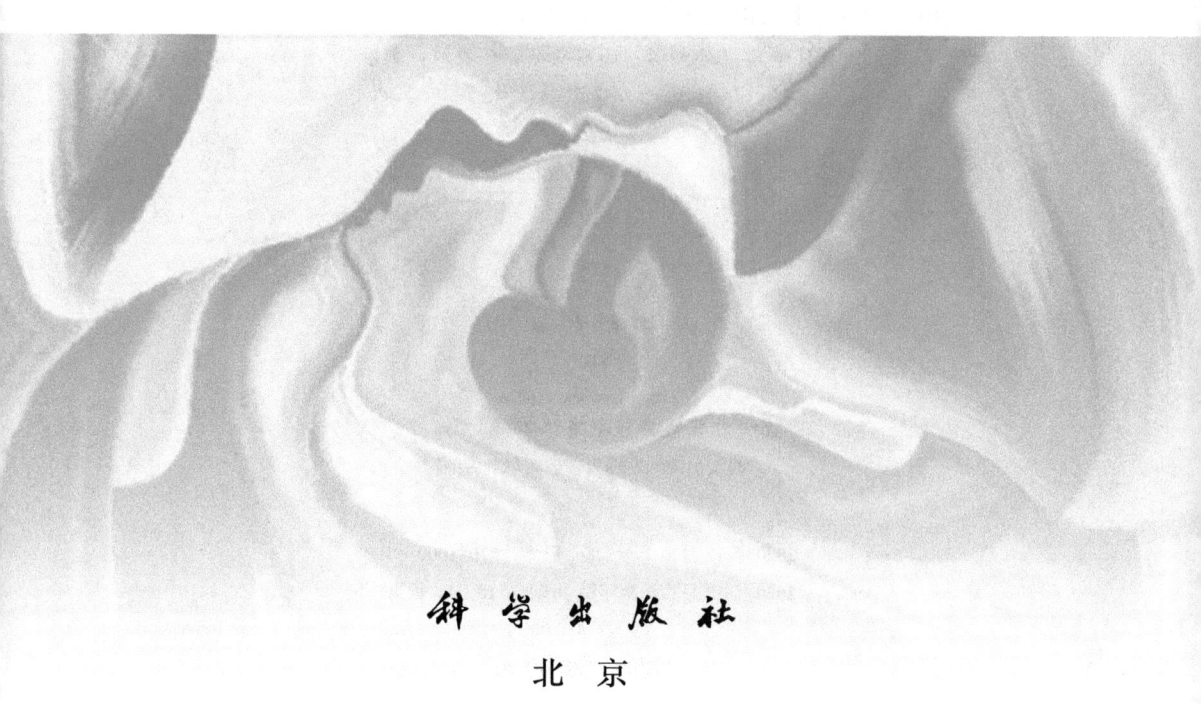

科学出版社

北京

内 容 简 介

公正是促进社会合作的适应器,是为了适应生活中的不确定性而发展起来的。本书分为社会公正、社会排斥及种族偏见的研究进展和实证探索三篇,共计六章。第一篇详细综述了公正判断的"非理性"、公正敏感性和道德信念整合理论,并重点关注风险信息中的公正要素对权威信任的影响、自我建构和调节聚焦对利他性惩罚的影响。第二篇详细梳理了社会排斥后的认知反应和自我调节策略研究,围绕社会排斥对工作记忆、内隐攻击、执行功能的影响进行了实证探索。第三篇系统分析了种族偏见的测量、干预和神经生理机制,并重点探讨了群际接触对种族面孔识别、道德信念对内隐种族偏见的影响。

本书可作为教育、司法、公安、企业管理领域相关工作人员的参考用书,同时对其他读者也有参考价值。

图书在版编目(CIP)数据

心理学视域中的社会公正和社会排斥 / 胡金生著. —北京:科学出版社,2020.12
ISBN 978-7-03-067350-3

Ⅰ. ①心… Ⅱ. ①胡… Ⅲ. ①社会心理学-研究 Ⅳ. ①C912.6-0

中国版本图书馆 CIP 数据核字(2020)第 254043 号

责任编辑:孙文影 高丽丽 / 责任校对:彭珍珍
责任印制:李 彤 / 封面设计:润一文化

科学出版社 出版
北京东黄城根北街 16 号
邮政编码:100717
http://www.sciencep.com

北京建宏印刷有限公司 印刷
科学出版社发行 各地新华书店经销

*

2020 年 12 月第 一 版 开本:720×1000 B5
2020 年 12 月第一次印刷 印张:18 1/4 插页:1
字数:430 000

定价:128.00 元
(如有印装质量问题,我社负责调换)

Preface 前言

目前，我国与社会公正相关的心理学著作不多，这和当前的社会需求很不相称。根据党的十九大精神和中共中央、国务院的决策部署，深刻认识和领会我国社会主要矛盾的新变化，打造共建共治共享的社会治理格局，实现政府治理和社会调节、居民自治良性互动，形成自尊自信、理性平和、积极向上的社会心态，是我国当前社会心理服务体系建设的核心任务。《心理学视域中的社会公正和社会排斥》是国家社会科学基金一般项目"基于道德信念的内隐偏见产生机制研究"（13BSH058）系列成果之一，也是辽宁特聘教授专项经费资助成果之一。期望它能在我国社会心理服务体系的构建中发挥点滴作用。

本书分为社会公正、社会排斥及种族偏见的研究进展和实证探索三篇。第一篇详细综述了公正判断的"非理性"、公正敏感性和道德信念整合理论。实证研究部分重点关注了风险信息中的公正要素对权威信任的影响、自我建构和调节聚焦对利他性惩罚的影响。第二篇详细梳理了社会排斥后的认知反应和自我调节策略研究，围绕社会排斥对工作记忆、内隐攻击、执行功能的影响进行了实证探索。第三篇系统分析了种族偏见的测量、干预和神经生理机制，实证研究部分重点探讨了群际接触对种族面孔识别、道德信念对内隐种族偏见的影响。

本书力争突出三个特色：其一，系统性，重视文献的系统梳理和分析，尤其关注关于社会公正、社会排斥和种族偏见新的研究动向；其二，综合性，重视问卷法、实验室实验法和情境实验法的综合运用，采用了 ERP、生理多导、行为指标等多种手段；其三，实践性，重视应用研究和教育引导，相关的应用研究涉及风险沟通中公正要素对权威信任的影响、社会排斥归因对内隐攻击的影响、群际接触对种族面孔识别的影响、成人对儿童种族态度的影响等内容。

本书是笔者及笔者的研究生共同完成的成果。具体分工如下：第一章第一节由叶春、李旭、胡金生完成；第二节由叶春、胡金生完成；第三节由王红霞、胡金生完成。第二章第一节由梁玉静、胡金生完成；第二节由王红霞、胡金生完成。第三章由金静、胡金生完成。第四章第一节由王玉环、胡金生完成；第二节由郭冰冰、胡金生完成；第三节由庞巍巍、胡金生完成。第五章第一节和第六章第二节由杨虞、胡金生完成；第五章第二节和第六章第一节由富云露、胡金生完成。全书由胡金生统稿、定稿。

在此对笔者的学生深表谢意。同时，还要感谢心理学界老前辈无私的指导、同行专家的热心帮助，学生、家长和老师的大力支持，以及笔者的博士生赵晓宁、于腾旭、刘莹和刘佳在书稿整理过程中提供的帮助。本书在撰写过程中参考了诸多国内外文献，一并对作者表示感谢。另外，本书难免还存在缺点及不足，还请读者批评指正！

胡金生

2020 年 4 月 15 日于大连

Contents 目录

前言

第一篇　社会公正：研究进展和实证探索

第一章　社会公正研究的进展

第一节　公正判断中的"非理性" ································ 4
一、公正判断"非理性"的表现和影响因素 ···················· 5
二、公正判断"非理性"的加工特征及理论优势 ················ 10
三、社会公正的脑神经回路预警系统 ························ 14

第二节　公正敏感性的个体差异 ································ 20
一、公正敏感性的内涵和测量 ······························ 21
二、公正敏感性的功能和研究趋势 ·························· 25

第三节　公正动机的道德信念整合理论 ·························· 29
一、道德信念整合理论的核心观点 ·························· 30
二、道德信念整合理论的优势 ······························ 35

第二章　社会公正与个体心理的实证探索

第一节　风险信息中的公正要素对权威信任的影响 …………… 41
　一、国内外研究概况 …………………………………………… 41
　二、风险信息中公正要素对权威信任影响的研究意义 ……… 46
　三、公正要素影响权威信任的数据收集 ……………………… 47
　四、公正要素影响权威信任的数据分析 ……………………… 53
　五、公正要素对权威信任影响的分析讨论 …………………… 58

第二节　自我建构和调节聚焦对利他性惩罚的影响 …………… 64
　一、国内外研究概况 …………………………………………… 65
　二、自我建构和调节聚焦影响利他性惩罚的研究意义 ……… 72
　三、自我建构和调节聚焦对利他性惩罚影响的数据收集 …… 73
　四、自我建构和调节聚焦对利他性惩罚影响的数据分析 …… 78
　五、自我建构和调节聚焦对利他性惩罚影响的分析讨论 …… 83

第二篇　社会排斥：研究进展和实证探索

第三章　社会排斥后的心理反应

第一节　社会排斥后的认知反应 ………………………………… 94
　一、社会排斥后的趋近性认知 ………………………………… 95
　二、社会排斥后的逃避性认知 ………………………………… 98
　三、社会排斥对竞争性认知过程的抑制 ……………………… 100
　四、社会排斥后心理反应的研究趋势 ………………………… 103

第二节　社会排斥后的调节策略 ………………………………… 105
　一、社会排斥后的自我调节策略 ……………………………… 106
　二、社会排斥调节策略的影响因素 …………………………… 111
　三、社会排斥调节策略的研究趋势 …………………………… 113

第四章　社会排斥与个体心理的实证探索

第一节　社会排斥和工作记忆 ··· 116
　一、国内外研究概况 ·· 116
　二、社会排斥影响工作记忆的研究意义 ······························ 123
　三、社会排斥影响工作记忆的数据收集 ······························ 125
　四、社会排斥影响工作记忆的数据分析 ······························ 130
　五、社会排斥影响工作记忆的分析讨论 ······························ 138

第二节　社会排斥归因和内隐攻击 ·· 141
　一、国内外研究概况 ·· 142
　二、社会排斥归因影响内隐攻击的研究意义 ························ 147
　三、社会排斥归因影响内隐攻击的数据收集 ························ 148
　四、社会排斥归因对内隐攻击影响的数据分析 ····················· 153
　五、社会排斥归因对内隐攻击影响的分析讨论 ····················· 159

第三节　社会排斥、自我价值肯定与执行功能 ·························· 164
　一、国内外研究概况 ·· 164
　二、社会排斥和自我价值肯定影响执行功能的研究意义 ·········· 168
　三、社会排斥和自我价值肯定对执行功能影响的数据收集 ······· 169
　四、社会排斥和自我价值肯定对执行功能影响的数据分析 ······· 174
　五、社会排斥和自我价值肯定对执行功能影响的分析讨论 ······· 181

第三篇　种族偏见：研究进展和实证探索

第五章　种族偏见的研究进展

第一节　内隐种族偏见的测量和干预 ······································ 188
　一、内隐种族偏见的测量 ·· 188
　二、内隐种族偏见的干预策略 ··· 192

第二节 种族偏见相关的神经生理机制 ………………………………… 199
    一、种族偏见相关的神经生理指标 ……………………………… 200
    二、种族信息加工过程的神经机制 ……………………………… 204
    三、种族信息神经加工过程的影响因素 ………………………… 206
    四、种族偏见干预相关的神经生理研究 ………………………… 208
    五、种族信息加工的理论模型 …………………………………… 210

第六章 种族偏见影响因素的实证探索

第一节 群际接触和种族面孔识别 …………………………………… 213
    一、国内外研究概况 ……………………………………………… 213
    二、群际接触影响种族面孔识别的研究意义 …………………… 215
    三、群际接触影响面孔识别的数据收集 ………………………… 217
    四、群际接触影响面孔识别的数据分析 ………………………… 221
    五、群际接触影响面孔识别的分析讨论 ………………………… 225

第二节 道德信念对内隐种族偏见的影响 …………………………… 228
    一、道德信念影响内隐种族偏见研究的缘起 …………………… 229
    二、道德信念影响内隐种族偏见的数据收集 …………………… 230
    三、道德信念对内隐种族偏见影响的数据分析 ………………… 237
    四、道德信念对内隐种族偏见影响的分析讨论 ………………… 241

参考文献 ………………………………………………………………… 247

第一篇　社会公正：研究进展和实证探索

第一章
社会公正研究的进展

第一节 公正判断中的"非理性"

个体的主观公正判断不同于社会的客观公正标准,它不仅存在很大的个体差异,还经常表现出"非理性"的特点。例如,在深夜闯红灯被罚的人可能会觉得不公正,而在交通高峰时闯红灯受罚的人可能会觉得公正。在社会生活中,公正判断是个体应对风险和不确定性的基本途径。进化心理学认为公正是促进社会合作的适应器,是为了适应生活中的不确定性而发展起来的(Mulder,2008)。为了避免不确定性可能带来的危害,公正就成了判断他人是否值得信赖、自己是否会被疏离的重要线索(Lind & Van den Bos,2002)。事实上,在不确定情境中得出公正的判断并不容易,因为可用的社会信息不够丰富,此时组织中的流言、同事的意见以及自己的直觉就会乘虚而入。在风险情境中,个体的公正判断大多数具有社会参照性,这会使特定群体或阶层的公正标准趋同化、符号化和共享化,形成不同性质的公正氛围,从而对社会和谐及组织认同产生重要影响(Ehrhart,2004)。

近年来,公正判断中的"非理性"研究渐成热点。首先,这是社会认知双过程(dual-processing)加工理论在公正领域的拓展。事实上,在概率判断、风险决策等领域已有很多双过程加工的发现,它们的共同之处是把认知过程区分为自动无意识的加工和熟虑有意识的加工。前者不受工作记忆容量的干扰,是依赖经验或联想的直觉判断过程,基于这一过程的社会判断会受到情绪因素的强烈影响;后者则包含意图、执行过程和高级控制,是依赖于规则的反思判断过程,相应的社会判断是在仔细地评价和权衡相关信息的基础上做出的。同样,作为社会判断之一的公正判断,也可以作为社会认知的一种加以研究,这就触及了一个在以往关于公正的研究中没有明确指出的基本问题,即公正信息的加工是快速无意识的自动过程还是有意识的熟虑过程,或者是两者的交互及如何交互。

其次,风险和不确定性管理研究的深化促进了公正判断的"非理性"研究。

研究表明,在风险和不确定情境中,一些用传统的公平理论解释不了的现象,可以用身体痛苦和社会痛苦的预警系统来说明。例如,根据传统的公平理论,当人们觉得付出和得到的回报之比与其他人相同时,就会产生公正感。但是,至少有两类现象无法用传统的公平理论解释:一是当公正判断所需信息不确定时,根据传统的公平理论是无法做出判断的;二是当遭受某种威胁时,个体的公正判断也不符合传统的公平理论(Uhlmann et al.,2010)。近年来的研究表明,这些不能用公平理论解释的现象都有一个共同的特点,就是它们能够激活人类的预警系统。预警系统的激活不仅会促使人们通过关心公正来缓解消极体验,还会使公正判断产生某些"非理性"的偏离(Bayer et al.,2010;Murray et al.,2010)。

对公正判断的"非理性"研究也是道德心理研究在公正领域的延续。以往对公正动机的解释主要包括工具模型和社会模型。工具模型认为自身利益的最大化驱动着人们关注公正,公正判断主要是基于对事件的有意识感知、加工和比较做出的。社会模型强调获得他人的认可是关心公正的主导动机,公正判断与社会关系的构建和个体的自我认同密切相关。上述模型的理论预设是公正只是与自我利益相关的一种理性手段或策略。最近提出的道德信念整合理论(integrated theory of moral conviction)则强调,纯粹的公正关心受道德观念驱使,公正判断是根据内心的价值信念体系在道德框架内做出的,个体的道德认同(moral identity)会显著影响人们对不公正的义务反应。个体会更多依据道德直觉而不是外部社会线索做出公正判断(Rupp & Bell,2010)。引起愤怒的条件经常是自己或友人遭受不公正的对待,而不是不公正本身,如果没有道德关切,即使他人遭受了不公正对待,也引发不了愤怒(Batson,2007)。

一、公正判断"非理性"的表现和影响因素

(一)公正判断"非理性"的表现

1. 置换过程

在不确定情境下,人们常会用其他确定的信息作为启发性的替换来对公正进行判断,这个过程就是置换过程。Van den Bos 等(1997)的实验表明,当社会比较对象的信息不确定时,人们对结果公正的判断往往会被程序公正信息替换。

Van den Bos 等（1998）还发现，在其他重要信息不确定时也会发生置换过程。在实验中，他们对第1、2组被试进行不确定性处理，告诉被试有可能会得到某种结果，但是不确定是否会得到该结果。最后，第1组被试得到的结果比期望的好；第2组被试得到的结果比期望的差。第3、4、5组为对照组，被告知确切的结果。结果显示，第1、2组的公正判断明显受到程序公正的影响，对照组的公正判断受到程序变化的影响则无显著差异。

2. 首因效应

首因效应（primacy effect）是指当人们面临不确定情境时，先前的信息比后来的信息对公正判断的影响更大。当不能确定新上司是否可以信任时，先前与上司的互动信息对公正判断的影响大于后来获得的信息。Murphy（2008）发现，个人先前的经验会影响其进行公正判断时的情绪体验强度，进而对公正判断产生影响。许多心理学家曾反复验证了这样一个结论：程序信息比结果信息对公正判断的影响更大。Van den Bos 等（1997）则认为，之所以发生这种现象是首因效应造成的，因为研究者在实验中都是先呈现了程序信息。Smeesters 等（2010）也发现，在威胁情境下，先前经验确实会对人们的公正判断产生直接或间接的影响。

3. 极端判断

在风险情境中，人们的公正判断比常规情境中对公正及不公正的评价更偏激。Miedema 等（2006）在实验中对实验组被试进行了自我价值威胁操作，对控制组不进行自我价值威胁操作。然后，让被试对自己得到的结果进行公正判断。结果发现，当控制组被试的结果与他人相等时，他们会判断为公正，而自己所得比别人多或少时，他们则认为不公正。而且，无论得到的比别人多还是少，其不公正感的强度都无显著差异。实验组则倾向认为，自己的结果比别人好时才是公平的。Van den Bos 等（2008）还使用生活中常见的两种危险刺激检验了其对公正判断的影响。实验室实验采用网络中常见的被黄色三角形包围的叹号作为威胁刺激；室外实验则采用救护车上闪动的警灯作为威胁刺激。结果也表明，这些刺激能够激活预警系统并导致极端公正判断。

4. 补偿偏见

人们有一种内隐的信念，认为世界是公正之所，面对不公正，个体往往会通过非理性的补偿反应来解释或消除。补偿偏见是使不公正或不应得事件合理化的重要方式。当无端得到好运或厄运时,个体会非理性地认为收益和损失能够得到补偿或抵消,结果自然会变得公平。这种补偿偏见不仅可以有效降低不应得事件对公正世界信念的威胁,还表现为对过去不应得事件的歪曲和选择性记忆,并参与对当前或未来事件的解释或预测(Callan et al.,2009)。例如,一个人抽到了18.42万美元的大奖。在高不应得组中,此人被描述为工作不努力,经常抱怨,同事不喜欢;在低不应得组中,此人则被描述为工作努力,任劳任怨,同事都喜欢。随后,让被试汇报其外显感受,并请他们在17.49万～20.49万美元区间内准确估计奖金额,低于18.42万美元则代表出现补偿偏见。结果表明,无论是外显的还是内隐的测量,被试都会出现明显的补偿偏见(Gaucher et al.,2010)。

5. 责备无辜受害者

在不确定时,人们更倾向自发根据一些简单的原因清单进行公正判断,消极信息常被归因为想象出来的道德失败等貌似合理却根本没有关系的原因。例如,有研究在分别启动经验和理性思维后,请被试对下面故事中的受害者进行评价:"Jolanda在聚会上与某男性喝酒,在送她回家的途中,该男性在公园将其强奸,最后把她送回了家"(高公正世界信念威胁组);低公正世界信念威胁组则将最后一句改为:"送回家后,她得到了室友的照顾,之后恢复得很好。"结果表明,启动经验思维的被试会更强烈地责备无辜受害者(victim blaming),而且不受公正世界信念高低或威胁大小的影响;而在启动理性思维时,只有公正世界信念高或受到的威胁大时才会责备无辜受害者,经验思维是公正世界信念和责备无辜受害者之间的中介变量(Van den Bos & Mass,2009)。

6. 道德命令效应

在对结果进行道德评价时,个体会忽略程序和权威等外部信息,用道德直觉做出判断,并反过来以此为依据评判程序是否公正(Skitka & Mullen,2008)。此时个体做出的公正判断往往不需要理由支持,如果与个体的道德信念相符,不管通过什么方式都认为是公正的;反之,如果与道德信念不符,不管程序如何公正,都认为不公正。这种现象被称为道德命令效应(moral mandate effect)(Mullen & Skitka,2006)。Skitka(2006)调查了美国人对安乐死的道德判断及法院裁定程序的公正性,发现个体之前的道德判断能显著预测对裁定结果的公正感，而不是对程序公正的审视。而且，道德上支持安乐死的人认为裁定是公正的，道德上反对安乐死的人则会怀疑法院地方裁定的公正性。与此类似，当学生得知学校决定他们事先支付的医疗费中包括堕胎费用时，不同意的大学生多准备提出抗议，尽管他们认为决策程序很公正；而与其道德信念一致的学生则无意抗议，即便他们知道程序是不公正的。

（二）影响公正判断"非理性"的因素

不确定性和威胁情境是公正判断中"非理性"的重要诱发因素。随着"非理性"研究对个体加工过程的关注，对相关影响因素的研究也更多地转向了个体变量。

1. 社会范畴

社会集团和所属社会范畴的认同是个体自我价值的源泉，这种动机会导致内群体偏好和外群体歧视，被排斥的人极易受到非理性的攻击或诽谤。道德性排斥、社会认同排斥和工具性排斥都可能会把一些群体排除在公正准则之外，受到排斥的人也很容易被非理性地知觉成贪婪的、废物的、不合时宜的。主观上，社会角色还有被害者和侵犯者之分，相对于侵犯者，被害者更倾向认为由不公正引起的侵犯更剧烈、深刻和难以忍受。公正世界信念的激活和社会分类还存在叠加效应，群体内受害者比非受害者受到更多的贬损，群体外受害者和非受害者得到的贬损的差异不显著，而群体外受害者比群体内受害者受到的贬损更多（Patrícia et al.，2008）。

2. 自我因素

Ham 和 Van den Bos（2011）在实验中不仅用外显量表评估有意图的公正判断，还用内隐探测词再认范式（probe recognition paradigm）评估自发公正判断。结果显示，信息的自我相关程度不会影响有意图的公正判断，但会显著影响自发公正判断。相对于他人和公正信息，高自我相关的不公正信息更容易激活自我中心偏见（egocentric bias），诱发强烈的"非理性"（Ham & Van den Bos，2008）。利己主义者更偏好自我中心的公正假设，他们不仅对程序公正更敏感，还容易根据极端的标准诠释公正（Van Prooijen et al.，2008）。个体自我建构的不同也会影响公正判断中的"非理性"，相对于"独立我"，当"互依我"启动时，会激活自他相似性，被试会更强烈地责备无辜受害者（Van Prooijen & Von den Bos，2009）。

3. 公正敏感性

公正敏感性体现了公正判断时相关知识的可用性（availability）和易获得性（accessibility）的个体差异（Higgins，1996）。由于频繁地感知和思考不公正，敏感性高的人形成了高度可及和能够精细区分的不公正概念来促成对有关公正信息的注意、解释和记忆。感知不公正的频率、不公正引起愤怒的强度、对不公正信息的强迫思维、对加害者的惩罚是公正敏感性的主要维度（Schmitt et al.，2010）。相对于公正敏感性水平低的人，公正敏感性水平高的人对包含欺骗面孔在内的信息有明显的记忆优势（Bell & Buchner，2010）。公正敏感性水平高的个体倾向将不明确的信息感知为不公正，如果启动了恢复公正，他们倾向将不明确的信息感知为更公正（Baumert & Schmitt，2009）。Faccenda 等（2009）对300名法国足球运动员的研究还显示，无论裁判的判罚是否公正，受害者的公正敏感性都能很好地预测报复性犯规。

4. 道德信念

道德信念理论提出并检验了三个假设来说明公正判断的"非理性"：权威独立假设（authority independence hypothesis）认为，在道德背景下的公正感主要依据内心对道德是非的判断，较少会受社会规范或合法权威等非道德因素的影响；试金石假设（litmus test hypothesis）强调，当有明确的道德评判结果时，个体偏好根据道德判断来反观结果的公正性和合法性；情绪假设（emotion hypothesis）则认为，对事件的道德感反过来会影响公正判断，并赋予它强烈的情绪色彩。Skitka 和 Houston（2001）在研究中让被试阅读虚拟的新闻报道，描述凶杀案的被告是真的有罪或是无辜的，被告是在公正的审判后处决或是由被害者的家人在庭审开始前复仇。结果表明，多数被试认为，无论是通过审判程序还是让受害者家人复仇，只要让有罪的被告受到惩罚就是公正的。

5. 公正世界信念

公正世界信念理论认为，个体需要相信世界上每个人都能得到其应该得到的，而面对不公正事件时，此信念会受到威胁，造成认知失调。个体出于保护这种信念，会出现前文中提到的补偿偏见和责备无辜受害者现象。同时，公正世界信念也被认为是一种人格特质，人们不仅在相信世界是公正之所的程度上存在个体差异，而且这种个体差异也会影响人们的公正判断。例如，Van den Bos 和

Mass（2009）的研究表明，较之公正世界信念较弱的个体，非理性反应更多地出现在信念高的个体身上。责备无辜受害者的程度因"理性"或"经验"导致的变化会被个体的公正世界信念调节，当以理性的思维方式看待无辜的受害者时，信念弱的个体没有产生认知失调，也不会去责备无辜受害者。

二、公正判断"非理性"的加工特征及理论优势

（一）公正判断"非理性"加工的特征

认知和社会心理学领域有很多高级认知双过程加工的提议，大多数都认同存在"理性"和"非理性"两个结构和进化都不同的认知体系（表1-1）。相对于"理性"过程，"非理性"过程不仅容量大、迅速、灵活、不干扰自然衡量过程，而且其自上而下的加工方式可以使信息更概括、更融合，这会使它在复杂的判断中颇具优势，并提高事后满意度（Dijksterhuis & Baaren, 2008）。同时，两个加工过程所依存的神经生理机制也有所不同。有研究表明，"反射的"（reflexive）和"反思的"（reflective）信息加工存在神经生理上的差别，并分别被称为X系统和C系统。X系统是快速、无须努力、自动化的结构，包括杏仁核、基底神经节、背前侧扣带回、外侧颞叶和腹内侧前额叶；C系统是缓慢、需要努力和有意控制的结构，包括内外侧前额叶、后顶叶、前扣带回下部、海马和内侧颞叶。在信息加工过程中，C系统为X系统提供"原型"，并对X系统进行调节，X系统则可以自动实现刺激与原型的比较并做出判断（Lieberman & Eisenberger, 2004）。

表1-1　"非理性"和"理性"加工的特征

类别	"非理性"加工	"理性"加工
描述的不同	自动的（automatic）	控制的（controlled）
	经验的（experiential）	理性的（rational）
	启发式的（heuristic）	系统的（systematic）
	内隐的（implicit）	外显的（explicit）
	启发式的（heuristic）	分析的（analytic）
	联想的（associative）	根据规则的（rule based）
	直觉的（intuitive）	分析的（analytic）

续表

类别	"非理性"加工	"理性"加工
描述的不同	整体的（holistic）	分析的（analytic）
	适应性无意识（adaptive unconscious）	有意识的（conscious）
	反射的（reflexive）	反思的（reflective）
	刺激引发的（stimulus bound）	更高等级（higher order）
	冲动的（impulsive）	沉思的（reflective）
意识特征	无意识（unconscious）或前意识的（preconscious）	有意识的（conscious）
	内隐的（implicit）	外显的（explicit）
	自动的（automatic）	控制的（controlled）
	不费力的（low effort）	费力（high effort）
	快速（rapid）	慢（slow）
	高容量（high capacity）	低容量（low capacity）
	预设的过程（default process）	抑制的（inhibitory）
	整体的、知觉的（holistic、perceptual）	分析的、反思的（analytic、reflective）
进化特征	进化古老的（evolutionarily old）	进化较近的（evolutionarily recent）
	进化理性（evolutionarily rationality）	个人理性（individual rationality）
	与其他动物共有（shared with animals）	人类独有（uniquely human）
	非言语的（nonverbal）	与语言关联（linked to language）
	模块认知（modular cognition）	流体智力（fluid intelligence）
功能特征	联结的（associative）	基于规则的（rule based）
	领域特殊性（domain specific）	领域一般性（domain general）
	依靠情景的（contextualized）	抽象的（abstract）
	实际的（pragmatic）	合乎逻辑的（logical）
	平行的（parallel）	序列的（sequential）
	刻板的（stereotypical）	平等的（egalitarian）
个体差异	全世界普遍的（universal）	可继承的（heritable）
	与一般智力无关（independent of general intelligence）	与一般智力有关（linked to general intelligence）
	与工作记忆无关（independent of working memory）	受工作记忆容量限制（limited by working memory capacity）

资料来源：Evans（2008）

相关研究还表明，公正判断的"非理性"与人类的预警系统有关。预警系统是哺乳动物适应进化的产物，前扣带回（anterior cingulate cortex，ACC，包括布罗德曼 24、25 和 32 区）是其主要的神经中枢（Liddell et al.，2005），不公平的社会排斥会使背侧 ACC（dorsal ACC，包括布罗德曼 24 和 32 区）出现明显激活（Eisenberger et al.，2003）。ACC 可以监控现实与理想状态的差异，并对监测到的冲突进行评价，如果评价为消极的，就会产生错误相关负波（error-related negativity），引发人们的厌恶、不安和恐惧等消极情绪，并通过前额叶皮层（prefrontal cortex，PFC）整体调控社会判断（Lieberman & Eisenberger，2004）。

公正判断中的"非理性"主要是由情绪引导的。不确定性会诱发强烈的"情绪—经验"过程，经历不确定性时，个体会以经验的方式加工信息，此时的公正判断会被情绪左右，个体会前意识地将信息编码为具体的形象或象征，被动体验事件而非主动加工（Maas & Van den Bos，2009）。公正判断存在情绪一致效应，可以用热认知的方式来理解，相对于中性体验和消极体验，积极情绪状态下的公正判断更积极，在消极情绪状态下则更容易得出不公正的结论（Van den Bos，2003）。在没有发言权的模糊程序下，被试倾向以他人的体验为线索进行社会参照，他人的愤怒会诱发被试不公正的判断并对权威表现出更多愤怒；他人的负罪感则会启动被试得出公正的判断并对权威表现出较少愤怒（De Cremer et al.，2008）。

（二）公正判断"非理性"加工的理论优势

在社会生活中，人们对各种信息的公正性的评价频繁发生，公正判断在社会生活、政治决策、组织行为及风险管理中都是一个核心问题。早期的研究多强调理性过程在形成公正判断过程中的作用。例如，Folger（1998）认为，公正判断涉及三种反事实思维："要是怎样"（would）会比较当前状况和其他潜在状况；"本可以"（could）会审视是否有其他可行的方案供选择；"应该"（should）则可以评估事件是否违反社会准则。值得注意的是，一方面，尽管关于公正判断"非理性"研究的资料已相当丰富，但不同领域的成果还相当庞杂，不同研究者的发现也时有冲突，关于其进化根源、生理机制、加工特征、如何与理性过程交互作用等诸多问题还需深入研究；另一方面，公正判断的"非理性"研究扭转了偏重理性过程的取向，不仅丰富了社会认知双过程加工理论，也极大地拓展了公正判断的研究。其理论优势如下。

首先，传统的公平理论不能很好地解释不确定或威胁情境下的公正判断以及第三方对不公正的利他性惩罚（altruistic punishing）。公正判断的"非理性"研究不仅对此做出了较好的回答，还将内隐测量范式广泛地引入公正领域，强调公正判断是控制过程和自发过程的有机统一，这在很大程度上推进了公正判断的研究。而且，由于"非理性"更容易对组织认同和社会稳定产生威胁，它还为公正判断的研究提供了一个很有现实意义的视角。因为它不仅可以预测或解释个人的一些极端判断和行为，还可以用来预测和解释群体、组织甚至国家在风险情境中的决策失误和极端行为。尤其是在面临深刻社会转型的中国，从身份社会到契约社会，从计划经济到市场经济，从政府集权到个人权力扩张，无不充斥着对社会公正的期许。如何进一步结合社会现实问题，详细探究具体情境中公正判断"非理性"的产生机制、影响因素和应对策略，将是很有现实意义的研究方向。

其次，关于公正判断的影响因素，以往多偏重社会因素的研究，也得到了很多有价值的成果。例如，程序的一贯性、无偏性、正确性、修正性、代表性和伦理性是促进程序公正的重要因素，共享关系、权威序列、均衡匹配、互动目标、关系类型、资源形态等要素则会左右分配公正判断（Tyler，1997）。因果解释及其合理性会显著影响个体的信息公正判断，中立性、信赖性、地位尊重等互动变量会显著提高个体的公正判断水平（Tyler，1999）。较之上述研究，公正判断"非理性"研究对加工过程的关注，则启发研究者还应该重视思维方式、公正敏感性、道德信念和社会角色等诸多个体变量对公正判断的影响。

再次，关于公正和道德的联系的研究由来已久，对于公正判断，应该从道德、正义和伦理的角度来阐述，而不是从自我利益、归属感或其他非道德动机来阐述（Skitka et al.，2008）。长期以来，社会心理学多从社会交换和社会群体价值的视角研究公正判断。与此不同，道德心理学则认为，公正判断是道德推理的基本内容，公正判断的道德属性是其最根本的属性，受道德直觉和道德信念的影响，公正判断会不可避免地带有"非理性"的特点。这一观点不仅启发研究者应该重视公正和道德的关系，也弥补了工具模型和社会模型对公正判断和公正动机解释的不足。例如，近年来的权变理论（contingent theory）曾尝试整合工具模型、社会模型和道德信念模型。

最后，公正判断的主体有当事人和第三方之分。研究显示，在社会两难中，当事人和第三方都会对冒犯者做出更极端的公正判断，第三方对不公正的反应也相当强烈（Mulder，2008）。第三方不仅可能会对不公正做出需要付出成本但又没有回报的利他性惩罚，其公正判断也与惩罚者的是非观念相关，但又不完全吻合，当人未能因不公正而受益时经常不被惩罚，公正判断会过分地偏重行为后果，这会使部分不公正得不到制裁，也会明显降低奖惩效率。第三方的公正判断也会被情绪影响，对不公正的负性情绪是利他性惩罚背后的直接驱动力，但自己遭受不公正产生的愤怒和目睹别人受伤害引发的移情愤怒是不同的（O'Gorman et al.，2005）。此外，还有研究表明，即便是少数公正者也可以带动一大批自私者去合作，相反极少数自私者可以导致一大批合作者背叛（Fehr & Fischbacher，2003）。可见，第三方的研究视角非常有益于揭示某些群体或阶层公正标准和公正氛围的形成机制，是未来应关注的方向。

三、社会公正的脑神经回路预警系统

（一）脑神经回路预警系统的提出

预警系统是在对身体痛苦和社会痛苦的应对研究中被提出来的，它负责监测对生存有害的线索，并促使人们集中注意去处理这些信息，以便将危害降到最低。预警系统是哺乳动物适应进化的产物，它不仅能够检测和阻止身体危害，同时还可以用来监测和阻止社会危害。依恋理论就认为，婴儿的依恋系统是其与看护者之间物理距离的监视器，当超过某个特定的距离时，它能引发分离性焦虑及其他痛苦的感觉。与此类似，未成年的哺乳动物也需要抚养者的关心和保护，并努力与抚养者保持密切的接触。因为分离是令人厌恶的，它分散了注意力，破坏了正在进行的活动，此时的自我保护本能就会激活预警系统，并引发想要重获安全感和缓解痛苦的行为。

预警系统是一个广义的系统，它既包含预警情境下的脑神经回路活动，也包含由其引发的一系列心理和行为反应。进化论的观点认为，预警系统激活后引发的两种行为是能够将哺乳动物和其祖先爬行动物分离开来的标志，即为了维持母婴联系而进行的有声交流和用母爱对幼仔进行照顾。在哺乳动物的系统进化过程中，扣带回（cingulate cortex）也第一次出现，因此扣带回可能是引起哺乳动物预警行为的神经中枢（Maclean，1993）。近年来，多项功能性磁共振成像（functional magnetic resonance imaging，fMRI）和事件相关电位（event relative potential，ERP）的研究表明，当人们遭受预警刺激时，ACC 有明显的活动。据此，不少心理学家认为 ACC 是人类预警系统重要的神经中枢（Eisenberg et al.，2003；Ullsperger et al.，2004；Liddell et al.，2005）。使用阈下刺激范式对 ACC 活动的研究还表明，ACC 在人们对阈下刺激的反应中也有明显的活动，说明 ACC 在无意识的自我保护行为中也发挥了重要的作用（Hester et al.，2009；Alexander & Brown，2010）。

预警系统是人们用来检测和处理预警刺激，并促使人们对自身所处境遇将会如何发展而产生高度警觉的心理系统。预警系统的思想能否被引入社会公正的研究中呢？不少心理学家发现，一些用传统公平理论解释不了的现象，可以用这种身体痛苦和社会痛苦的预警系统来说明。例如，在传统的公正理论看来，当人们觉得付出和回报的比率与其他人相同时，就会产生公正感。但是，至少有两类现象无法用传统的公正理论来解释：一是当公正判断所需信息不确定时，根据传统的公平理论是无法做出判断的（Van den Bos & Lind，2002）；二是当遭受某种威胁时，个体的公正判断也不符合传统的公平理论（Murray，2005；Uhlmann et al.，2010）。近期的一些研究表明，这些不能用公平理论解释的现象都有一个共同的特点，就是它们能够激活人类的预警系统（Bayer et al.，2010；Murray et al.，2010）。

（二）预警情境易引发非理性的公正关心

1. 威胁情境

恐惧管理理论（terror management theory）指出，人们知道死亡是不可避免的，这会引发对死亡的潜在恐惧。因此，对人们进行死亡提醒会激活预警系统，并促使人们用文化价值观或自尊等成分来缓解恐惧等消极情绪（Greenberg et al.，1997）。Van den Bos 等（2005）的研究表明，社会公正作为文化价值观的重要组成部分，会在死亡提醒时被关注。他们让实验组的被试回答两个关于死亡感受的问题来进行死亡提醒，控制组则不进行死亡提醒。然后，分别对被试实施公正和不公正的程序。结果显示，在实验组中，接受公正和不公正程序的被试对结果的判断有显著差异，而控制组被试的判断结果不受程序是否公正的影响。这说明处于威胁情境中的被试比处于常规情境中的被试更加关心程序公正。

当人们的社会关系或自我价值受到威胁时，也会激活预警系统，并促使人们去寻找一种自我维持的方式进行自我价值保护（Sivanathan & Pettit，2010；Marigold et al.，2010）。Miedema 等（2006）的研究发现，当自己重视的人格特质被对自己很重要的人质疑时，被试会利用社会公正来提升自我价值。在实验中，研究者分别研究了两种威胁情境：被认为是不聪明的和遭到别人的消极评价。结果表明，处于威胁情境中的被试比没有受到威胁的被试显示出了更多的对公正的关心。

2. 不确定情境

不确定性管理理论（uncertainty management theory）认为，重要信息的不确定会使人产生不安、恐惧等情绪。因此，对人们进行不确定性的提醒时也会激活预警系统，并促使人们通过一些符合文化规范或价值观念的方式对不确定性进行管理。社会公正作为一种重要的文化价值观，经常能在不确定情境中被关注，并促使人们通过公正判断来减少这种不确定性（Van den Bos & Lind，2002）。因为当人们对有用的信息知之甚少时，会削弱其自我控制感并让人感到潜在的不确定性，此时的不确定性能激活预警系统，并引导人们通过公正来对不确定性进行管理。Van den Bos 等（2005）的研究让实验组被试回答两个关于不确定性感受的问题，控制组则不进行这种处理。然后，分别给被试施予公正的和不公正的程序。其结果和死亡提醒实验类似，在实验组，接受公正和不公正程序的被试对结果的判断差异显著，而控制组的判断结果不受程序是否公正的影响。这说明处于不确定情境中的被试比处于常规情境中的被试更加关心程序公正。

当人们的社会关系不确定时，也会激活预警系统，并促使人们试图通过社会公正对不确定性进行管理（Sinaceur，2010；Tyler & Lind，1992）。Van den Bos 等（1998）在对上司是否值得信任的研究中把被试分成 3 组：第 1 组，被试确定地知道上司是值得信任的；第 2 组，被试确定地知道上司是不值得信任的；第 3 组，被试对上司是否值得信任不确定。然后，分别给被试施予公正的和不公正的程序。结果表明，第 1、2 组被试对结果的满意度没有受到程序公正的影响，而第 3 组被试对结果的满意度则明显受到了程序公正的影响。

(三)预警系统的信息加工过程

威胁情境和不确定情境会激活预警系统,从而引发公正关心并对公正判断产生影响。那么,预警系统是如何通过 ACC 的活动对社会公正产生影响的呢?不少研究者认为,预警系统要系统地发挥作用,需要经历冲突监测、情绪表征和整体调控三个过程(Eisenberg et al.,2003;Ullsperger et al.,2004;Lieberman & Eisenberger,2004)。

1. 冲突监测过程

预警系统的冲突监测过程是对现实情境与理想状态之间的冲突进行监控的过程。ACC 的冲突监测理论认为,冲突监测过程是一个计算过程,该过程能够实现对现实情境与理想状态之间差异的监控和计算,一旦差异令人无法忍受,就会产生冲突并引发 ACC 的活动。

一些神经影像和计算模型的研究显示,在启动实验中,ACC 具有冲突或差异的监控功能,并在对冲突做出行为反应时被激活(Botvinick et al.,2001)。Eisenberg 等(2003)用核磁共振技术记录了被试在电脑上玩掷球游戏时的脑神经活动,这个游戏让被试与其他两个虚拟人物互相投球,实验组的被试最终被虚拟人物排斥在外,控制组没有遭到排斥。当实验组被试感受到排斥时,扫描结果显示,其在 dACC(dorsal ACC,背侧 ACC,包括布罗德曼 24 和 32 区)显示出比控制组更为明显的激活,说明 ACC 确实在预警系统的冲突监测过程中有重要作用。

2. 情绪表征过程

预警系统的情绪表征过程是对监测到的冲突进行情绪性评价,并将评价结果传递出去的过程。ACC 的情绪评价理论认为,ACC 能对监测到的冲突进行评价,如果评价为消极的就会产生错误相关负波(error-related negativity,ERN)并将其传递出去,从而引发人们的厌恶、不安和恐惧等消极情绪。因此,当威胁情境或不确定情境激活预警系统后,预警系统的情绪评价会使人产生消极体验。

用扣带回损毁术治疗长期遭受痛苦折磨病人的研究报告指出,扣带回损毁能够抑制人们的烦恼。该研究结果说明了 ACC 在情绪表征过程中的作用,因为扣带回损毁术是对 ACC 的局部损毁(Foltz & White,1968)。还有研究表明,电击

ACC 能增加自我报告的不愉快（Lieberman & Eisenberger，2004）。损毁猕猴的 ACC 会导致其交往行为及社会亲近需求的减少，原因是它们已经不会因社会孤立而烦恼。在前面提到的 Eisenberg 等（2003）的实验中，被试还被要求填写问卷来检测其因排斥导致的痛苦程度。问卷结果和 fMRI 数据显示，被试自我报告的痛苦程度与 dACC 的活动呈显著正相关。这些研究结果都说明，ACC 在预警系统的情绪表征过程中具有十分重要的作用。

3. 整体调控过程

预警系统的整体调控过程是个体通过调控心理和行为来管理情绪评价结果的过程。ACC 执行功能理论认为，ACC 能够通过将评价结果传递给 PFC（prefrontal cortex，前额叶皮层），并由 PFC 来做整体调控发挥其执行功能。因此，当威胁或不确定刺激激活预警系统时，人们可以通过调整态度和行为对消极情绪进行管理，从而影响公正关心和公正判断。

Ullsperger 等（2004）对 Eisenberg 等（2003）的实验结论做了补充，认为预警系统的重要功能是发出行为改变的信号，使接下来的行为朝着渴望的目标改变，而受到社会排斥时 ACC 的活动是心理和行为调节的主要指标。Lieberman 和 Eisenberger（2004）在对此的回应中认可了他们的观点，也认为 ACC 在行为调控过程中有重要的作用。同时，其进一步指出，预警信号还会导致有意识的内省，而不只是即刻的反应，这有利于深入了解刺激事件的本质，并深入地考虑刺激事件可能带来的影响。因此，预警系统的调控过程不只涉及行为调控，还包括对计划、判断和态度等的调控，是一种整体性的调控。

（四）预警系统是解释社会公正的新视角

预警系统是在对身体痛苦和社会痛苦的重叠机制研究中被提出来的。身体痛苦是由真实的或潜在的身体组织伤害所引发的；社会痛苦则是由个体感受到的与他人、组织真实的或潜在的心理距离引起的。一些心理学家相信，无论是身体痛苦还是社会痛苦都能通过共享的神经回路和计算机制激活预警系统，以便通过自我调节来避免伤害。正因为身体痛苦和社会痛苦有重叠的神经回路和计算机制，所以引发一种痛苦的因素能够增强重叠部位的敏感性，进而增强对另一种痛苦的敏感性（Eisenberger & Lieberman，2004）。预警系统具有动态的调节作用，当作为常见社会痛苦的威胁刺激或不确定情境出现时，它可以通过差异监控、情绪表征和整体调控引发人们的公正关心。预警系统的激活不仅会促使人们通过关心公正来缓解预警刺激带来的消极体验，还会使公正判断产生某些系统性偏离，导致置换过程、首因效应和极端判断。

以往对公正关心的解释主要包括道德信念模型、社会模型和工具模型。道德信念模型强调个体的公正判断依赖于道德原则的内化，是道德力量和伦理义务观念驱使人们去关心公正，如果人们的核心道德观念受到威胁，会激起人们强烈的价值观念保护动机。社会模型强调获得他人的认可是关心公正的主导动机，公正与社会关系的构建和个体的自我认同密切相关。预警系统的观点对社会公正认知机制的精细阐述是道德信念模型和社会模型的重要发展。工具模型则认为，自身利益的最大化驱动着人们关注公正，个体的公正判断主要是基于对事件的有意识感知、加工和比较做出的。很显然，工具论的解释忽视了预警刺激下个体公正关心和公正判断的无意识过程，预警系统的观点不仅是对这方面有益的补充，也提出了社会公正判断中一个重要的理论问题：个体的理性过程和非理性过程是如何交互作用的。

近年来的权变理论曾尝试整合以上各种模型。该理论认为，不应拘泥于某一种人性假设来解释公正关心，人同时具有物质需要、人际接纳需要和道德需要，哪种需要在特定时刻占主导地位，取决于人格、情境、认知、目标和参照框架等因素的复杂交互作用（Skitka，2009）。该理论较为系统地说明了公正动机源的复杂性和不确定性，却忽略了公正关心可能存在的共性。在预警系统的观点看来，无论公正关心出于何种动机，都有可能使人进入预警状态，并激活共有的预警系统和较为特定的神经生理反应，这一观点可以对社会性、工具性和道德性预警刺激做出较为统一的解释。总之，预警系统的观点不是对其他模型的否定，而是从一个新的神经预警的角度对公正关心和公正判断进行了解释。

由于预警刺激下的非理性判断更容易对社会稳定产生威胁，预警系统的观点还为社会公正的研究提供了一个很有现实意义的视角，因为它不仅可以预测或解释个人的一些极端判断和行为，还可以用来预测和解释群体、组织甚至国家在处于预警情境时所引发的非理性决策和极端行为。例如，资源的丰富程度与社会角色和公正关心都有密切的关系，资源贫乏能唤起人们强烈的公正关心，这种预警刺激有可能会使人们对自己利益的关心胜过对公正的关心，或仅把公正原则局限在内群体；相对于侵犯者，预警刺激会使被害者更加倾向认为由不公正引起的侵犯更为剧烈、深刻和难以忍受，并对侵犯者实施更多的非难和指责（Hayashi，2007）。总之，转型期的中国正处于社会公正问题多发的阶段，借鉴预警系统的观点，针对社会公正现实问题进行研究，将是未来十分有价值的研究方向。

预警系统的观点着重从生理机制和无意识的社会认知层面解释人们处于预警情境下的公正关心和公正判断，它既有进化根源，又有神经生理基础。不过，就预警系统的神经机制而言，ACC虽然与广泛的认知、情感及执行功能相联系，但是 ACC 的特殊神经位置决定其功能远不止于此，而预警刺激所激活的神经回路也不只是 ACC。有研究证明，ACC 在对痛苦进行情绪表征时有重要作用，而杏仁核、体感皮层、脑岛叶却负责对痛苦刺激的强度、性质等感知成分进行分析（Peyron et al.，2000）。也有研究表明，ACC 的执行功能只有通过与 PFC 协同运作才能实现对行为的调解（Cunningham et al.，2003）。未来，还需更为深入地对预警系统的神经生理机制进行研究。

第二节　公正敏感性的个体差异

以往研究表明，程序的一贯性、无偏性、正确性、修正性、代表性和伦理性是促进程序公正感的重要因素。因果解释及其合理性会影响信息公正判断（Bies & Shapiro，1987）。共享关系、权威序列、均衡匹配、互动目标、关系类型、资源形态等则会左右分配公正判断（Tyler，1997）。中立性、信赖性、地位尊重等变量会显著增强个体的互动公正感（Tyler，1999）。

近年来，影响公正感的个体因素颇受重视。有许多研究发现，人格和情境因素对公正感存在显著的影响。元分析的结果显示，人格特质不仅对公正感有直接的影响，还会调节之后的情绪和行为反应（Colquitt et al.，2001）。例如，宜人性低和消极体验高的人容易在遭遇互动和分配不公正时报复，互动公正会更强烈地影响自尊高的人（Heuer et al.，1999）。宜人性高的个体更容易感知到程序公正，并赋予其更重要的意义（Van Hiel et al., 2008）。怀疑和忧虑倾向高的个体对受到剥削和欺骗更加敏感，因为他们更倾向做出自己会受到不公正对待的预测，从而助长其通过自私甚至反社会行为来报复或阻止自己被利用（Gollwitzer et al., 2005；Gollwitzer et al., 2009）。

在日常生活中，人们对不公正的反应确实存在很大的个体差异，目睹不公正事件，有的人可能不太在意，有的人则义愤填膺，公正敏感性就是描述这种个体差异的重要变量。一些研究发现，个体感受不公正的阈限、准备程度以及对不公正的反应强度不仅存在系统的差异（Dar & Resh, 2001；Lovaš & Wolt, 2002），而且这种个体差异还具有跨情境的一致性（Dar & Resh, 2001）和跨时间的稳定性（Schmitt et al., 2005）。Colquitt 等（2006）的研究则表明，公正敏感性主要体现了对公正事件的重视程度，它可以系统调节公正效应，显著影响公正信息的加工和做出行为反应的可能性。

一、公正敏感性的内涵和测量

（一）公正敏感性的内涵

Huseman 等（1987）曾提出公平敏感性（equity sensitivity）的概念，指出个体对分配结果存在 3 种偏好：大公无私（benevolent），即偏好自己的投入超过回报；自私自利（entitled），即偏好回报大于自己的投入；公平交易（equity sensitive），即偏好投入和回报相对称。该界定以 Adams 的公平理论为基础，主要描述了对不公正分配容忍程度的个体差异以及亲社会或亲自我的社会价值取向（周浩，龙立荣，2007）。与此不同，Schmitt 等（1995）认为，公正敏感性是体现公正在个体生活中受重视程度的人格特质，是人们对不公正的准备状态和反应强度方面的个体差异。作为人格特质的公正敏感性主要包括 4 个维度：①感受不公正的频率，这一维度体现了公正感受阈限的高低，通常阈限低的个体会觉察到更多的不公正；②愤怒强度，这一维度用来描述对不公正情绪反应的个体差异；③侵扰性，是指对不公正反思的持续性和频次及由此产生的情绪困扰；④惩罚性，通常公正敏感性高的个体有更严格的道德标准，更倾向惩罚施恶者并恢复公正。

公正敏感性包括多元的主体或视角。Schmitt 等（2005）根据社会角色的不同，把公正敏感性分为受害者敏感性（victim sensitivity）、观察者敏感性（observer sensitivity）和犯过者敏感性（perpetrator sensitivity）。公正敏感性各视角之间的相关程度不同，受害者和观察者敏感性之间的相关程度比受害者和犯过者敏感性之间的相关程度更高，观察者敏感性和受益者敏感性之间的相关程度比与受害者敏感性之间的相关程度更高。后来，Schmitt 等（2010）又把原有的犯过者敏感性进一步细化，将其区分为被动受益者敏感性和主动犯过者敏感性。研究表明，遭受或目睹不公正时，犯过者和受益者最突出的反应是内疚，在承认不公正的基础上，他们会牺牲自己的资源恢复公正或惩罚自己；观察者的反应主要是道德义愤（moral outrage），包括补偿受害者和惩罚不公正者；受害者的主要反应是愤怒或对不公正者进行报复（Schmitt & Dorfel，1999）。

公正敏感性主要体现了公正判断时相关知识的可用性和易获得性的个体差异，由于频繁地感知和思考不公正，敏感性水平高的人形成了高度可及和能够精细区分的不公正概念来促成对有关公正信息的激活、注意、解释和记忆。Ham 和 Van den Bos（2011）采用内隐测量的研究表明，公正判断可以在无意识的情况下做出，而公正敏感性则会影响这种自发公正判断，尤其是受害者和犯过者的公正敏感性可以显著预测自发公正推论的强度，公正敏感性可能与相关的反思认知和内隐认知都有关系。同时，公正敏感性还会参与对模糊情境的解释，在观看了隐含不公正线索的视频后，公正敏感性水平高的被试会把主人公评价为更不公正，而观看了中性视频后，公正敏感性对主人公的公正评价没有影响（Baumert et al.，2011）。

从网络联结模型的观点来看，公正敏感性水平高的人不仅更容易将记忆中的知识与公正信息建立联系，还有更多的节点来表征该领域内的概念。Bell 和 Buchner（2010）的研究结果显示，相对于低敏感性水平的被试，观察者公正敏感性水平高的被试对欺骗者面孔的源记忆优势明显。Baumert 等（2011）在研究中让被试阅读 4 篇新闻报道，其中 2 篇新闻报道的题目与不公正有关，然后，要求被试指出每篇新闻报道相关的 5 个陈述是否正确。结果显示，公正敏感性得分与对不公正报道的辨别力显著相关，而与对中性报道的鉴别力无关，公正敏感性可以通过更分化的知识网络促进对不公正信息的编码和提取。在另一个实验中，研究者先让被试观看不公正和中性的视频作为情境线索，然后采用视觉探查任务（visual probe task）测查被试的注意偏向。结果显示，在观看了不公正的电影片段后，公正敏感性水平高的被试更加注意不公正刺激，表现出了明显的自动注意过程；在观看了中性视频后，由于没有激活公正知识，公正敏感性并没有影响被试对不公正词汇的注意。

（二）公正敏感性的测量

在对公正敏感性进行理论建构的同时，Schmitt等（1995）还结合4个维度和18类不公正情境编制了自评问卷。因为只有10个情境与惩罚意图有关，所以惩罚性维度只包括10个项目，其他3个维度都包含18个项目。验证性因素分析显示，相对于感受不公正的频率和惩罚性，愤怒强度和侵扰性2个维度的载荷更高。由于此问卷太长，且只能反映受害者视角，Schmitt等（2005）基于3170人的大样本又进一步开发出了3个量表，分别测量受害者、观察者和犯过者的敏感性，各分量表都包含10个项目。由于愤怒是被害者典型的情绪反应，而犯过者在承认不公正时会产生负罪感，观察者在目睹别人遭受不公正时则会产生道德义愤，所以愤怒强度这一指标在3个量表中的测评方向和内容有所不同。此外，Schmitt等（2010）在分解犯过者敏感性时，还基于2570人的大样本开发了新的受益者敏感性量表，此量表主要测量没有主动不公正行为、只是被动获益者的公正敏感性。

公正敏感性量表的聚合和区分效度都比较成功。Schmitt等（2005）研究了公正敏感性量表测评结果和共情、观点采择、社会责任等社会期望的人格特质，以及马基雅维利主义、偏执、报复、怀疑、嫉妒、不信任等社会不期望的人格特质间的相关。结果表明，受害者敏感性与社会不期望的人格呈显著正相关，与社会期望的人格相关不显著。与此相反，观察者和受益者敏感性则只与社会期望的人格特质相关显著。这说明观察者和受益者敏感性体现了对他人公正的真正关心，而受害者敏感性则包含害怕被剥削，体现了对自己境遇的关心。Gollwitzer等（2005）的研究结果显示，受益者敏感性可以预测对弱势群体的同情反应，而受害者敏感性则预测了对弱势群体责任的逃避，而且如果有利可图，他们还会做出不道德的行为。另外，在独裁者和最后通牒两难博弈中，观察者和受益者敏感性与合作相关显著，而受害者敏感性则预测了自私选择倾向（Fetchenhauer & Huang，2004；Gollwitzer et al.，2009）。

一个新的人格构念的引入还需要证明其与已有的构念不是高度相似或者不应该被纳入已有概念中。Schmitt 等（2005）的相关研究表明，公正敏感性与公正世界信念的相关值很低，而与不公正世界信念则呈显著正相关，尤其是与受害者敏感性的相关值较高（$r=0.37$），因为公正敏感性水平高的人会知觉到更多的不公正，他们倾向觉得世界是不公正的。Baumert 等（2011）在检验公正敏感性的影响时控制了公正世界信念的个体差异，结果显示，无论是否把公正世界信念作为协变量，对结果都没有影响。对公正敏感性与"大五"人格因素的相关研究还表明，两者的总体相关值较低，神经质与受害者、观察者和获益者敏感性的相关值分别为 $r=0.36$、$r=0.20$、$r=0.16$；宜人性与受害者和获益者敏感性的相关值分别为 $r=-0.19$ 和 $r=0.19$；开放性与观察者敏感性的相关值为 $r=0.28$。公正敏感性与大五人格次级特质的相关分析还显示，观察者、受益者和犯过者敏感性与宜人性因素中的"谦虚"和"体贴"两个特质相关显著，受害者敏感性只与神经质中的"敌意"特质显著相关。这一结果表明，尽管受益者敏感性和犯过者敏感性较为相似，但受益者敏感性比犯过者敏感性与谦虚的相关更高，其回归模式也有所不同，"谦虚"能更好地预测受益者敏感性，但不能很好地预测犯过者敏感性。此外，观察者敏感性还与外倾性因素中的"果断"特质相关，这似乎表明观察者敏感性水平高的人不仅表现出对他人不公正的关切，也对介入其中有足够的自信（Schmitt et al.，2010）。

Schmitt 等（2010）还通过分析不同人口学变量与公正敏感性测量之间的关系来说明量表的效度。调查结果表明，公正敏感性存在显著的性别差异，女性的敏感性得分显著高于男性。研究者认为，这反映了女性在情绪易感性和移情方面的优势，以及相对于男性其在生活的许多方面都处于劣势。该研究还发现，受害者敏感性随年龄的增长而降低。对于这一结果，研究者的解释是，随着年龄的增长，人们对不公正会更加容忍，更善于在坚持公正和追求其他目标之间进行协调，而且随着年龄的增长，关心他人会变得更重要，而自我关切则会降低。此外，犯过者敏感性因教育程度的不同而不同；就业与失业者在受害者敏感性方面的差异显著，失业的受害者敏感性水平显著高于就业者；单身被试的受害者敏感性水平比已婚者更高。这都表明量表有较好的效度。

二、公正敏感性的功能和研究趋势

（一）公正敏感性的功能

1. 公正敏感性与社会合作

Fetchenhauer 和 Huang（2004）采用混合博弈研究了公正敏感性对合作的影响。混合博弈是三人间的博弈，给 A 一定数额的钱让其与 B 和 C 分享，B 有机会接受或拒绝 A 的提议，C 则完全依靠其他两人。如果 B 接受方案，C 得到 A 的方案的钱，如果 B 拒绝方案，C 什么也得不到。研究发现，观察者敏感性和犯过者敏感性得分高的被试扮演角色 A 时，会给出更平等的提议，当扮演角色 B 时，尽管会一无所得，他们仍倾向拒绝来自对方的不公平提议。换句话说，观察者敏感性和犯过者敏感性得分高的被试愿意合作，也随时准备报复不公正的行为。与此相反，受害者敏感性水平高的被试则倾向用自私的策略，在角色 A 中，由于他们不用担心被拒绝，给出的分配提议往往更偏向自己。Gollwitzer 等（2009）也考察了社会两难博弈中公正敏感性与合作及欺骗的关系。实验中，自己欺骗而别人合作的时候收益最高，自己合作而别人欺骗的时候收益最低。因此，做出是合作还是欺骗的决定取决于被试对他人意图的推测和期望。研究者采用在线的公共物品博弈，为被试提供关于博弈中"搭便车者"人数的信息，作为判断不良企图或对方不可信的线索。结果发现，观察者敏感性水平高的人被告知有许多违规者时，对公共账户的贡献仍超过平均水平，而受害者敏感性水平高的人在有违规者条件下比无违规者条件下更容易违反规则。

2. 公正敏感性与道德行为

Gollwitzer 等（2005）先给被试呈现 3 种诱惑性情境：假装丢失自行车骗保、逃票蹭地铁、买一台偷来的电视机。然后，询问被试是否会选择不道德的选项，在现实中是否有过类似行为，以及是否会为自己的选择开脱。结果显示，以上道德违反都与受害者公正敏感性有关，而获益者公正敏感性则与遵守规范有关。自己开脱和获益者公正敏感性呈显著负相关，与受害者公正敏感性则呈显著正相关。这表明获益者公正敏感性强的个体认为道德违反是错误的或缺乏正当理由的，与此相反，受害者公正敏感性水平高的个体更倾向找理由开脱。Faccenda 等（2009）对 300 名法国足球运动员的研究显示，无论裁判的判罚是否公正，受害者公正敏感性都能很好地预测恶意犯规，受害者敏感性水平高的球员不仅在不公正判罚时会恶意犯规，即使判罚公正或者得到补偿后，他们仍会如此。德国统一15年后，Gollwitzer等（2005）调查了德国西部被试改善东部人生活水平的意愿。结果显示，获益者公正敏感性与帮助意愿呈显著正相关。相反，受害者公正敏感性水平高的多不愿意支持改善东部人生活水平的政治措施。

在预测道德行为时，公正敏感性还与情境因素存在交互作用。Lotz（2010）让被试随机进行三种博弈游戏中的一种：第一种是标准的独裁者博弈，让独裁者A提出分配方案，B选择接受还是拒绝；第二种是标准独裁者博弈的变式，主试先把这笔钱给被动接受者，独裁者再决定要从中拿走任意部分（反转所有权博弈）；第三种是独裁者告知接受者通过抽奖方式进行分配，因为运气不好，接受者一无所获。独裁者只需要为此支付少量的钱，就可以带着剩余的钱离开。这样做损害了接受者的利益，但没有违反他们的期望（抽奖博弈）。研究结果显示，公正敏感性和博弈情境在预测亲社会行为时的主效应都显著。受益者、犯过者、观察者等亲社会公正敏感性高的人分配给对方的钱更多。另外，博弈情境操纵的效应也很明显，当接受者蒙在鼓里时，被试给自己的钱更多，而当他们从别人那里拿钱时，其行为则公平了许多。同时，两个变量的交互作用也很显著，亲社会公正敏感性强的人分配给接受者的金额在各种情境中都比较稳定，当有机可乘时，公正敏感性弱的被试会获取自我利益，其对公正的关切比较弱。

3. 公正敏感性与心理健康

公正敏感性水平高的个体不仅更容易觉察到不公正，而且相对于敏感性水平低的个体而言，公正对他们更重要。因此，个体的公正敏感性水平超高，不公正对情绪、动机和心理健康的影响也越大（Mohiyeddini & Schmitt, 1997）。Schmitt和Dörfel（1999）的研究表明，程序公正与工作满意度和请病假天数有关，而且这种关系的强度受到公正敏感性的调节，敏感性水平越高，不公正对工作满意度和请病假天数的影响越大。Francis（2002）以教师为对象研究了不公正感与压力水平的关系，结果表明，对决策程序和结果感到不公正的教师报告了更多的情绪、行为和身体压力症状。而且，分配公正和公正敏感性有交互作用，敏感性水平高的人更容易受到分配不公正的伤害。Johnson等（2010）的研究还发现，公正会显著影响被试的认同、调节定向和情绪。因为不公平意味着会受到社会排斥和经济剥削，公平则传达了有利的经济和社会情绪信息。在公正氛围下，被试有更强的关系认同和促进定向，会体验到更多的快乐情绪，不公平则会诱发个体的认同和预防定向，诱发更多的焦虑情绪。同时，这种效应会被公正敏感性调节，敏感性水平越高，公正对认同和调节定向的影响越大。

4. 公正敏感性与社会变革

Traut-Mattausch 等（2011）在真实的社会改革情境下检验了公正敏感性与抗拒改革的关系。2007 年，德国的医疗改革调整了保险福利和保险税则，以医生为被试的研究结果显示，受害者敏感性与抗拒改革显著相关（$r=0.28$）。在这项研究中，他们还研究了公正敏感性与抵制教育改革的关系。对大学生被试的研究显示，受害者公正敏感性与抵制改革显著相关（$r=0.43$），而受益者公正敏感性则对抵制改革无显著影响（$r=-0.11$）。此外，研究者还进一步通过让被试列出雇员、公务员、个体经营者、家庭主妇、退休者和失业者等特定群体比自己待遇高或低的方面，来启动受益者公正敏感性或受害者公正敏感性。在实验正式结束后，被试在实验室外会遇到自称是"抵制改革"组织成员的实验助手，谎称正在派发抵制教育改革的传单。结果显示，63%接受传单的人来自受害者启动组。

（二）公正敏感性的研究趋势

1. 公正敏感性的实质

公正敏感性所反映的个体差异的实质是什么？Gollwitzer 等（2005）在进行验证性因素分析后认为，各视角的公正敏感性既相对独立，又存在着共同变异，在一定程度上趋向聚合。不同视角的公正敏感性的共同变异主要是公正关心和道德信念的反映，尤其是受益者、犯过者、观察者公正敏感性都体现着社会责任和角色承担方面的道德自觉，指向的是对他人真正的公正关心。此外，公正敏感性还有助于解释利他性惩罚的结果变异，利他性惩罚是需要付出成本但又没有回报的道德义务反应，宜人性、共情、观点采择等人格特质都不能有效地预测它（Lotz, 2010）。上述观点和发现与最近提出的道德信念整合理论颇为一致。该理论认为，对于公正，应该从道德、正义和伦理的角度来阐述，而不是自我利益、归属感或其他非道德动机（Skitka et al., 2008）。公正判断是根据内心的价值体系在道德框架内做出的，道德认同（moral identity）会显著影响对不公正的反应

(Rupp & Bell，2010)。从道德视角解释公正敏感性有一定的理论优势，因为这不仅可以超越社会交换和社会群体价值的视角，弥补工具模型和社会模型对公正关心解释的不足，还有利于从第三方的角度来说明社会合作和利他性惩罚。

2. 公正敏感性的信息加工特征

以往的研究多把公正敏感性概念化为认知结构和过程系统来说明其个体差异，还鲜有研究探讨它的神经生理机制，致使相关的评定工具尚缺乏神经生理方面证据的支持。有研究运用功能性磁共振成像比较了公正和关怀道德事件神经生理机制的区别。结果表明，对公正事件的敏感性与更强的左内侧顶叶沟有关，而对关怀问题的敏感性与更强的腹后侧扣带回皮层、腹内侧、背外侧前额叶皮层和丘脑有关(Robertson et al.，2007)。这表明，如果公正敏感性涵盖了道德的公正和关怀成分，其加工过程和结构特质有可能会在神经生理层面被说明。另外，在公正判断、风险决策领域已有很多双过程加工的发现，其共同之处是把认知过程区分为自动无意识的加工和熟虑有意识的加工，前者是依赖经验或联想的直觉判断过程，后者则是包含意图、规则和执行过程的反思判断过程(Lieberman，2003)。以往研究表明，受害者和犯过者公正敏感性可预测自发公正推论的强度，结合双过程加工理论，探讨公正敏感性的反思和内隐认知过程可能是很有意义的方向。

3. 公正敏感性的文化差异

公正在各种社会形态中都是一个核心问题，无疑与文化息息相关。例如，Brockner等(2005)的研究表明，文化自我观会调节公正对个人的重要性。他们用3个反应变量探讨了程序公正的影响力，第一个指标是在社会两难情境中个体的合作；第二个指标是在报酬分配情境中对与自己从事相同工作同伴持有的积极印象；第三个指标是将来是否希望再和竞争对手有所交流。多元回归结果表明，相对于"独立我"，"互依我"倾向强的人受程序公正的影响更大。此外，对公正关心文化诱因的研究还表明，相对于单一价值取向的社会结构，多元价值体系中的人会更加关心公正；相对于和谐的社会关系，不和谐的社会关系中的人会强烈地关心公正；在权利距离小的文化中，个人角色受权利结构的影响弱，人们的公正欲求更强烈；不同社会中资源的匮乏和丰富程度不仅会影响公正的原则和范围，还会影响公正对个人的重要性等。目前，中国正面临深刻的社会转型，从身份社会到契约社会，从计划经济到市场经济，从政府集权到个人权力扩张，无不充斥着对社会公正的期许。有理由相信，中国公众的公正敏感性会体现出较强的文化属性和时代特色。

4. 公正敏感性的应用研究

在具体工作场所中，对公正敏感的人容易觉察潜在的不公正，同时有动力采取措施恢复公正（Schmitt et al., 2005），引导这类个体对不公正做出建设性的反应，是促进合作及避免冲突升级的有效方法。另外，Wijn 和 Van den Bos (2010) 的研究发现，经历了公平事件后，只有受害者敏感性量表得分提高，获益者和观察者敏感性量表的得分没有明显变化，而在经历了不公平分配后，被试各视角的公正敏感性量表的得分都有显著提高。研究者据此认为，公正敏感性可能是由于经历或观察不公正事件而形成的。然而，这一观点与其他领域的发现并不一致。例如，Fanti 等（2009）对暴力敏感性的研究表明，最初置身于媒体暴力中会导致个体对受害者遭遇敏感性的增强，但在看了多个暴力场景后，被试对暴力的敏感性会下降，表现出习惯化倾向。可见，对于不公正经历对公正敏感性的影响，还需要深入研究。另外，人格心理学的研究表明，在一个缺乏有效线索的情境中，个体差异可能不会被启动，这时人格对认知、情绪和行为的影响比较有限。相反，在具备相关线索并且没有结构性限制的情境中，个体差异对行为的影响将会加大。这表明，重视公正敏感性和情境变量的交互作用有利于提高个体对社会行为的预测效度。

第三节 公正动机的道德信念整合理论

人们关心公正的动机是什么？影响公正判断的因素有哪些？20 世纪 50 年代，基于"经济人"假设的分配公平理论和相对剥夺理论认为，个体偏好追求自我利益的最大化，尤其是基本的物质需要受到威胁以及将提高生产效率作为首要目标时，公正判断更依赖于主观的成本和利润分析。人们期望自己和他人都遵守公平的规则,因为这是获得长期利益的最佳途径。"经济人"取向的公正研究依从于社会交换理论,强调社会比较和主观价值感在公正判断中的作用,重视共享价值、权威序列、均衡匹配、互动目标、资源形态等要素对公正判断的影响(Tyler,1997)。

20世纪70年代,随着程序公正研究的开展,从"经济人"假设中衍生出了"社会人"假设,该取向主要从社会群体价值的视角来解读公正,强调公正是维护个体价值和自尊的重要途径,公正动机主要源自社会认同、地位关注、相互依存等需要。在组织公正判断中,个体尤为关注程序的一贯性、无偏性、正确性、修正性、代表性和伦理性(Leventhal et al.,1980)。在人际交往中,互动公正(international justice)最能代表个体间相互作用是否公正的主观感受,是公正中最无形的成分,属于"无成本行为",交往时的中立性、信赖性、地位尊重等互动变量会显著影响个体的公正感(Daly et al.,2009)。

"经济人"和"社会人"假设促使关于公正动机的研究取得了丰硕成果,但无论"经济人"还是"社会人"假设,均认为公正动机和公正判断与资源分配及期待是否被满足有关(Colquitt et al.,2001)。最近,"道德人"取向的研究则强调,把公正看成手段而不是目的其实忽略了公正的道德属性,纯粹的公正关心受道德观念的驱使,公正判断是根据内心的价值体系在道德框架内做出的,它更多地依存于道德直觉而不是外部社会线索(Rupp & Bell,2010)。人们关心公正背后的动机是道德,而不仅仅是自我利益和归属需要等非道德的动机。这符合进化心理学的观点,因为在进化心理学看来,那些学会在竞争和合作中达到平衡的人发展出了道德善恶的概念,惩罚破坏契约和公正规范的人比那些没能发展出这些特质的人在适应方面有明显的优势(Robinson et al.,2007)。

一、道德信念整合理论的核心观点

道德信念整合理论区分了社会判断中的三种态度或领域:个人偏好,它主要用来表明个体的主观倾向,对同一种事物,每个人都可以有自己的喜好,它无所谓对错,只是倾向不同;习俗,它是某些社会群体的行为规范和文化标准,一般只对群体内的成员有效,如果外群体成员违反,通常会得到宽容;道德信念,它是指用核心价值信念来看待具体事件和情境时产生的强烈的是非态度以及道德或不道德的主观评价。道德信念的态度成分即道德命令（moral mandate），它不同于其他非道德态度，更多地涉及道德和非道德、正确或错误的认知评价。在道德信念整合理论看来，道德信念在很多方面有别于个体偏好和习俗。

（一）道德信念的特征

1. 普世正当

不同于个人偏好和习俗，人们相信自己的道德标准也适用于其他人，偏好把自己的道德信念投射给他人，也更倾向认为道德信念是纯粹的，是大家都应该认同的普遍真理（Skitka，2010）。Skitka等（2005）比较了道德信念组与错误但非道德信念组被试解决争议方式的差异，研究发现，前者会表现出很弱的合作意愿及非常强烈的尴尬和痛苦情绪，也不能提出解决争议的方案；后者则能提出共同的解决方案，表现出很强的合作意愿，并觉得制订方案的过程很有趣。道德信念是独立于其他因素的动机力量，无需附加条件就足以指导个体的思想、感受和行为（Prinz，2007）。因此，道德信念能较好地预测个体的行为。一项研究发现，在总统选举中，无论是政治保守派还是激进派，道德信念和投票倾向之间都具有显著的正相关（Lodewijkx et al.，2008）。

2. 非理智性

个体常把道德信念看作显而易见的客观事实，认为依据道德信念做出的是非判断不需要证据的支持，道德信念是不证自明的，它本身就是证据（Goodwin & Darley，2008）。基于道德信念的"非理性"加工不受工作记忆容量的干扰，是依赖经验或联想的直觉判断过程，基于这一过程的社会判断会受到情绪等因素的强烈影响。道德信念的"非理性"加工主要由情绪和习惯引导，通过无意识的分析对其反射形式进行匹配，并与储存的原型做比较，它不仅容量大、迅速、灵活、不干扰自然衡量过程，而且其自上而下的加工方式可以使信息更具概括性、融合性，这会使它在复杂的判断中颇具优势，并能提升事后满意度（Bos et al.，2008）。

3. 非他律性

道德信念较少受权威或群体规范的影响，有很强的自主性，个体的道德视角更专注事情的"本来面目"或"本该如此",而不是群体规范、组织程序和权威支配(Skitka et al., 2008)。为了避免嘲笑以及表明自己态度的恰当性与合法性,对于与大多数人的意见相左,个体通常持回避态度。然而,如果某一个话题威胁到了个体的道德信念,即便自己是少数,人们也倾向突破从众压力,反抗大多数人(Hornsey et al., 2007)。Aramovich 等(2012)在研究中首先评估了被试对刑讯的态度及道德信念,确认被试反对刑讯后,将其随机分配到包含其他 4 个人的社会支持组和非社会支持组,组间变量是其他 4 人是否支持刑讯。结果表明,不管有无社会支持,持反对刑讯道德信念的个体都不会屈从于大多数人的意见。

4. 非容忍性

与非他律性类似,进一步的研究还发现,当人们的道德信念受到威胁时,无论是关系亲密的人还是陌生人,个体均无法容忍,道德信念分歧会显著影响彼此间的社会和心理距离。人们不仅不愿意与持不同信念的人合作,甚至不惜动用歧视、双重标准等不公正的方式对待他们。有研究让被试分配 10 张有价奖券,当得知接受者与其具有道德分歧时,分配者自己会平均保留 8.5 张,而与接受者没有道德分歧的被试则多选择平分奖券(Wright et al., 2008)。Skitka 等(2012)进行了道德分歧的跨文化研究,发现无论美国人还是中国人,道德信念分歧都会导致个体间严重的非容忍。但如果是非道德信念分歧,中美被试则经常表现出不一致。例如,当涉及敏感的政治意见而非道德信念分歧时,相对于中国被试,美国被试更能容忍。

(二)道德信念整合理论的核心观点

1. 道德价值保护模型

道德信念整合理论提出的道德价值保护模型(value protection model)十分强调道德认同在公正判断和公正动机中的作用,主张人们会普遍追求道德信念与态度和行为之间的一致,缺乏一致性将导致个体认知失调。该模型认为,道德价值是自我认同的核心,人们会通过道德信念和立场的表达来强化自我认同;也会依据道德命令将组织、权威、内外群体成员及自己的想法分为合法的或违法的,当分配结果和分配程序与个体的道德信念一致时,人们就会将其知觉为合法和公正的。而且,无论目睹别人还是感觉自己违反了道德命令,都会威胁个体的自我认同，为了应对这种威胁，人们会通过认知、情感和行为的调节来保护自我认同。Skitka（2002）的研究表明，在涉及同性恋婚姻、安乐死、堕胎及非法移民等容易产生道德分歧案件的审判中，人们的道德信念对公正判断有显著影响，而程序公正只有在个体的道德信念不甚明确时才会影响公正判断。如果审判程序和结果公正，但不符合人们的道德信念，人们仍会质疑它的公正性。道德信念分歧会导致社会交往的疏远、亲密关系中的非容忍、敌意和不合作，妨碍争议共识的达成。为了维护自我认同，在违反自我道德命令时，人们会感到自责、自我厌恶和内疚，此时个体常采取道德清洗（moral cleaning）策略来保护自我认同，通过态度和行为的调节重新修复自己良好的道德形象，如果是他人违反道德命令，则会激发人们的道德义愤，导致不公正感、蔑视、消极认同甚至激烈的抗议（Tetlock et al.，2000）。

2. 权威独立假说

权威独立假说（authority independence hypothesis）认为，当个体认为权威的命令、决策或分配不道德时，就不会屈从权威，而是认为自己没有责任和义务接受，如果只是与其偏好和习俗不符，则不会如此。该假说强调，涉及道德信念的公正判断主要由内心的道德是非左右，而不是社会规范、合法权威及公正程序所致。Skitka 和 Houston（2001）让被试观看虚拟的新闻报道，描述了凶杀案的被告是真的有罪还是无辜的，被告是在公正的审判后被处决的还是由被害者家人在庭审前将其杀死的。结果显示，人们倾向认为无论通过审判还是受害者家人，只要让有罪的被告受到惩处就是公正的。Skitka（2006）调查了被试对安乐死合法化的道德信念、法院的程序公正性和合法性评价，结果显示，被试在法院审判结果出来之前的道德信念准确预测了对审判结果的公正感，而不是法院审判程序的公正性及合法性。Skitka 等（2008）让被试评价一个虚拟的关于堕胎的政府决策的公正性，他们先通过有无发言权控制程序公正，而后测量被试对堕胎的道德信念。结果表明，当道德信念微弱时，发言权促进了公正感；当道德信念强烈时，给予发言权并未增强被试的公正感，支持或反对堕胎的道德信念预测了其是否接受决策，而不是有无发言权。Bauman 和 Skitka（2009）还考察了大学生对学校权威决定的反应。当学生得知校委会决定将堕胎费用纳入自己事先支付的就诊费用中时，对堕胎持反对信念的学生多准备请愿收回支付费用，尽管他们认为决策程序很公正。相反，支持堕胎的学生则无意抗议，即便得知决策程序是非法和不公正的。

3. 试金石假说

试金石假说（litmus test hypothesis）认为，以往关于程序公正的研究多强调程序信息可以用来评估长期受到公正待遇的可能性，确认自己在群体中的地位，但这多局限在信息不足的情况下。该假设则强调，如果人们对某些事件持有确定的道德信念，就会根据道德信念审视程序的公正性和权威的合法性。1999年古巴男孩 Elián 和母亲偷渡美国时，船倾覆，只有男孩一人获救。在古巴的男孩父亲要求美国归还孩子，而移民局则把孩子交给了其在迈阿密的亲戚，后来法院判决孩子回古巴，但亲戚和当地社区拒绝执行，最终警方强行将孩子带走。因为此案件涉及强调自由价值还是父母权利的道德信念分歧，Skitka 和 Mullen（2002）做了追踪研究，他们对全国样本在强制执行前、执行后和孩子回到古巴后各收集了一次数据。结果表明，83%有明确道德信念的人批评美国政府，而无明确道德信念的人只有12%。开放式调查显示，支持男孩留在美国的人多将批评的矛头指向强制执行的决策者，而支持男孩回到古巴的人多认为结果公正，但批评当局拖了太久才强制执行。封闭式调查结果显示，人们对处理的公正感和合法性判断主要取决于之前的道德信念，而不是对程序公正及合法性的审视。Mullen 和 Nadler（2008）的实验也支持了试金石假说，他们让被试匿名，并向其展示支持、反对、无关被试道德信念的法律决策。研究者在装有问卷的档案袋中放了钢笔，实验结束之后，要求被试返还问卷和钢笔。结果表明，相对于支持和无关道德信念组，反对组被试不仅有强烈的情绪反应，而且更倾向把笔偷走。

4. 情绪假说

情绪假说（emotion hypothesis）比权威独立假说和试金石假说更进一步，为道德信念影响公正判断提供了动机方面的解释。该假说认为，当人们对道德信念相关问题进行公正判断时，会产生比其他问题更强烈的情绪反应，反过来这些情绪反应又会影响公正判断和决策接受，使其带上情绪色彩。一般而言，在不确定的情况下，人们会很细心地评价程序是否公正，但当个体持有明确的道德信念时，人们则更倾向采用直觉和情绪的方法评判结果及程序是否公正（Lind & van den Bos, 2002）。Mullen 和 Skitka（2006）研究了人们对模拟陪审团关于支持或反对堕胎决策的反应，陪审团判决程序包含公正程序和有明显漏洞程序两种。结果表明，当陪审团的决策结果与被试的道德信念相违背时，他们报告了更强烈的愤怒情绪，而且这种情绪还会导致被试贬低程序和结果的公正性；当决策结果和被试的道德信念无关时，被试报告了低程度的愤怒，而且更倾向将决策评估为公正的。研究者认为，道德信念受到威胁的个体不能充分地权衡程序信息并做出公正判断，对违反和威胁道德信念的愤怒情绪，会导致个体把全部的情境都知觉为公正或不公正。除了程序公正性的操作外，研究者又增加了对决策接受的测量，并进一步发现，当决策结果与被试的道德信念不一致时，即便程序客观公正，被试仍会拒绝陪审团的判决，当决策结果和被试的道德信念无关时则不会。研究者指出，对判决结果的负性情绪调节着道德信念和公正判断之间的关系，因为道德侵犯会诱发道德义愤和厌恶的混合情绪，导致了反对决策、疏远群体、做出越轨行为和产生不公正判断意图的增加。Batson 等（2007）在研究中将由不公正待遇引发的愤怒进一步区分为自己受到伤害引起的个人愤怒和目睹他人受伤害引起的共情愤怒。当被试感知到他人遭受了和自己一样的不公待遇时，道德信念违背会诱发共情愤怒，如果不公正与道德信念无关，只有自己或亲密他人受害才会诱发共情愤怒。

二、道德信念整合理论的优势

在各种文化群体中，不仅随处可见付出成本却又不计回报的利他性惩罚，而且人们还经常拒绝对自己有利的不公正。"经济人"和"社会人"取向的工具性动机不能对这两类公正关心进行全面的解释。道德信念整合理论则认为，有利不公正厌恶和利他性惩罚产生的深层次原因应该来自个体的道德信念。

（一）对利他性惩罚的解释

Fehr 和 Fischbacher（2004）的研究表明，在独裁者博弈中，60%的第三方会惩罚自私的独裁者，在囚徒困境实验中这一比例则为 46%。Kahneman 等（1986）让被试给自己和别人分配特定数量的钱，并将对方分别描述成不公正分配的实施者、受害者和无关者。结果表明，人们会牺牲自己的所得补偿受害者，同时惩罚不公正分配的实施者,这种倾向甚至在实验结束后没有任何利益冲突时依然存在。Turillo 等(2002)进一步检验了上述结论,他们让被试匿名,结果 75%的被试会牺牲自己的合理所得去回馈公正分配的实施者,而对自私分配者则很少表现出慷慨,而且结论同样适用于与自己没有得失关系的情况。研究者对来自 15 个不同文化样本的研究也显示,当名誉收益很小甚至没有时,尽管惩罚力度在不同样本中有很大差异,但对不公正行为给予有成本的惩罚意愿具有跨文化的普遍性(Henrich et al., 2006)。据此,道德信念整合理论认为,用亲缘选择和互惠规范等工具性动机很难解释利他性惩罚,以往社会交换和社会群体价值的视角的研究忽略了道德动机和伦理观念与公正的关系。

道德信念整合理论在自利和社会认同的基础上,提出公正的道德义务反应动机来说明利他性惩罚,认为公正判断经常是以良心为基础的,利他性惩罚源自不公正与个体内在的道德信念相悖。进一步的解释则认为,首先,公正和道德的联系一直是道德发展理论研究的主题,Kohlberg 的道德发展理论认为,公正是道德的核心,个体道德的发展阶段主要反映了公正推理的发展水平。其次,在进化心理学看来,惩罚不公正比奖励公正更能促进人们的道德关切。道德关切是人类通过对环境的适应进化而来的促进社会合作的适应器,惩罚不道德行为有利于维护整个合作机制(Mulder, 2008)。最后,道德认同的观点也强调,道德认同是个体自我概念或自我同一性的核心成分,并作为一种自觉的机制在道德推理和公正之间起作用,道德认同强度可以解释利他性惩罚的个体差异(Aquino et al., 2009)。

(二)对拒绝有利不公正的解释

根据分配结果是否对自己有利,不公正可以分为有利不公正和不利不公正。在个体心理发展中,对不利不公正的厌烦出现得更早。Geraci 和 Surian(2011)的研究显示,12~18 个月的婴儿对不利不公正就表现出反感。Shaw 和 Olson(2012)检验了儿童的公正偏好,在第三方博弈中,因为被试不会在游戏中获得任何报酬,所以儿童的公正分配提议应该出自真正的公正偏好。结果表明,41.67%的 3~5 岁和 100%的 6~8 岁儿童会进行公正分配。相对于不利不公正,儿童拒绝有利不公正的行为出现较晚。Lo Bue 等(2009)的研究表明,少数 3~5 岁的贴纸多的儿童会自发地拿出自己的贴纸给贴纸少的儿童,也有少数儿童要求实验者给不利儿童更多的贴纸。在贴纸少的儿童抗议不公正分配后，拿出贴纸补偿不公正受害者的儿童会增加。Sutter（2007）的研究表明，在自己和别人分配比例为 8/2 和 2/8 时，3～7 岁儿童多拒绝不利的不公正，而 8 岁儿童和青少年组拒绝有利不公正的比例更高，他们更倾向维护公正。Blake 和 McAuliffe（2011）的研究表明，多数 4～7 岁儿童会拒绝不利不公正分配，出现的比例在 54.5%～80%。8 岁儿童开始大量出现拒绝有利不公正分配的行为，比例高达 76.9%。

对于拒绝有利不公正倾向，道德信念整合理论认为，首先，应该明确区分结果公正和结果有利。基于"经济人"和"社会人"假设的公正动机研究倾向把结果有利等同于结果公正，其公正判断主要基于"满意/不满意"和"喜欢/不喜欢"等享乐主义动机。拒绝有利不公正说明，结果公平比结果有利对公正判断的影响更强烈，两者是明显不同的构建。其次，探讨个体如何界定"值得"是说明公正动机的关键。拒绝有利不公正反映了个体主要从道德的角度界定"值得"，而不是由"经济人"或"社会人"隐喻的。最后，与"值得"密切相关，社会比较是公正判断的核心过程，拒绝有利不公正反映了个体已经将美德作为社会比较的角度，将道德认同看成最终的成功，而不是其他非道德因素（Skitka, 2009）。

（三）拓展了公正动机和公正判断研究

长期以来，社会心理学多从社会交换和社会群体价值的视角研究公正，忽视了公正判断和公正动机的道德属性。事实上，在道德发展领域，一直非常重视公正的研究，并强调道德属性是其根本属性。道德信念整合理论整合了道德发展与社会心理两种视角的公正研究，不仅提出了公正动机的义务原则，也推动了从道德发展角度对公正判断和公正动机的研究。Rupp（2003）预测，如果自我牺牲行为是出于道德动机，那应该更多发生在道德成熟水平高的被试身上。结果支持了他的假设，道德成熟水平高的被试更倾向选择通过自我牺牲来惩罚不公正行为。Skarlicki 和 Rupp（2010）通过给被试呈现互动不公正的情境故事，并操纵被试理性或情绪的信息加工方式，来探讨被试对不公正的反应。结果显示，启动不同的信息加工方式会显著影响低道德认同被试对不公正的义务反应，对于道德认同水平高的个体，不管采用情绪还是理性加工都会出现义务反应，因为他们更多地被内化的道德标准而不是外部社会线索影响。

（四）推动研究主体向第三方转换

以往关于公正判断和公正动机的研究多局限在当事人视角，事实上，不仅当事者存在强烈的不公正回避倾向，旁观者也存在明显的不公正纠正倾向和互惠性公正期待（Kurzban et al., 2007）。对不公正者的惩罚是促进合作的关键，通过对利他性惩罚进行研究，道德信念整合理论就将公正动机的研究主体由当事人拓展到了第三方。有研究表明，在没有发言权的模糊程序下，被试倾向以他人的体验为线索进行社会参照，他人的愤怒会诱发被试不公正的判断，并对权威表示更多的愤怒；他人的负罪感则会启动被试得出公正的判断，并对权威表示较少的愤怒（De Cremer et al., 2008）。对第三方公正动机的研究，可以使研究变量超越个体和当事人的局限，解释公正氛围等群体变量的形成机制，预测众多旁观者对公共事件的反应。

（五）深化公正判断的机制研究

道德信念整合理论用情绪假说来解释道德信念影响公正判断的动机，但相关证据还非常单薄。有研究表明，在经历不确定时，个体会以经验的方式加工信息，此时的公正判断会被情绪左右，个体会潜意识地将信息编码为具体的形象或象征，被动地体验事件而非主动地加工（Maas & Bos, 2009）。近年来，社会认知双过程加工理论逐步由概率判断和风险决策领域向公正领域拓展。该理论认为，社会信息的加工可能同时依存于"理性"和"非理性"两个结构和进化都不同的认知体系，作为社会判断之一的公正判断，同样可以将其纳入此框架加以解释。"理性"加工包含意图、执行过程和高级控制，是依赖于规则的反思判断过程，相应的社会判断是在仔细地评价和权衡相关信息的基础上做出的；"非理性"加工是依赖经验或联想的直觉判断过程，存在情绪一致效应，可以用热认知的方式来理解（Lieberman et al., 2002）。借鉴社会认知双过程加工研究，可能有利于解释道德信念影响公正判断的信息加工过程和机制。

（六）有利于整合不同取向的研究

目前的研究多从"经济人""社会人""道德人"三种取向来说明公正动机，三种取向不是矛盾的，而是互补的。道德信念整合理论的倡导者 Skitka（2009）就认为，公平动机依赖个体的自我图式，三种公正动机取向与 William

James 的物质我、社会我和精神我有明确和清晰的对应。而且，三种动机取向还与个体道德图示的发展相吻合，个人兴趣图示在儿童期得到发展，维持规范图式在青少年期得到发展，后习俗图式则在青少年后期和成年期形成，在现实生活中人们能用每个图式去指导自己的判断和行为。基于此，Skitka 提出了公正的权变理论，尝试整合工具模型、社会模型和道德模型。

第二章

社会公正与个体心理的实证探索

第一节　风险信息中的公正要素对权威信任的影响

在当今社会中，人们更多面临着不确定的政治、经济、社会与文化情境，甚至可以断言我们正处在"风险社会"之中。风险沟通（risk communication）是建立公众理性的桥梁，也是风险管理的重要途径，是个体、群体或组织间交换信息和观点的互动过程，它既直接传递风险信息，发布国家或组织在风险管理方面的制度和措施，也涵盖了对风险事件的关注、意见和反应等多个侧面。风险沟通的目标是使沟通双方建立信任，促进其达成风险共识。此目标的实现既依赖于管理者合理的导向规划和科学的流程设计，更源自公众对风险的理性判断。

公正判断是个体应对风险和不确定性的基本途径。受人类自身认知特性和情境因素的制约，在风险认知和决策中会出现诸多的不理性，其不仅可以预测或解释个人的一些极端判断和行为，还可以用来预测和解释群体、组织甚至国家在处于风险情境时的非理性决策和极端行为。

公正感可以有力地预测公众的主动顺从、政策接受和超角色行为，降低愤怒和敌意（Brockner et al.，2003），削弱被害感受和非当事者的攻击（Lickel et al.，2006）。程序公正感与原谅及和解呈显著正相关，与报复呈显著负相关，相对于高职位者，公正感更显著地减少了低职位者的报复（Aquino et al.，2006）。

一、国内外研究概况

（一）风险沟通中的公正要素和权威信任

1. 风险信息与风险沟通的内涵

风险沟通是指与风险相关的个人、群体和组织之间相互交换信息和意见的过程，它的最终目的是要增进对风险的理解，并且使当事者之间建立信任（木下富雄，2004）。吉野娟子等（2003）提出，在风险管理中不仅要建立风险管理者与信息接收者之间双向的信息传递，还要建立专家、公众、媒介三者之间双向的沟通渠道。

风险信息是风险管理者与信息接收者进行风险沟通的载体，按照风险沟通的双向信息传递要求，它不仅包括风险管理者（政府或企业等）向信息接收者（公众、某群体或个人等）发出的风险信息本身，还包括信息接收者对信息和风险管理过程的关心、意见、反应等信息（赤松利惠等，2009）。其中，信息接收者的反应既包括对风险管理方法和制度等的反应，也涉及对风险管理者态度的评价。被告知存在风险的公众，他们会要求知晓更多有关风险性质和风险管理的信息。因为对于信息接收者来说，风险信息是推测风险管理者或管理机构态度形成和政策制定过程的重要依据。

风险信息的公开化能提高风险沟通的效果。例如，在日本，风险沟通研究中最受关注的领域是核能利用问题。松本隆信等（2005）对专家的信息发布过程进行了研究，他们对核能技术信息的提供者如何捕捉和传递有关信息的测量发现，在核能信息宣传过程中，可以将有利的信息作为宣传材料，也可以将带有风险的负面信息一并作为宣传材料。对比两种信息呈现方式可以发现，相对于只传递有利信息，在对包括负面信息的宣传材料进行报道时，人们会认为宣传的内容更公正和诚实，接收者也更容易接受。竹西亚古等（2008）认为，前人对风险沟通的研究都没有将信息接收者对信息发布者的评价和对风险信息本身的评价区分开来，事实上，两者有本质的不同，前者主要涉及风险管理方法和管理者的态度，后者则主要涉及对风险的客观分析结果。

2. 风险信息中公正要素的研究进展

公正是风险沟通过程中影响当事人之间相互作用的重要概念，是风险管理过程中不可或缺的部分（木下富雄等，2003）。公正可以分为分配公正和程序公正，这两类公正都与风险沟通密切相关。一方面，很多风险事态不仅需要风险管理者执行分配相关决策，还要对分配的原则、预期的结果和政策决定过程进行公正评估；另一方面，风险事态下的当事者，尤其是受风险管理影响的公众，对于风险是通过什么原则分析出来的，又是根据什么程序进行管理的，也都极其关注。

Leventhal（1980）提出了正确性、一贯性、代表性、偏差抑制、可修正性、伦理性6个程序公正的基本要素，认为程序公正判断是由这些要素组合实现的。以往的诸多研究表明，在决策过程中，信息接收者拥有发言机会能够提高程序公正水平。程序公正还受接收者对权威态度的影响，当人们认为权威是值得信任的、态度是中立的、信息接收者得到了权威的尊重时，就会产生程序公正感。有效的风险沟通应该将对接收者行为的指导信息，不仅要用明确且易懂的语言来表达，还要向接收者表达关心与尊重。木下富雄（2003）列举出了影响风险沟通效果的因素，其中包含公正信息的内容共有20条。根据这些因素，吉野娟子等（2003）设定了评价风险信息公正性的7个标准，包括正确性、公开性、公正度、简明度、稳定性、一贯性、明确性。据此，他们对管理者进行了现场培训，结果验证了该标准的有效性。

以上这些研究者有的关心信息的客观性，有的关心信息给接收者带来的影响，有的虽然将这两方面都考虑到了，却没有从结构上进行检验。在这个基础上，竹西亚古等（2008）通过验证性因素分析发现，风险信息中的公正要素可以概括为两点：一个是事实取向要素。它主要指信息中的风险评价和建议在多大程度上是有科学根据的，以及做出这些决定的过程在多大程度上是公开透明的、没有隐瞒的。事实取向要素的构成成分包括信息的准确性、决策过程的公开性、对预想风险的隐瞒度等。另一个是关系取向要素。它主要指向风险评价者的专业水平，如语言表达的通俗性、信息中有没有表现出对接受者的尊重、有没有给接收者发言的机会、有没有向接收者表达愿意接受任何质疑、有没有表达会根据反馈适当修正决策等。关系取向要素的成分包括解释风险的简明度、对信息接受者的尊重度、对信息接收者提出的意见和疑问的关注度等。

（二）风险沟通中的权威信任

1. 权威信任的内涵和实质

管理风险并且力求与公众进行沟通的人或组织被称为风险管理者（risk manager），其并不是专指某个个体，也包括从事风险管理的企业或政府机关等组织。权威信任是指人们在多大程度上相信风险管理者关心他们的利益，并且在行为上以公众利益为核心（Tyler & Huo，2003）。

多位研究者对信任做出了不同的界定，虽然至今对信任还没有一个统一的定义，但这些界定也存在明显的共同点：为谋求潜在的利益，即使对方的行为有可能会给自己造成损失，仍会将自己的选择与判断权利委托给对方，在信任游戏中，常常把将自身委托给对方的行为作为信任的重要指标（铃木直人等，2007）。中谷内一也等（2010）则直接将信任操作性界定为：即使存在造成负面结果的危险，仍然将风险管理委托给他人。

对于权威信任的实质，主要有两个代表性的理论做出了解释。一个是预期信任模型。该模型认为，对能力的预期与对诚实及公正的预期是决定信任与否的关键因素，即使管理者可能会给自己带来损失，但还是会对其抱以肯定期待，而对能力的预期与对意图的预期则是引起这种肯定期待的两个关键因素，当将风险管理者评价为具备专业知识，且具有诚实与公正的品质时，就会引发信任。另一个是价值类似模型。该模型的基本观点是，对权威与自己有相同价值的认知，是产生组织信任的原因。也就是说，风险管理者与公众对于风险问题，以什么样的框架为中心，对于影响风险的诸要素应重视哪些、选择哪一种结果等的价值判断越类似，就越容易产生信任。

2. 权威信任的影响因素研究

Cvetkovich 和 Nakayachi（2007）将至今为止被认为最具有代表性的信任影响因素"能力认知""诚实与公正认知""价值类似认知"作为3个变量，对这3个变量中哪个更能解释信任进行了比较，并试图比较信任的传统模型与价值类似模型的解释力。结果表明，"价值类似认知"与其他两个变量相比更具有解释力。该研究采用的材料是关于在居民饮用水的水源湖中使用摩托艇的事件，摩托艇的尾气有增加人们癌症发病率的风险，因此在该地区引起了激烈的争议。这一话题关系到居民的直接利益，属于人们高度关心的话题。因此，不排除是材料的性质导致价值类似模型更具解释力。对于有直接利益关系或人们高度关心的环境问题，居民往往会有比较明确的价值信念，在这种情况下，若风险管理者与居民持有共同的价值，居民就会倾向期待此价值的实现并产生信任。对于没有直接利益关系，并且关心度不高的话题，公众自然对其没有明确的价值信念，此时依据"价值类似认知"来判断是否要信任几乎是不可能的。因为在这种情况下居民对于应该重视什么问题、应得到什么结果，无法做出明确判断，导致他们更倾向委托和信任有能力且诚实的管理者，并期待获得更好的结果。基于此，中谷内一也等（2010）又将两个模型加以整合，认为与环境问题利益高相关者价值信念比较明确，因此可以用价值类似模型来预测；对于没有直接利害关系的人来说，可以用预期信任模型来解释。

渡部干（2002）主张，信任在强调民众参与的现代行政管理体系中是关键要素，其实质是"诚实性"问题，将管理者评定为诚实的心理取向是公正判断的决定因素（藤井聪等，2003）。信任可以解释为什么风险管理者尽管在全力提升自己的专业水平，却难以恢复公众的信任。一般来说，人们在判断各种公共政策在多大程度上增进了公共利益时，由于专业知识缺乏，很难对其做出客观的评价，此时基于诚实和公正的信任评价就会发挥关键作用，对风险管理者诚实性和公正性期望高的人比期望低的人对公共利益改善的预期也更高。

藤井聪等（2003）指出，风险管理中的事故、谎言和错误等负面信息容易被人们关注，而且其也更容易相信负面的报道，这会对公众的心理产生很大的影响，导致权威信任水平下降。但是，负面信息出来之后，若公众认为风险管理者的应对态度诚实且公正，就能够有效防止权威信任水平下降。

中谷内一也和渡部干（2005）还提出了"自动信任装置"的概念。"自动信任装置"其实是管理者对信任者做出的承诺：如果被信任者背叛了公众的信任行为，自己将承受比背叛获得的利益更大的惩罚，并主动提出惩罚自己，是被信任者主动要求信任者监督和制裁自己的行为。应用于现实情境中，被信任者可以将"信息公开"等导入"自动信任装置"中并提供给公众，不过"自动信任装置"的启动，也只是临时性的措施，不能确保它能永久发挥作用。

3. 权威信任与风险认知、政策接纳的关系

对环境问题带来的风险认知、对环境保护政策的接受与拒绝和权威信任有密切的联系。若公众信任风险管理者，通常会将风险水平认知为低风险，环境政策也就比较容易被认可；若公众不信任风险管理者，人们通常会将风险水平认知为高风险，环境政策就不易被认可。在研究如何控制环境破坏的同时，研究者还应该关注公众的信任（中谷内一也等，2010）。

政策评价可以分为对政策本身的评价和对制定政策主体的评价。其中，对政策本身的评价，公众主要考虑该政策是否公平，是否有利于增进社会利益。对政策制定主体的评价，公众评价的主要依据是对政策制定者的中立性和合理性的信任程度、是否考虑公众的意愿、公众是否受到尊重（大渊宪一，2005）。有研究以纳米技术风险作为材料，分析了公众的风险认知、利益认知以及对纳米技术制品表示接纳的心理原因。研究结果表明，信任和专业知识水平对利益认知及接纳意识有直接的影响（高井亨，岸本充生，2009）。

在实施公共政策时，有时需要公众不得不损失一定的个人利益，此时可以通过补偿被侵害者、提高程序公正感和分配公正感、改善对公共利益的重视程度提高对决策的信任水平等多种心理变量来提高人们的接纳。也就是说，即使在不得不损失个人利益的情况下，也可以通过保证程序公正和分配公正、关注更大的公众利益目标、增加对决策的信任来解除意见分歧，促成政策被接纳（藤井听，2005）。一般来说，人们明知有风险，依然信任专家，而专家也能以适当的行为来回应大家的这份信任，这将提高管理的效率，促进社会的进步，人们也能够获得更大的利益。但是如果人们不信任专家，不委托权威来进行风险管理，公众将损失更多的利益。

二、风险信息中公正要素对权威信任影响的研究意义

Leiss（1996）将风险沟通的发展分为三个阶段：从最初专家与公众不进行沟通，到说服式单向沟通，再到以获得公众的信任为目标的公众参与式的双向沟通。无论是从形式还是效果上，沟通都发生了质的变化。尽管现在的风险管理中越来越重视公众参与式、合作式的沟通，且增加了第三方监控来改善沟通中的公正水平，但是近年来的风险沟通并不像期待的那样顺利，甚至经常报道出风险管理者与公众不能达成共识的案件，这无疑是由"信任危机"导致的（中谷内一也，大沼进，2003）。

随着科技的进步，对各种风险的控制技术有了突飞猛进的发展，但与之相伴的是人们对于各种风险也越来越敏感。这一现象对于研究风险科学技术的专家来说，是巨大的挑战。最近几年，国内外发生了很多环境、食品等重大安全事件，例如，日本地震引发的福岛核泄漏事件、双汇瘦肉精事件等。这不仅使人们对于环境和食品等安全问题的认识在不断深入，也比从前更加关注大气污染、工业废弃物、食品添加剂、核能发电等问题。那么，面对复杂的风险，管

理者应该如何引导人们正确地评估风险，如何采取有效的应对措施，在加强风险沟通的同时，应该如何运用公正的理论提高风险沟通的效果与质量，成为不容忽视的研究课题。

信任是社会资本的源泉，也是预测个体合作行为的重要变量。已有研究表明，权威信任、风险认知和对政策的接受与拒绝密切相关，因此在社会科学领域一直将对于风险管理者的信任作为主要的研究课题之一。本次研究旨在探讨影响公众的权威信任的因素，为提高风险沟通的效率与质量提供参考性建议。

木下富雄和吉川肇子（1989）提出了风险沟通的双向信息传递模式。该模式假定，风险管理者公正地提供风险信息，不仅能够得到信息接收者的信任，还能提高风险管理者对自我态度的信心，更好地促进风险管理者与信息接收者的相互理解与问题解决。诸多研究者发现，程序公正能够提高对风险管理者的信任，从风险信息中推测出的公正也一样，也是提高权威信任的重要因素。从管理者的角度来看，研究风险沟通应该如何建构才能得到信任尤为重要。对于管理者来说，风险信息中展示出来的公正，能表明他们对风险问题认真负责的态度；对于接收者来说，也是推测管理者意图的重要依据。以公正的视角审视风险信息，为管理者与公众通过信息交流构建相互信任提供了新的视角。

在风险沟通领域，以往国内的研究大多注重公众的风险认知、个体差异以及获得信息的渠道等问题，鲜有针对风险沟通中发布的风险信息进行具体研究的。本次研究将风险沟通中不可缺少的公正理念融入风险信息中，探讨公众在接收风险信息时，不同事件所包含公正要素的作用，以期实现不同事件特性与不同风险信息公正要素相结合，共同推动公众对权威的信任及对政策的接纳。

三、公正要素影响权威信任的数据收集

（一）公正要素和事件类型对权威信任的影响（实验一）

1. 研究设计

本次研究旨在探索社会和个人事件风险信息发布时，事实取向和关系取向的公正要素对接收者权威信任的影响。研究对象为随机抽取的大学生90名，将其平均分配到3个实验组，每组30人。采用3（公正要素：事实高关系低、事实低

关系高、事实高关系高）×2（事件类型：社会事件、个人事件）的二因素混合实验设计。其中，公正要素为被试间变量，事件类型为被试内变量。

2. 实验材料

为了对实验材料进行标准化，选取 30 名研究生作为材料评定者，每个人单独进行评定。实验中采用的风险事件为根据研究需要自编的"学校食堂食品安全事件"和根据真实风险事件改编的"×××奶粉进口原料含阪崎杆菌事件"。两个事件分别代表个人事件和社会事件。风险事件的风险信息对应竹西亚古等（2008）提出的风险信息公正要素的内容进行编制。其中，事实取向有 3 个维度：风险分析过程中信息的准确性、决策过程的公开性、对可能风险的隐瞒度；关系取向也有 3 个维度：解释风险的简明度、对信息接收者的尊重度、对信息接收者提出的意见和疑问的关注度。信息中避免了专业术语与官方用语，全部使用了被试容易理解的通俗语。

第一步，通过统一的指导语给被试介绍竹西亚古等（2008）提出的风险信息公正要素的理论内涵，详细介绍事实取向与关系取向的各因素与风险信息中的哪些内容对应，待被试完全理解后，再进行材料评定。

第二步，要求被试对编排好的风险信息材料是否符合"事实高关系低""事实低关系高""事实高关系高"进行 5 级评定。

第三步，对 30 名评分者的评分结果进行统计，认为"学校食堂食品安全事件"发布材料的事实高关系低、事实低关系高和事实高关系高的风险信息比较符合和完全符合的百分比分别为 86.67%、90%、90%；认为"×××奶粉进口原料含阪崎杆菌事件"的事实高关系低、事实低关系高和事实高关系高的风险信息比较符合和完全符合的百分比分别为 86.67%、86.67%、83.33%。30 名评分者对两个风险事件的评分中均没有完全不符合的评价，而对每个风险信息的评价中评为比较不符合的次数都只有 1~2 次。据此，我们可以认为所有的风险信息都很好地体现了风险信息的公正要素。

第四步，请专家对整理后的材料进行评定，最终确定了将"学校食堂食品安全事件""×××奶粉进口原料含阪崎杆菌事件"作为风险事件，每个风险事件的风险信息都分别以事实高关系低、事实低关系高、事实高关系高三种方式呈现。公正要素与事件类型组合出 6 种材料。

实验材料举例：学校食堂食品安全问题

事实高关系低："校后勤部门对学生食堂卫生管理等问题做出了如下声明：对于目前的报道，我们认为举报的学生有过分夸张、虚张声势的嫌疑。我们承认管理上的确存在一些漏洞②，经过对全校所有学生食堂的不定期抽查①[①]，并没有发现严重的卫生问题②。校相关部门一直对学生的饮食起居非常关注，并明确制定了一系列的规定②。就此事件，校方已成立了监督委员会，重新修订审查规定条例，并提出了一系列管理方案，严格管理学校食堂食品卫生安全②。校方计划在下次的报告中公开相关规定与管理方案③，下次的汇报暂定为后天，有任何新进展，校方会第一时间向同学们公布③。"

事实低关系高："校后勤部门对学生食堂卫生管理等问题做出了如下声明：对于目前的报道，我们认为举报的学生有过分夸张、虚张声势的嫌疑。广大学生有不良情绪，我们表示非常理解⑤。我们会广泛地接受学生的意见⑥，如果学生对食品卫生安全仍有质疑，学校会考虑将学校所有食堂陆续停业整顿④。对于此事件给广大学生造成的不便，我们深表歉意。但是，确保学生能够吃到健康、安心的食品，是我们最优先考虑的问题④。另外，对本事件有任何意见或疑问，欢迎拨打0411-×××××与我们取得联系⑥。"

事实高关系高："校后勤部门对学生食堂卫生管理等问题做出了如下声明：对于目前的报道，我们认为举报的学生有过分夸张、虚张声势的嫌疑。我们承认管理上的确存在一些漏洞②。经过对全校所有学生食堂的不定期抽查研究①，并没有发现严重的卫生问题②。广大学生有不良情绪，我们表示万分理解⑤。校相关部门一直对学生的饮食起居非常关注，并明确制定了一系列的规定②。就此事件，校方已成立监督委员会，重新审查规定条例，正进行重新修订，并提出了一系列管理方案，严加管理学校食堂食品卫生安全②。为了更广泛地接受各方意见⑥，计划在下次的报告中公开相关规定与管理方案③，如果学生对食品卫生安全仍有质疑，学校会考虑将学校所有食堂陆续停业整顿④。对于此事件给广大学生造成的不便，我们深表歉意。但是，确保学生能够吃到健康、安心的食品，是我们最优先考虑的问题④。下次的汇报暂定为后天，有任何新进展，校方会第一时间向学生公布③。另外，对本事件有任何意见或疑问，欢迎拨打0411-×××××与我们取得联系⑥。"

---

① 文中数字含义代表风险信息包括的内容：①科学、准确的根据和理由；②承认危险性的存在，不主张绝对安全；③公开目前掌握的信息，并承诺对将来的信息也会毫无保留地公开；④表明今后的管理态度；⑤对信息接收者的立场、价值观和不安表示理解；⑥表明对信息接收者提出的疑问与意见的重视；⑦关系取向中解释风险的简明度体现在全文。在这些信息中，①②③为事实取向，④⑤⑥为关系取向。下同。

3. 实验程序

呈现与被试对应的公正要素条件的风险信息。材料中提示两个风险事件都是被外界指出有危险性的风险信息。信息发布者是各自的风险管理者，分别为"校后勤部"和"××公司"。看完风险信息后，要求被试完成后测问卷。

1）对权威信任影响因素的测量：我们采用中古内一也等（2003）的研究中使用的问卷，分别对信息发布者的价值类似性、专业性、认真负责性和公正性进行评价，从非常不同意到非常同意采用 5 级评分方式（表 2-1）。

表 2-1　权威信任影响因素评定问卷

题目	得分				
信息发布者考虑的问题与意见与您的想法是相似的	1	2	3	4	5
信息发布者掌握了处理该事件的技术与专业知识	1	2	3	4	5
信息发布者对该事件的处理是认真负责的	1	2	3	4	5
信息发布者对该事件的判断与处理是公正的	1	2	3	4	5

2）对信息发布者的信任程度进行评价：要求被试看完"学校食堂食品安全事件"和"×××奶粉进口原料含阪崎杆菌事件"中"校后勤部"和"××公司"做出的声明，对"校后勤部"和"××公司"的信任程度给出评价，问卷由 7 个项目构成，采用 7 级评分，0 为完全不符合，6 为完全符合。计算每名被试在 7 个项目上的平均分作为权威信任指标（表 2-2）。

表 2-2　权威信任程度评定问卷

题目	得分						
风险管理者能正确处理此事件	0	1	2	3	4	5	6
风险管理者以国家和人民的利益为出发点	0	1	2	3	4	5	6
风险管理者做出的决定，都有合理的理由	0	1	2	3	4	5	6
风险管理者发布的声明是真实的	0	1	2	3	4	5	6
风险管理者提供的信息是无保留的	0	1	2	3	4	5	6
风险管理者发布声明的态度是诚恳的	0	1	2	3	4	5	6
对于突发事件风险管理者能及时做出回应	0	1	2	3	4	5	6

3）对风险管理者的支持进行评价：告诉被试现在正在征集广大群众的投票，若愿意让信息发布者继续管理该风险，请选择"支持"，若不愿意让信息发

布者继续管理该风险，请选择"不支持"。

（二）公正要素和自我相关性对权威信任的影响（实验二）

1. 研究设计

本次研究旨在探索在高自我相关与低自我相关事件中，风险信息公正要素对权威信任的影响。研究对象为随机整班抽取的本科生被试，共 150 人。被试被分配到 6 个实验条件组，每组 25 人。实验采用 3（公正要素：事实高关系低、事实低关系高、事实高关系高）×2（自我相关性：高自我相关、低自我相关）的二因素被试间实验设计。

2. 实验材料

材料评定者同实验一，每个人单独进行评定。实验中采用的风险事件是根据真实风险事件改编的"夏枯草事件"。风险事件的风险信息内容、评定程序同实验一。对 30 名评分者的评分结果进行统计，认为"夏枯草事件"的事实高关系低、事实低关系高和事实高关系高的风险信息比较符合和完全符合的百分比分别为 86.67%、90.00%、93.33%。30 名评分者对两个风险事件的评分中均没有给出完全不符合的评价，而对每个风险信息的评价中评为比较不符合的次数都只有 1~2 次。据此，我们认为所有的风险信息都很好地体现了风险信息的公正要素。

之后，请专家对整理后的材料进行评定，最终确定了将"夏枯草事件"作为风险事件，这个风险事件的风险信息都分别以事实高关系低、事实低关系高、事实高关系高三种方式呈现。风险事件为"夏枯草事件"，材料组成是启动词与公正要素的 6 种材料组合。

实验材料举例：夏枯草事件

事实高关系低："省食品安全委员会就此事件紧急召开记者招待会，发布如下声明：××公司旗下××品牌饮料中含有夏枯草配方早已在 2005 年备案①，在质监部门历次不定期的抽样检验中，也没发现添加剂违规问题①。对于此次事件，卫生部也发布声明确认夏枯草已备案，并认可其安全性①。我们承认管理上的确存在一些漏洞②，现已将产品取样送往质监部门重新鉴定，正等待结果，我们会及时公布鉴定结果③。目前，所有关于该事件的最新进展都会在公司官方网站公布③。"

事实低关系高："省食品安全委员会就此事件紧急召开记者招待会，发布如下声明：本次夏枯草添加事件引起了广大消费者的忧虑与不安，我们表示万分理解⑤，引起此事件的主要原因是之前的解释工作不到位引发的误会，对此我们也负有一定责任④。现已将产品取样送往质监部门重新鉴定，正等待结果，若夏枯草的确对人体有害，我们将责令该品牌产品停产，并监督××公司召回××品牌所有产品，就地销毁④。今后我们将进一步完善食品安全企业标准备案工作，对备案后的标准进行跟踪评估，对不符合要求的坚决不予备案或撤销备案④。我们愿意广泛地接受各方意见⑥，有任何疑问与意见，欢迎拨打400-××××××××与我们取得联系⑥。"

事实高关系高："省食品安全委员会就此事件紧急召开记者招待会，发布如下声明：××公司旗下××品牌饮料中含有夏枯草配方早已在2005年备案①，在质监部门历次不定期的抽样检验中，也没发现添加剂违规问题①。对于此次事件，卫生部也发布声明确认夏枯草已备案，并认可其安全性①。本次夏枯草添加事件引起了广大消费者的忧虑与不安，我们表示万分理解⑤，我们承认管理上的确存在一些漏洞②，并且引起此事件的主要原因是之前的解释工作不到位引发的误会，对此我们也负有一定责任④。现已将产品取样送往质监部门重新鉴定，正等待结果，我们会及时公布鉴定结果③。若夏枯草的确对人体有害，我们将责令该品牌产品停产，并监督××公司召回××品牌所有产品，就地销毁④。今后我们将进一步完善食品安全企业标准备案工作，对备案后的标准进行跟踪评估，对不符合要求的坚决不予备案或撤销备案④。为了更广泛地接受各方意见⑥，计划在下次的报告中公开相关规定与管理方案③。目前，所有关于该事件的最新进展都会在公司官方网站公布③。有任何疑问与意见，欢迎拨打400-××××××××。"

3. 实验程序

呈现与被试对应的启动词和包含不同公正要素组合的风险信息。高低自我相关是通过"您经常购买并饮用"和"您熟知但没有购买和饮用过"来启动。材料中提示风险事件是被外界指出有危险性的风险信息。信息发布者视各自的风险管理者为"省食品安全委员会"。待被试看完风险信息后，要求被试完成后测问卷。后测问卷分为四个部分。其中，前三个部分同实验一，第四部分是对支持或不支持的原因的追加提问。

四、公正要素影响权威信任的数据分析

(一) 公正要素和事件类型对权威信任的影响 (实验一)

1. 不同条件下权威信任水平和支持率的描述性统计

如表 2-3 所示,信任度在个人事件上的平均分由高到低的风险信息公正要素类型分别是事实低关系高、事实高关系低、事实高关系高,支持率依次为 79.31%、76.67%、68.96%;信任度在社会事件上的平均分由高到低的公正要素类型分别是事实高关系高、事实高关系低、事实低关系高,支持率依次是 89.66%、80.00%、72.41%。由此可以看出,在不同的事件类型中,三种公正要素对权威信任的作用是不同的,信任度高的条件支持率也相对较高。

表 2-3 不同实验条件下信任度的平均数、标准差和支持率

组别	人数/人	个人事件		社会事件	
		信任度 ($M\pm SD$)	支持率/%	信任度 ($M\pm SD$)	支持率/%
事实高关系低	30	3.90±1.470	76.67	4.30±1.803	80.00
事实低关系高	29	4.55±1.703	79.31	3.45±1.404	72.41
事实高关系高	29	3.48±1.056	68.96	4.97±1.426	89.66

注:事实低关系高与事实高关系高条件中分别有一份数据因不完整被剔除

2. 事件类型与公正要素的方差分析

两因素重复测量方差分析的结果如表 2-4 所示,事件类型与公正要素的主效应都不显著,事件类型与公正要素的交互效应显著,$F(2, 85)=11.645$,$p<0.001$。进一步对个人事件与社会事件下的公正要素采用 LSD (least significance difference) 方法进行事后分析得出,在个人事件中,事实低关系高的风险信息获得的权威信任显著高于事实高关系高组;在社会事件中,事实高关系高与事实高关系低的风险信息获得的权威信任显著高于事实低关系高组。

表 2-4 方差分析结果

变异来源	SS	df	MS	F
事件类型	2.968	1	2.968	1.413
公正要素	1.463	2	0.731	0.306
事件类型×公正要素	48.929	2	24.464	11.645***

注:***$p<0.001$;下同

3. 权威信任的影响因素分析

两种事件类型下信任度与四个影响因素之间关系的相关分析结果如表 2-5 所示。

表 2-5　两种事件类型下信任度与影响因素的关系

项目	价值类似性	专业性	认真负责性	公正性
个人事件	0.536***	0.506***	0.705***	0.823**
社会事件	0.376***	0.241*	0.431***	0.469**

注：**$p<0.01$；*$p<0.05$；下同

两种事件类型下的信任度与影响因素均呈现显著正相关，为探讨各影响因素在两种事件类型下对信任度的影响大小，以信任度为因变量，以价值类似性、专业性、认真负责性、公正性为自变量，进行多元回归分析，结果如表 2-6 所示。

表 2-6　个人事件与社会事件下信任度与影响因素的回归分析

变量		非标准化系数		标准系数	t	共线性统计量	
		B	SD	β		容差	VIF
个人事件	（常量）	−0.575	0.32		−1.796		
	公正性	0.764	0.082	0.624	9.332***	0.634	1.577
	认真负责性	0.317	0.109	0.228	2.921*	0.464	2.156
	价值类似性	0.257	0.105	0.164	2.451*	0.630	1.588
社会事件	（常量）	1.400	0.597		2.344*		
	公正性	0.803	0.163	0.469	4.928***	1	1

从表 2-6 可以看出，个人事件下进入回归方程的变量依次为公正性、认真负责性、价值类似性，专业性变量被剔除，自变量解释了整个因变量变异程度的 75.4%。建立的回归方程为：权威信任=0.764×公正性+0.317×认真负责性+0.257×价值类似性−0.575。拟合的方差分析检验结果表明，该线性回归模型具有统计学意义，$F(3, 84)=89.717$，$p<0.001$。回归分析结果还表明，公正性、认真负责性和价值类似性对个人事件的权威信任有直接影响。

社会事件下进入回归方程的变量仅有公正性，价值类似性、专业性与认真负责性均被剔除，自变量解释了整个因变量变异程度的 21.1%。建立的回归方程为：权威信任=0.803×公正性+1.4。拟合的方差分析检验结果表明，该线性回归模型具有统计学意义，$F(1, 86)=24.282$，$p<0.001$。回归分析结果还表明，只有

公正性对社会事件下的权威信任有直接影响。

（二）公正要素和自我相关性对权威信任的影响（实验二）

1. 高低自我相关的操作有效性检验

对高自我相关和低自我相关的操作有效性进行检验，考察两种实验条件下被试的权威信任是否有差异。结果表明，高自我相关的风险信息获得的权威信任均值为 4.69，低自我相关风险信息获得的权威信任均值为 3.11，t 检验显示两者差异显著，说明实验中对自我相关性的操作是有效的。

2. 不同条件下权威信任水平与支持率的描述性分析

从表 2-7 可以看出，信任度的平均分由高到低的实验条件分别是高自我相关+事实高关系高、高自我相关+事实低关系高、高自我相关+事实高关系低、低自我相关+事实高关系高、低自我相关+事实高关系低、低自我相关+事实低关系高，支持率依次为 80%、72%、60%、76%、52%、64%，由此可以看出，三种公正要素对权威信任的作用不是恒定的，要视信息接收者与事件的相关性而定，信任度与支持率之间不是线性关系。

表 2-7　公正要素与自我相关性下的信任度与支持率（N=25）

公正要素	自我相关性	M	SD	支持率/%
事实高关系低	高	4.32	1.600	60
	低	3.20	2.062	52
事实低关系高	高	4.64	1.912	72
	低	2.40	1.780	64
事实高关系高	高	5.12	1.481	80
	低	3.72	1.568	76

3. 公正要素与自我相关性的主效应和交互作用

为了考察公正要素与自我相关性各自的主效应以及二者之间的交互作用，以公正要素与自我相关性为自变量，以信任度为因变量，进行了两因素被试间方差分析，结果如表 2-8 所示。公正要素的主效应显著，$F(2, 144)=3.563$，$p<0.05$；自我相关性的主效应显著，$F(2, 144)=30.976$，$p<0.001$；公正要素与自我相关性

的交互作用不显著。对公正要素的三个水平用 LSD 方法进行事后分析，结果得出事实高关系高条件下的信任度显著高于事实低关系高条件。通过比较自我相关性的平均数可以看出，高自我相关比低自我相关时的权威信任水平更高。

表 2-8　公正要素与自我相关性的方差分析

来源	SS	df	MS	F
公正要素	21.72	2	10.86	3.563*
自我相关性	94.407	1	94.407	30.976***
公正要素×自我相关性	18.493	2	14.247	1.393

4. 高低自我相关下公正要素对权威信任的影响

在高低自我相关条件下，以公正要素为自变量，以权威信任为因变量，考察各公正要素之间是否有差异，结果如表 2-9 所示。在高自我相关条件下，三种公正要素之间的差异不显著；而低自我相关条件下，三种公正要素之间差异显著，$F(2, 72)=3.357$，$p<0.05$。

表 2-9　高低自我相关下公正要素对权威信任影响的差异分析

来源		SS	df	MS	F
高自我相关	组间	8.107	2	4.053	1.446
	组内	201.840	72	2.803	
	总数	209.947	74		
低自我相关	组间	22.107	2	11.053	3.357*
	组内	237.040	72	3.292	
	总数	259.147	74		

对低自我相关条件下公正要素的三个水平用 LSD 方法进行事后分析，结果得出事实高关系高条件下的权威信任度显著高于事实低关系高条件。高自我相关条件下的三个公正要素之间虽然没有显著差异，但从权威信任的平均分中可以看出分数最高的是事实高关系高，为 5.12，事实低关系高和事实高关系低的权威信任

平均分分别为 4.64 和 4.32，全部高于低自我相关条件。

5. 权威信任的影响因素分析

对信任度与高低自我相关性和四个影响因素之间的相关分析结果如表 2-10 所示。

表 2-10　权威信任度与公正影响因素的相关

项目	价值类似性	专业性	认真负责性	公正性
信任度	0.474***	0.347***	0.562***	0.544***

从表 2-10 可以看出，信任度与公正影响因素均呈显著正相关。为探讨各影响因素对信任度影响的大小，在高低自我相关条件下，分别以信任度为因变量，以价值类似性、专业性、认真负责性、公正性为自变量，进行逐步多元回归分析。

表 2-11 的多元回归分析结果表明，在高自我相关条件下，进入回归方程的变量仅有公正性，价值类似性、专业性、认真负责性变量均被剔除。自变量解释了整个因变量变异程度的 34.1%。建立的回归方程为：权威信任=0.963×公正性+1.586，拟合的方差分析检验结果表明，该线性回归模型具有统计学意义，$F(1, 73)=39.232$，$p<0.001$。回归分析结果还表明，公正性对高自我相关条件下的权威信任有直接影响。

表 2-11　高低自我相关条件下信任度与公正影响因素的回归分析

变量		非标准化系数		标准系数	t	共线性统计量	
		B	SD	β		容差	VIF
高自我相关	（常量）	1.586	0.521		3.047**		
	公正性	0.963	0.154	0.591	6.264***	1.000	1.000
低自我相关	（常量）	−2.309	0.640		−3.607**		
	认真负责性	0.607	0.183	0.341	3.313**	0.628	1.593
	专业性	0.490	0.148	0.281	3.312**	0.927	1.079
	价值类似性	0.576	0.177	0.331	3.257**	0.646	1.549

低自我相关条件下进入回归方程的变量依次为认真负责性、专业性、价值类似性，公正性变量被剔除。自变量解释了整个因变量变异程度的50.7%。建立的回归方程为：权威信任=0.607×认真负责性+0.49×专业性+0.576×价值类似性−2.309，拟合的方差分析检验结果表明，该线性回归模型具有统计学意义，$F(3, 71)=26.389$，$p<0.001$。回归分析结果表明，认真负责性、专业性和价值类似性对社会事件下的权威信任有直接影响。

五、公正要素对权威信任影响的分析讨论

（一）风险信息中的公正要素

在风险知觉研究中，一个重要研究课题是对影响人们接受风险管理政策因素的研究。初期的研究结果表明，对于各种风险的准确理解或对于风险知识的掌握是促进风险接纳的一个重要条件，人们对风险知识掌握得越多，就越有利于风险接纳（藤井聆等，2003）。此外，作为风险知识运用能力的替代因素也受到关注，其中，对风险管理者的信任被认为是决定风险沟通成败的重要因素。当公众不信任风险管理者时，对其意见就难以接纳，风险沟通将难以进行。然而，建立对风险管理者的信任绝非易事，Slovic（2010）认为信任的建立需要通过长期的努力，但信任的破坏却十分容易，表现出了不平衡性。因此，研究权威信任是由什么因素构成的，对风险管理者处理风险信息时应采取什么策略才能提高沟通的效率有指导性意义。

风险信息公正要素可以区分为事实取向和关系取向。其中，事实取向有3个维度，即风险分析过程中信息的准确性、决策过程的公开性、对预想风险的隐瞒度；关系取向也有3个维度，即解释风险的简明度、对信息接收者的尊重度、对信息接收者提出的意见和疑问的关注度。据此，本次研究的实验材料设计包括以下内容：①科学、准确的根据和理由；②承认危险性的存在，不主张绝对的安全；③公开目前掌握的信息，并承诺对将来的信息也会毫无保留的公开；④表明今后的审核以及管理态度；⑤对信息接收者的立场、价值观和不安表示理解；⑥表明对信息接收者提出的疑问与意见的受理态度；⑦关系取向中解释风险的简明度体现在全文。其中，①~③为事实取向，④~⑦为关系取向。

（二）公正要素和事件类型存在交互作用

实验一的目的是探索风险信息中的公正要素在个人事件与社会事件条件下对权威信任的影响。风险沟通的事件分为社会争论性事件与个人选择性事件，实验一中采用"学校食堂食品安全事件""×××奶粉进口原料含阪崎杆菌事件"，分别代表个人事件与社会事件。然后，将公正要素融入风险信息中，以事实高关系低、事实低关系高、事实高关系高三种不同的公正要素呈现"学校食堂食品安全事件""×××奶粉进口原料含阪崎杆菌事件"的风险信息，考察在个人事件与社会事件中，哪种公正要素的风险信息能够使被试产生更高的权威信任。

研究结果表明，事件类型与公正要素的主效应均不显著，而两者的交互作用显著，说明事件类型与公正要素各自并不是影响权威信任的原因，两者相结合才能对权威信任产生影响。从简单效应分析中可以看出，当风险信息为个人事件时，公众更加信任体现关系取向的信息，不信任体现事实取向的风险信息；当风险信息为社会事件时，公众则更加信任体现了事实取向的信息。在两种事件类型条件下，包含不同公正要素的风险信息引发了公众不同程度的权威信任。

在个人事件中，事实低关系高的风险信息比事实高关系高的风险信息更能获得权威信任。公众对于更多体现关系取向的个人事件风险信息发布者表现出信任，并且支持率也更高。一般来说，相对于社会事件，在个人事件中可以采取回避或减少风险的行为来降低风险带来的损失，具有一定的可控性。所以，对于公众来说，更多的参与机会能让他们获得公正感，而关系取向正是向公众表明了风险管理者试图与公众进行平等、自由沟通的意愿（竹西亚古等，2008）。例如，让公众对风险充分认识而采用简明易懂的语言解释风险；对公众表现出尊重；给公众发表意见和参与决策的机会；等等。为什么事实高关系高的风险信息获得的权威信任最低呢？对于公众能够主动回避的个人风险事件来说，风险信息表达得太过周全，难免会使公众怀疑风险管理者的诚实性。

事实高关系高与事实高关系低的风险信息比事实低关系高的风险信息获得的权威信任更高。由此可以看出，在社会事件条件下，公众对体现事实取向的信息发布者表现出更多的信任，并且支持率也更高。在社会生活中，社会风险事件主要涉及核能利用、环境开发、废物处理等与政策背景紧密相关的风险事件。对于公众来说，对于此类事件，很难通过自行采取措施来降低风险带来的损失，这时只能依靠政府等权威机构的决策来控制。因此，公众需要了解更多关于风险的专业知识，包括对风险的正面和负面信息的全面了解，权威机构的政策制定过程、科学根据等。因此，只有从风险沟通中获取事实取向的信息，才能满足公众这方面的需求。

（三）公正要素和自我相关性的主效应

实验二的研究目的是探索风险信息中的公正要素在高低自我相关事件条件下对权威信任的影响。实验采用启动的方式，将被试与风险事件的相关分为高低自我相关。同时，将公正要素融入风险信息中，以事实高关系低、事实低关系高、事实高关系高三种形式呈现"夏枯草事件"的风险信息，进一步分析公正要素与高低自我相关对权威信任的影响。

接受高自我相关处理组比接受低自我相关处理组更愿意相信权威，同时也支持了公众在做风险判断时，以个人或社会两种视角分析同一个情境时，判断的过程和结果会存在差异这一观点（增地あゆみ、龙川哲夫，1998）。风险事件与公众的相关性高时，通常会以主观概率估计风险发生的可能性，这一过程会受到个体情绪与态度的影响；当风险事件与公众的相关性低时，通常会以客观概率，比如，风险信息中专家给出的判断来估计风险发生的可能性，这一过程更容易受本人知识经验的影响。在面对风险事件时，与风险事件相关性越高的公众，越希望风险事件得以顺利解决，以免损害自己的利益，而风险管理者正是处理风险事件的专家和权威，即使对风险管理者表现出的价值类似性、专业性、认真负责性与公正性的某些方面存在不认可，也会选择支持风险管理者继续管理该风险，因为委托权威进行风险管理是最经济、高效的办法。

事实高关系高组比事实低关系高和事实高关系低组获得了更高的权威信任，换言之，体现了事实取向与关系取向的风险信息比只注重关系取向或只注重事实取向的风险信息更能获得公众的信任，支持了与风险事件高自我相关时，信息接收者更信任体现事实取向和关系取向的风险信息。虽然风险信息的内容分为事实高关系低、事实低关系高和事实高关系高三种类型，但每种信息中都体现了公正要素，并且都是应对风险事件的积极沟通，这有可能是导致事实高关系低与事实高关系高、事实高关系低与事实低关系高组之间权威信任的差异不显著的主要原因。

自我相关性与公正要素的交互作用不显著，但是可以看出高自我相关的三种公正要素下权威信任的平均分≥4.32，低自我相关下的三种公正要素下权威信任平均分≤3.72。在低自我相关条件下，事实高关系高的风险信息比事实低关系高的信息获得了更多的权威信任，而这种差异在高自我相关条件下则不存在。虽然三种类型的风险信息中都体现了公正要素，属于应对风险事件的积极沟通，但是在低自我相关条件下，采用事实低关系高的风险信息时却出现了逆转现象，权威信任的平均分为 2.40，低于均值 3，其他情况均大于 3。有研究（増地あゆみ，龙川哲夫，1998）也认为，公众对风险采取的视角不同，会影响判断结果，甚至会出现矛盾的结果。

高自我相关风险事件下进入回归方程的因素只有公正性，虽然对因变量的解释程度只有 34.1%；而低自我相关风险事件条件下进入回归方程的因素分别为认真负责性、专业性、价值类似性。因此，可以得出高自我相关风险事件条件下，公正性是导致公众信任权威的主要原因；而低自我相关风险事件条件下，公正性不是导致公众信任权威的主要原因。

（四）风险信息沟通中权威信任的改善

根据实验一与实验二得出的结果，在风险沟通中，风险管理者应采取什么样的应对措施，如何运用公正的理论使公众信任权威，以提高风险沟通的效果与质量呢？

1. 风险信息应体现公正性

这里的公正性包括为了应对风险制定政策过程中的程序公正与风险管理者应对风险时的态度公正。在风险沟通过程中，为了使公众与风险管理者处于平等的地位，让风险沟通更加顺利、有效地进行，在风险信息编制过程中就应该考虑众多因素。按照风险沟通的双向信息传递理论，不仅要包括关于风险本身的信息，还要考虑信息接收者的关心、意见、反应等信息。同时，对于带有风险的负面信息，也要如实报道，承认风险发生的可能性，并科学地分析风险发生的概率与应对政策，让公众积极地参与到政策制定与问题解决过程中来。

风险信息可以分解为呈现风险分析客观结果的部分与呈现管理方法的部分，因此要在风险沟通过程中将信息接收者对风险管理者的评价和对风险信息本身的评价明确区分开，这样有利于获得具有针对性的反馈，制定出具有针对性的政策。

2. 风险沟通中要建立公众的权威信任

以往的研究表明，权威信任能够影响公众的风险认知和政策接纳，公众信任风险管理者时更容易接受风险政策。大渕宪一（2005）认为，对政府的信任越强，越会对公共政策做出肯定评价。高井亨和岸本充生（2009）也得出，信任与知识对利益认知和接纳意识有直接影响。本次研究对权威信任与支持率进行了相关分析。其中，实验一中个人事件与社会事件条件下的相关系数分别为 $r=0.684$、$r=0.698$，双侧显著性 $p<0.001$，实验二中相关系数达到 $r=0.825$，双侧显著性 $p<0.001$。表明权威信任越高，对风险管理者的支持率也越高。因此，在风险沟通过程中，风险管理者不仅要向公众传达风险信息，还应通过风险信息致力于为公众树立权威信任，有利于使风险沟通达到事半功倍的效果。

3. 对个人事件和社会事件要区别对待

实验一得出，事件类型与公正要素相结合对权威信任产生了显著影响。当风险信息为可以采取回避或减少风险行为来降低风险带来损失的个人事件时，公众对更多体现关系取向的信息发布者表现出信任，关系取向主要是向公众传达风险管理者试图与公众进行平等、自由沟通的意愿（竹西亚古等，2008），而此时为公众提供更多的参与机会能够让他们获得公正感，进而提高权威信任。因此，当风险事件属于个人事件时，风险信息应更多地体现关系取向。当风险信息为很难自行采取措施来降低损失，只能依靠政府等权威机构来进行控制的社会事件时，公众对于更多体现事实取向的信息发布者表现出信任。事实取向可以让公众了解更多关于风险的专业知识，以及权威机构的政策制定过程、科学根据等，进而提高公众的权威信任。因此，当风险事件属于社会事件时，风险信息应更多地体现事实取向。

4. 对自我相关性高低要区别对待

实验二还得出权威信任与自我相关性呈显著正相关，相关系数 $r=0.409$，双侧显著性 $p<0.001$；方差分析也得出自我相关性的主效应显著。对于与公众相关性高的风险事件，公众易受到自己对当前风险事件的情绪与态度的影响；与公众

相关性低的风险事件，公众则容易受本人知识经验的影响。高相关的公众对风险事件顺利解决的欲求更高，所以即使对风险管理者表现出的价值类似性、专业性、认真负责性与公正性的某些方面不认可，也会选择支持风险管理者继续管理该风险。因此，以事实取向和关系取向并重的策略编制风险信息，有利于获得公众更多的信任与支持。

5. 综合把握影响权威信任的因素

关于权威信任有两个代表性理论，即社会心理学传统的预期信任模型和价值类似模型。前者认为，对能力的认知与对诚实、公正的认知是导致组织信任的原因；后者则认为，权威与自己共有相同价值的认知是导致组织信任的原因。实验一的研究结果表明，无论是个人事件还是社会事件，风险管理者表达的公正性都是引发权威信任的主要因素。其中，个人事件条件下公正性的贡献率最大，其次是认真负责性和价值类似性。社会事件条件下只有公正性能解释权威信任。由此可以看出，公正性是引发权威信任的主要因素。个人事件中公众更关注关系取向的风险信息，因此公正性、认真负责性和价值类似性影响了权威信任；而社会事件中公众更关注风险管理者的公正态度和中立性，由此决定了权威信任的程度。

中谷内一也等（2010）认为，对与风险事件利害关系大的人来说，权威信任主要由价值类似性引起；而对与风险事件没有直接利害关系的人来说，权威信任主要由能力评价、诚实与公正评价引起信任。实验二得出的结果与中古内一也等的研究结果不同，在高自我相关条件下，只有公正性能解释权威信任，表明公正性对高自我相关条件下的权威信任有直接影响；在低自我相关条件下，贡献率最大的是认真负责性，其次是专业性和价值类似性，表明认真负责性、专业性和价值类似性对社会事件条件下的权威信任有直接影响。从结果中我们看到，社会心理学传统的预期信任模型和价值类似模型不一定是非此即彼的，在同一风险信息中，两个模型的影响因素可以同时对权威信任起作用。

（五）本次研究的结论

本次研究将公正要素融入风险信息，分析了风险信息中的公正要素对权威信任的影响，得出的结论如下。

1）风险管理者表达的公正性是引发权威信任的主要因素，个人事件的风险信息应更多地体现关系取向，社会事件的风险信息应更多体现事实取向。

2）高自我相关组比低自我相关组更愿意相信权威，低自我相关条件下风险信息应同时体现事实取向与关系取向。

第二节　自我建构和调节聚焦对利他性惩罚的影响

利他性惩罚（altruistic punishing）是个体需付出成本但又没有回报的制裁方式。对不公正的负性情绪是利他性惩罚背后的直接动力。事实上，不仅当事者存在强烈的不公正回避倾向，旁观者也存在明显的不公正纠正倾向和互惠性公正期待，会出现明显的不公正纠正行为。对不公正者的惩罚是促进合作的关键，在惩罚不公正行为中投入越多的人越会得到同伴的认可，他们在随后的信任游戏中会转移更多的代币给利他者。不过，个体的公正判断与惩罚者的是非观念相关但又不完全吻合，当人未能因不公正而受益时经常不被惩罚，公正判断过分地偏重行为的直接后果，明显降低了奖惩效率（O'Gorman et al.，2005）。

人类行为动机包括追求快乐和避免痛苦的动机，以往的很多研究都倾向利用快乐原则来解释人类行为的动机，却往往忽视了"进取-规避"原则对人类行为动机的解释。"进取-规避"原则在解释人类行为动机时更全面和深刻。以此为基础，Higgins（1997）提出了自我差异理论，认为个体在追求理想我（ideal self）和责任我（ought self）的过程中，存在两种截然相反的期望终极状态。理想终极状态是指强烈的理想，是自己或者重要的其他人对自己的希望、渴望和愿望。责任终极状态是指强烈的责任，是自己或者重要的他人对自己的义务、责任和职责。

调节聚焦（regulatory focus）理论是近年来探索个体自我调节的一个新视角，它是在自我差异理论的基础上被提出来的，随着理论研究的深入，发现了调节聚焦理论与自我建构理论之间的密切关联。以往对调节聚焦作用的研究，探索了调节聚焦对任务表现和创造力等行为的作用，重点集中在行为动机和行为意向方面，本次研究把调节聚焦应用到社会公正研究中，探索自我调节聚焦对利他性惩罚所产生的行为动机或行为意向的影响，这有利于扩大调节聚焦研究的领域，促进对调节聚焦本质的理解。

一、国内外研究概况

（一）调节聚焦和自我建构

1. 调节聚焦的分类

在对两种不同的期望终极状态的追求上，个体产生了两种不同的自我调节方式，即促进聚焦（promotion focus）和预防聚焦（prevention focus）。促进聚焦调节方式是指在实现目标时倾向使用进取的策略，对积极的结果比较敏感，如成长、成就和抱负；预防聚焦调节方式是指向责任目标的策略，在实现目标的过程中倾向使用回避策略，对消极的结果比较敏感，如安全、义务、责任和职责。这两种不同的自我调节聚焦在行为动机、目标追求、策略方式、情景认知、结果反应和情绪体验等方面是有差别的（表2-12）。

表2-12 促进聚焦和预防聚焦的差异

项目	促进聚焦	预防聚焦
行为动机	进取动机	防御动机
目标追求	努力实现自己的理想和愿望	努力避免失败和错误
	注重个体发展和自我实现	注重履行个人的责任和义务
策略方式	积极追求目标，冒险性	预防错误，保守性
	实现目标的进取策略	实现目标的防御策略
情景认知	收益或无收益情景	损失或无损失情景
结果反应	对积极结果敏感	对消极结果敏感
情绪体验	快乐—沮丧情绪维度	平静—焦虑情绪维度

资料来源：Higgins（1997）

2. 调节聚焦的测量

为了测量特质性调节聚焦，Spiegel 等（2004）做了这样一个实验，在实验中他们要求被试尽可能多地列举出关于理想自我和应该自我的特征，收集到这些材料后，研究者对这两种不同的特征进行分析，分别评定理想自我及应该自我与现实自我的差异，计算两两之间的差值，这样就得出了理想自我差异分数和应该自我差异分数。如果某一个个体的理想自我差异得分高于应该自我差异得分，那么这个个体就具有促进聚焦特质，如果是应该自我差异的得分高，那么这个个体就具有预防聚焦特质。

随着研究的深入，Higgins 等（2001）以自我差异理论为基础，编制了调节聚焦问卷（Regulatory Focus Questionnaire，RFQ），以测量特质性调节聚焦。此问卷包含11个项目，有促进聚焦和预防聚焦两个分量表，这11个项目都是根据父母教养方式和个体追求目标的成败经验而编制的，并且后来的研究也表明，促进聚焦和预防聚焦这两个分量表在信、效度上有优势。

关于情境性调节聚焦测量，在以往启动调节聚焦的实验中，实验者让被试完成一项关于实现目标或履行责任表现的任务，实质是启动被试的与促进聚焦相关的结果。例如，收益或非收益；或启动被试的与预防聚焦相关的结果。例如，损失或非损失。这种启动方式是外显的，在完成任务过程中激活了基本的语义认知和程序认知加工过程。

为了内隐启动被试的调节聚焦，并且在启动过程中不影响认知加工过程，Friedman 和 Förster（2001）在关于调节聚焦影响创造力的研究中采用迷宫游戏的情境启动方法。在这两种启动情境中，描绘了一只卡通老鼠在迷宫内迷路了，要求被试为这只老鼠找到迷宫的出口，在促进聚焦启动情境中，迷宫的出口放有一块奶酪，而且在砖墙外面还有为老鼠准备的洞口，完成这项任务会启动"寻找关怀"的语义概念和趋近"关怀"的期望终极状态，关怀即食物。在预防聚焦的启动情境中没有奶酪，而是有一只鹰盘旋在迷宫上空，被试要帮助老鼠摆脱迷宫，并通过砖墙外面的洞口逃走，完成这项任务会启动"寻找安全"的语义概念和趋近"安全"期望的终极状态。

3. 调节聚焦和自我建构的关系

自我建构（self-construal）是在自我图式理论的基础上提出来的，自我图式存储于人类记忆系统中的所有图式中，对个体的人格、行为方式影响最为深刻。Markus 和 Kitayama（1991）提出了对人格研究具有深刻影响力的自我图式理论，推动了相关研究的迅速发展。随着跨文化心理学的蓬勃发展，研究者注意到在不同的文化背景中，个体的自我图式存在显著的差异，在集体主义文化背景中，人们倾向将自我看作周围社会关系中的一部分，而在个体主义文化背景中，人们倾向将自我看作与他人相分离的独立个体，个体这种理解自我的认知建构，称为自我建构。

促进聚焦和防御聚焦的目标追求策略是不同的，促进聚焦的策略是有意图的，具有进取性的，一般是立即行动，无须沉思，被自主性的目标设置指导，与内在需要是相协调的，这一策略会非常明显地在独立我或个体我建构中出现。预防聚焦的目标追求策略是戒备性的，规避取向的。人们对社会情境和行为后果进行认真评估，是认真思考后的结果，并被情境性的目标设置指导，容易受到社会压力的影响，这在互依我或集体我建构中是非常明显的（Lee，Aaker，& Gardner，2000）。

个体我与自我提高和自我预防动机相联系，个体我被启动时，个体倾向把社会互动描述成竞争性的，而互依我则倾向把社会互动描述成合作性的。个体我的个体目标行为是自发的、机会性的，保护或实现最大化的短期利益，而互依我的个体目标行为是理性的、规范性的，保护或实现最大化的长期利益（Stapel & Van der Zee，2006）。

（二）社会公正和调节聚焦

1. 调节聚焦与不公正的报复行为

在群体或组织中，不公正是时常会发生的现象。群体或组织中的个体对不公正对待会产生厌恶，这种厌恶会导致进一步的报复行为，如偷盗、破坏、反社会的资源分配等行为（Aquino et al.，2001）。社会公正的研究也发现，不公正是报复行为的关键预测指标（Barclay et al.，2005）。

Brebels 等（2008）把调节聚焦引进程序不公正的研究中。研究过程分四步：第一步，所有被试参与小组角色分配的筛选任务，被试完成测试任务之后，把所有的测验交给主试，主试告诉被试会把这些有关小组角色分配的筛选测验结果交给管理者 A，管理者 A 通过评估这些测验决定他们的小组角色；第二步，在等待管理者 A 评估结果的过程中，启动被试的促进聚焦和预防聚焦，让一部分被试完成目标追求和目标实现策略的描述，启动促进聚焦，让另一部分被试完成履行义务和义务履行策略的描述,启动被试的预防聚焦;第三步,是程序公正性的操作,程序公正操作中的被试得知,管理者 A 评估了所有的测验,并根据评估结果给被试分配小组角色,而在程序不公正操作中,管理者 A 仅仅评估了一个测验,并只根据这一个测验分配小组角色;第四步,为检验报复行为,所有被试和管理者 A 都将得到报酬,但被试都有机会从管理者 A 那里拿走 0~2 欧元①。实验结果显示,在启动被试促进聚焦的程序不公正实验中,被试拿走了管理者 A 更多的收益,也就是说在程序不公正情景中,启动被试的促进聚焦出现了更多报复行为。

研究者做了进一步的研究,实验中主试使用更准确的量表测量被试的促进聚焦倾向和预防聚焦倾向,在程序不公正操作中采用了情境描述的方法,在测量报复行为的研究部分使用了最后通牒游戏,在分配报酬任务中,被试作为分配者进行提议,包括亲社会提议和反社会提议。管理者 A 接受,那么都将得到报酬;管理者 A 不接受,任何人都得不到报酬。实验结果也表明,在程序不公正情境中,促进聚焦的被试提出了更多的反社会提议,也就是说促进聚焦的被试在程序不公正情境中做出了更多的报复行为。

当程序不公正时,调节聚焦影响了受害者的报复行为。无论是暂时启动情境性聚焦的被试,还是具有特质性促进聚焦的被试,在程序不公正情境中都倾向做出更多地报复行为。而暂时启动预防聚焦的被试和具有特质性预防聚焦的被试则做出了更少地报复行为。

2. 不公正会启动防御聚焦

Higgins 等(2001)认为,自我调节系统的激活和抑制是一个前注意系统,会自动覆盖具有威胁的刺激情境。当安全的需要变得重要时,预防聚焦被启动,当目标的实现变得重要时,促进聚焦被启动。Larsen 和 Briefs(2004)的研究描述了调节策略在不同情境中的启动,一般而言,风险线索会启动预防聚焦,自动预警系统是通过威胁信息的认知资源指导实现的。威胁并不会使所有行为冻结,但会调节行为,使伤害减少,只有威胁解除,注意力才会重新转移到最初的目标上。

Oyserman 等(2007)在研究中指出,不公正对待或歧视对待的威胁情境启动了预警系统,提高了预防聚焦,使个体对不公正对待的敏感性提高,并对个体在

---

① 1 欧元≈7.8267 元人民币(2020 年 11 月 26 日汇率)。

相关情境中的行为表现具有消极影响，使其出现了逃避行为。研究中，被试在网上完成实验，为了证明被试是社会污名小组中的成员，在实验前进行被试筛选，主要从种族的划分、同性恋倾向、低水平的社会经济地位、心理疾病、身体残疾五个方面进行筛选。被试首先阅读意见表格，通过简单任务把他们随机分配到污名小组和无污名小组。对于认同显著性，通过被试之前填写的社会人口学项目启动之后进行自我调节聚焦的项目。实验结果表明，社会污名成员的身份明显地启动了预防聚焦，非污名身份没有启动预防聚焦。污名身份凸显时，被试增强了预警，这是预防聚焦消极作用的结果，使个体在不公正对待情境中的积极行为减少，导致个体将注意力集中到不公正对待中，出现逃避行为。

不公正对待具有严重的消极后果。有研究从不公正认知和不公正对待反应入手，关注自我调节系统如何调节个体的认知和行为反应。研究发现，当遭受不公正对待或歧视对待时，普遍的行为反应是拒绝行为和规避行为，出现这些行为反应是与预防聚焦相关的。个体也可能直面作恶者，通过双倍的努力实现目标，这是与调节聚焦的促进聚焦相匹配的。通过启动社会线索使不公正对待凸显，将增加个体的预防聚焦，进而使个体提高对不公正的敏感性，影响个体的行为表现。预防聚焦启动了个体的预警系统，抑制了促进聚焦（Oyserman & Swim，2001）。

（三）对不公正的利他性惩罚

1. 利他性惩罚的内涵

利他性惩罚即第三方惩罚，是指在第三方目睹某一个体损害他人利益或做出伤害他人的行为时，对这个作恶者进行惩罚的行为（Ottone，2004）。利他性惩罚行为产生主要涉及三类个体：对他人做出伤害行为或损害他人利益的个体，在利他性惩罚行为的研究中通常称这一个体为作恶者；受到伤害或损失利益的个体，称之为无辜受害者；作为这一社会互动关系中进行利他性惩罚的旁观者，通常称之为第三方。利他性惩罚研究中对伤害行为的实施者以及实施利他性惩罚行为的第三方的研究是比较多的，其中，在利他性惩罚影响因素的研究中，实施者有无意图，以及实施者的个人特征是第三方进行利他性惩罚的重要外在原因；内在的原因则主要是指进行利他性惩罚的第三方自身的原因，主要是其社会化和道德化程度、第三方对伤害行为实施者产生的义愤；还有一个原因是环境，如旁观者效应。

2. 利他性惩罚的影响因素

（1）强互惠动机

工具主义者认为，人们的利他行为纯粹是为了他们的个人利益，这种利益可能是物质上的，也可能是心理上的。其中，关于利他性惩罚行为的一个解释是强互惠，一个强互惠主义者倾向与人合作，与人团结一致，也倾向惩罚不合作者，甚至这一惩罚行为不是根据其个人利益进行的，这一观点延伸到亲缘利他和互惠利他（Ottone，2004）。强互惠主义者与人合作更深层的原因是关系动机，这一动机的产生是由多种原因造成的，包括遵守规则的主观意识、文化传播、决策中内化规则的倾向性等（Fehr et al.，2002）。

（2）道德信念

公正的道义模型（deontic model）被定义为以进化为基础的人类行为的普遍规则，这些规则包含责任和义务，告诉我们应该如何对待他人，具有一定约束力。当第三方目睹其他人受到不公正对待时，第三方的道德忧虑意识指导对不公正的作恶者做出反应。Kahnema 等（1986）设计了一系列研究，发现第三方为了惩罚不公正的分配者不惜牺牲自己的利益。Turill 等（2002）通过一系列研究重复和扩展了 Kahnema 等（1986）的研究，发现即便当第三方不认识受害者，或者将来与受害者或第三方没有任何交流，如果惩罚作恶者是唯一的方法，第三方依然会牺牲自我利益惩罚作恶者。Rupp（2003）的研究从道德成熟的视角检验了自我相关性对利他性惩罚的影响，与受害者是朋友或家人时相比较，受害者是陌生人时，第三方依然会惩罚作恶者，此时道德认同发挥了重要的调节作用。道义视角的利他性惩罚表明，对不公正的反应不仅仅来源于工具动机和关系动机，也可能是出于道义原则的道德信念（Aquino et al.，2009）。

（3）不公正意图

不公正实施者有无意图是影响第三方惩罚的一个非常重要原因，在不公正情境中，无论是第二方惩罚还是第三方惩罚牺牲他们自己的利益，都是为了得到一个公平、合理的结果，其中个体对公正结果的意图性的认识深刻影响着人们的利他性惩罚行为。在心理游戏理论中，人们往往会对有意图的伤害行为进行惩罚。在 Nelissen 和 Zeelenberg（2009）进行的一个单方谈判实验中，作为第三方的被试会目睹提议者和接受者进行资源分配的过程，在有意图条件下，提议者对资源进行了不公正分配，很明显违反了公平分配的规则；而在无意图条件下，不公正分配的结果是由电脑随机进行分配导致的。作为第三方的被试目睹这一程序后，有权重新进行分配，结果表明，被试对有意图的提议者进行了惩罚，而无意图情境中被试倾向不惩罚提议者。不公正实施者的意图性是决定第三方进行利他性惩罚的一个重要因素，若不公正的提议者或分配者是有意进行不公正分配的，第三方会意识到提议者是一个自私自利的个人，违反了公平规则，为了恢复公正，第三方选择惩罚提议者；若不公正提议者是无意图的，或者这一分配是电脑随机进行的，第三方会把不公正分配的原因归因于客观原因。

（4）情感因素

在经典的哲学观念上，总是强调道德情绪和情感诱发亲社会行为的功能角色，道德情绪被定义为与其他人利益相关的情绪，而不是与个人利益相关的情绪（Haidt，2003）。当其他人受到伤害、被错误地对待或其他人的利益受到损失时，人们会有一系列情绪体验，如同情、愤怒和内疚（Batson，2006），或者产生不公正厌恶（Haidt，2003）。有研究者在利他性惩罚的一项研究中提出，愤怒和内疚影响了被试的利他性惩罚行为，对不公正的愤怒情绪分个人愤怒（personal anger）和移情愤怒（empathic anger），移情愤怒可能是对他人利益受损或受到不公正对待时产生的愤怒情绪，也可能是强烈内化的道德责任产生的道德愤怒（moral outrage）（Fehr & Schmidt，1999）。内疚情绪是与第三方的责任相关的。愤怒情绪和内疚情绪促使第三方对不公正的提议者进行惩罚。除了愤怒和内疚情绪的作用，不公正厌恶也是影响利他性惩罚的一个重要原因。

（5）旁观者效应

进行利他性惩罚时也存在旁观者效应。Nelissen 和 Zeelenberg（2009）在一项内疚情绪如何影响利他性惩罚行为的研究中，对内疚情绪的操作就利用了旁观者效应。研究者认为，启动内疚情绪是与个体责任概念相关的，旁观者效应表明其他人的在场分散了个体的责任，在研究中的两个不同的不公正情境中，在一个情境中，告知被试还有另外两名旁观者；在另一个情境中，告诉被试他是这个社会互动游戏中的唯一旁观者。实验结果表明，在第一种情境中，被试更倾向不进行利他性惩罚或者帮助受害者；在第二种情境中，被试更倾向进行利他性惩罚行为或帮助受害者，也就是说其他第三方的存在降低了被试帮助受害者的意愿，与此同时,个体的内疚情绪也降低了,惩罚行为也随之减少了。

二、自我建构和调节聚焦影响利他性惩罚的研究意义

利他性惩罚研究是一个跨学科的研究课题,影响利他性惩罚的因素研究也来自社会学、生物学以及心理学等多个学科。社会学的因素主要是个体的社会化程度,具体讲主要是指个体道德和规范内化的程度,道义原则是被试进行利他性惩罚最明确的社会学因素;生物学的因素主要是文化传播的进化模型,包括垂直传播、间接传播和水平传播;心理学的因素指个体内化规则的倾向性、决策过程中情绪所起的作用(Fehr et al., 2002)。

在影响利他性惩罚心理因素的研究中,对第三方的道德发展水平和情绪情感的研究是比较多的,但是对利他性惩罚影响因素的解释缺乏社会认知方面的研究。利他性惩罚作为一种维护公正或恢复公正的行为,是受个体内在的公正态度或公正信念影响的,那么这种影响作用是通过怎样的自我调节策略来引导的呢?在个体维护公正或恢复公正的这一过程中,所采用的行为策略或行为的结果框架是否受到自我调节聚焦方式的影响呢?

调节聚焦不同的个体在决策或目标追求过程中倾向使用的行为策略、结果框架以及在相同结果情境中的情绪体验都是存在区别的。那么,调节聚焦不同的个体在不公正情境中的利他性惩罚行为是否存在差异?在自我调节聚焦和自我建构水平的研究中,其中,促进聚焦和个体我之间联系的密切性引起了很多研究者的兴趣。本次研究将从第三方的角度,启动被试的自我调节聚焦和高个体我,检验其在分配不公正的社会互动游戏中的利他性惩罚行为。

在以往利他性惩罚影响因素的研究中,主要提出了第三方的道德发展水平、情绪情感因素以及工具动机和关系动机对利他性惩罚行为的影响。本次研究提出,个体的自我调节方式作为一种社会认知策略,对分配不公正情境中的利他性惩罚行为产生了深刻的影响,扩大了利他性惩罚影响因素的研究范围,使得利他性惩罚影响因素的研究在动机因素、情绪情感因素以及认知策略三个方面趋于整合。

本次研究也结合调节聚焦和自我建构水平的独立我来探索不公正情境中的利

他性惩罚，之所以把独立我建构与调节聚焦相结合，是由于很多研究已经发现了调节聚焦与自我建构水平之间的联系——自我建构水平是影响调节聚焦的一个主要因素。本次研究在以往研究的基础进行了迁移，研究高低独立我在不同自我调节聚焦下如何进行利他性惩罚。

三、自我建构和调节聚焦对利他性惩罚影响的数据收集

（一）调节聚焦影响内隐公正态度的测量（实验一）

1. 研究设计

本次研究的目的是使用内隐联想测验（Implicit Association Test，IAT）测量个体的调节聚焦对内隐公正态度的影响，以获得调节聚焦影响个体公正态度的内隐性证据，为进一步探索不公正情境中调节聚焦影响利他性惩罚的外显行为研究奠定基础。研究对象为110名某大学本科生，14名男生，96名女生，年龄为17～26周岁（$M=20.9$，$SD=1.9$）。所有被试均自愿参加实验，完成实验后有报酬。本次研究采用2（促进聚焦、预防聚焦）×2（公正、不公正）的两因素被试内实验设计。自变量为目标词类别（促进词和预防词）、属性同类别（公正词和不公正词），因变量为反应时。

2. 研究材料

属性词：属性词是5个公正词和5个不公正词，这些词在社会公正领域研究中出现的频率很高，其中，公正词包括公正、公平、合理、恰当和适当；不公正词包括偏见、偏袒、包庇、排斥和不公。

目标词：10个目标词是在自我调节聚焦理论中为阐述促进聚焦和预防聚焦频繁出现的词语。其中，促进聚焦词包括促进、实现、进取、提高和完成；预防聚焦词包括避免、预防、防止、规避和免除。

实验指导语如下。

1）属性词辨别任务指导语。

欢迎你参加这个实验。实验首先在电脑屏幕上呈现一个"+"符号，提醒你开始实验，接着呈现一个属性词，需要你对这个属性词进行辨别，属于"公正"

的词按"F"键；属于"不公正"的词按"J"键。要求反应既快又准。如果您做错的话，屏幕中间会出现一个红色"×"，若您做对的话，屏幕中间就会出现一个绿色"√"。准备好后请按任意键开始。

2）目标词辨别任务指导语。

完成此任务休息片刻，接下来完成目标词辨别任务，电脑屏幕上呈现"+"符号后，会呈现目标词，当目标词属于"进取"词时，按"F"键，当目标词属于"防御"词时，按"J"键。要求反应既快又准。如果您做错的话，屏幕中间会出现一个红色"×"，若您做对的话，屏幕中间就会出现一个绿色"√"。准备好后按任意键开始。

3）相容辨别任务指导语。

此任务为词语相近联结任务，电脑屏幕上呈现"+"后，左上方和右上方分别呈现两个属性词，分别为公正词和不公正词，屏幕中央呈现目标词，可能是进取词或防御词。要求把进取词和公正词联结，并按"F"键；把防御词与不公正词联结，并按"J"键。要求反应既快又准。如果您做错的话，屏幕中间会出现一个红色"×"，若您做对的话，屏幕中间就会出现一个绿色"√"。准备好后按任意键开始练习任务。

4）不相容辨别任务指导语。

此任务为词语相反联结任务，电脑屏幕上呈现"+"后，左上方和右上方分别呈现两个属性词，分别为公正词和不公正词，屏幕中央呈现目标词，可能是进取词或防御词。要求把防御词和公正词联结，并按"F"键；把进取词与不公正词联结，并按"J"键。要求反应既快又准。如果您做错的话，屏幕中间会出现一个红色"×"，若您做对的话，屏幕中间就会出现一个绿色"√"。准备好后按任意键开始练习任务。

3. 实验程序

本次实验的IAT遵循经典的七步范式（Greenwald et al., 2003）。

第一步是属性词的辨别任务，即对公正词和不公正词进行辨别，要求被试通过按键既快又准确地将屏幕中间出现的词汇归类到右上角和左上角，公正词归为右上角，按"F"键；不公正词归为左上角，按"J"键。这个步骤共20试次，每个词汇呈现2次，随机呈现，通过结果反馈，提高被试的注意力，提高正确反应率。

第二步是目标词的辨别任务，即对促进词和预防词进行辨别，要求被试通过按键既快又准确地将屏幕中间词汇归类为右上角和左上角，促进词归为右上角，按"F"键；预防词归为左上角，按"J"键。这个步骤共呈现20张图片，每个词汇呈现2次。这些词汇都是随机呈现的。

第三步是相容辨别任务的练习阶段，在电脑屏幕每一次呈现的图片中，右上角和左上角是属性词：公正词和不公正词，屏幕中间每次呈现一个目标词，要求被试进行归类，把促进词和公正词归为一类，按"F"键；把预防词和不公正词归为一类，按"J"键，共呈现20张图片，其中10张公正词的图片在右上角，10张不公正词的图片在左上角。调节聚焦词汇呈现2次。图片按随机的顺序呈现。

第四步是相容辨别任务的正式阶段，步骤同第三步，只是把步骤三中的每张图片呈现了2次，所以共呈现了40张图片。

第五步是目标词的辨别任务，与第二步不同的是，进行归类的位置与第二步相反，这次要求把促进词归为左上角，按"J"键；把预防词归为右上角，按"F"键。

第六步是不相容辨别任务的练习阶段。在电脑屏幕每一次呈现的图片中，右上角和左上角是属性词：公正词和不公正词，屏幕中间每次呈现一个目标词，要求被试进行归类，把预防词和公正词归为一类，按"F"键；把促进词和不公正词归为一类，按"J"键，共呈现20张图片，其中10张公正词的图片在右上角，10张不公正词的图片在左上角。调节聚焦词汇呈现2次。图片按随机的顺序呈现。

第七步是不相容辨别任务的正式阶段，步骤同第三步，只是把步骤三中的每张图片呈现了2次，所以共呈现了40张图片。

以上程序是顺序组的程序，也就是先进行兼容辨别任务，后进行不相容辨别任务。其中，共有54名被试参与了顺序组的测试。剩下的54名被试则参与了逆序组的测试，在逆序组把第二步和第五步调换位置，把第四步和第六步调换位置。也就是说，逆序组中先进行不相容辨别任务，后进行相容辨别任务（表2-13）。

表 2-13 IAT 呈现材料的步骤

测验顺序	任务描述	实验次数	标签	
1	属性词辨别任务	20	公正—不公正	公正词或不公正词
2	目标词辨别任务	20	促进—预防	促进词或预防词
3	相容联想任务（练习）	20	公正—促进	所有词汇
			不公正—预防	
4	相容联想任务（正式）	40	公正—促进	所有词汇
			不公正—预防	
5	属性词辨别任务	20	公正—不公正	公正词或不公正词
6	不相容联想任务（练习）	20	公正—预防	所有词汇
			不公正—促进	
7	不相容联想任务（正式）	40	公正—预防	所有词汇
			不公正—促进	

（二）不公正情境中调节聚焦对利他性惩罚的影响（实验二）

1. 研究设计

以往的研究者认为，"老鹰迷宫图"可以启动"寻找安全"的语义概念和趋近"安全"期望终极状态的程序表征编码；而"奶酪迷宫图"会启动"寻找关怀"的语义概念和趋近"关怀"期望终极状态的程序表征编码。Friedman 和 Förster（2001）在自我调节聚焦影响创造力的研究利用这一迷宫图方式，成功地检验了不同调节聚焦方式对创造性的影响。本次研究的目的是运用两类调节聚焦启动方式探索不公正情境下调节聚焦对利他性惩罚行为的影响。

研究对象为 45 名本科生，15 名男生，30 名女生，年龄为 17~26 周岁（$M=21.95$，$SD=1.766$）。所有被试均自愿参加实验，完成实验后有报酬。采用 2（自我调节聚焦：促进、预防）×2（分配方式：分配公正、分配不公正）的两因素混合实验设计。自变量为自我调节聚焦和分配方式。因变量为被试拿出的代表报酬的分数。独裁者游戏变式的规则是第三方拿出 1 分，而分配者必须拿出 3 分。将这一游戏规则作为利他性惩罚的行为指标。实验的材料包括单人实验室、桌椅、电脑、奶酪版本的老鼠迷宫图和老鹰版本的老鼠迷宫图、铅笔、橡皮。

2. 实验程序

在实验过程中，考虑到第二个实验任务是三人互动游戏，所以将被试随机分为三人一组。第一部分为情境启动实验。启动被试的情绪性调节聚焦，是纸笔测验，以纸质材料呈现，把促进版本的迷宫图和预防版本的迷宫图以及铅笔和橡皮在实验开始前放在被试的桌上。在启动被试的情境性调节聚焦部分，一部分被试完成促进版本的迷宫图，另一部分被试完成预防版本的迷宫图。第二部分进行以独裁者游戏变式为内容的社会互动游戏，这一部分主要用 E-prime 软件进行编制，在实验程序中，设计两种类型的分配方式：公正分配和不公正分配，公正分配为 5/5 分配，不公正分配分别为 8/2 和 9/1 分配。

当被试完成迷宫任务之后，开始电脑上的程序，告诉被试第二个实验任务是社会互动游戏，他们被随机的分配为三种不同的社会角色—支配者、接受者和旁观者，即为游戏者 A、游戏者 B 和游戏者 C，实际上所有的被试都是游戏者 C，在实验最初给被试分配分数，支配者 10 分，接受者 0 分，旁观者 5 分，假设 1 分为 1 元的报酬，这个实验程序是独裁者游戏的变式，作为接受者只能接受，不能拒绝。在公正分配的任务中，分配者的分配是公正的，进行了平均分配。在不公正分配任务中，分配者进行了 8/2 和 9/1 分配。游戏者 C 接收到这一分配结果之后，具有进行重新分配的权利，如果游戏者 C 愿意拿出 1 分，游戏者 A 就必须拿出 3 分，这实际上就是利他性惩罚。被试完成电脑程序后，实验任务结束，感谢被试并给予被试一定的物质奖励。

（三）自我建构和调节聚焦对利他性惩罚的影响（实验三）

1. 研究设计

自我建构和调节聚焦方式之间具有紧密的关系，以往研究发现促进聚焦和独立我之间具有共变性，独立我是与自我提高和自我预防动机相联系的（Sedikides & Gregg, 2008）。当独立我水平被启动时，个体更倾向以竞争的方式思考社会互动，而不是合作的方式。为了实现有效的目标，独立我个体的行为是自发的、机会性的，并力图实现短期利益的最大化。在社会公正研究领域中，独立我的启动是以自我利益和机会主义方式进行反应的。调节聚焦的理论研究发现，促进聚焦策略随着独立的和自主的目标追求而发生变化，与预防聚焦的个体相比较，促进聚焦的个体更容易受短期目标的影响。

本次研究的目的是通过同时启动被试自我调节聚焦和独立我，检验其对分配不公正情境中利他性惩罚的影响。研究对象为 81 名本科生，10 名男生，71 名女生，年龄为 18~25 周岁（M=21.45，SD=1.456）。所有被试均自愿参加实验，完成实验后有报酬。采用 2（独立我的启动：启动独立我、未启动独立我）×2（调节聚焦：促进聚焦、预防聚焦）的两因素被试间实验设计。自变量为独立我的启动、调节聚焦；因变量为不公正情境中被试拿出的代表利他性惩罚的分数。实验材料为沟通风格测验问卷、答题纸、铅笔、橡皮、三台笔记本电脑。

2. 实验程序

在实验开始之前，将被试随机分为四组：第一组为启动独立我促进组，第二组为未启动独立我促进组，第三组为启动独立我预防组，第四组为未启动独立我预防组。在每次实验任务中 3 名被试同时进行，被试进入单人实验室之后，开始完成人际沟通风格测验问卷，要求被试把答案写在答题纸上，并告知被试做完测验问卷之后交给主试，主试会在现场对被试直接进行评估，15min 之后主试会把手写的关于问卷的反馈结果直接交给被试，被试阅读后，评估主试反馈的准确性。准确性问卷的 A 选项为 0~25%，B 选项为 25%~50%，C 选项为 50%~75%，D 选项为 75%~100%。被试评估完后，主试告知被试完成电脑上第二部分任务，这部分任务与第一部分任务无直接关系。

四、自我建构和调节聚焦对利他性惩罚影响的数据分析

（一）调节聚焦对内隐公正态度的影响（实验一）

1. 分析方法和工具

本次研究结合 IAT，测量被试的调节聚焦对内隐公正态度的影响。IAT 是一种新的内隐社会认知的研究方法，这种方法的出现推动了内隐社会认知的研究。该方法通过测量概念词和属性词之间自动化联系的紧密程度，对个体的内隐态度等内隐认知进行间接测量（蔡华俭，2003）。IAT 是基于生理和认知基础的，生理基础是神经网络模型，该模型认为信息的存储是按照语义关系分层组织的一系列神经联系的结点，所以可以通过测量两个不同概念在此类神经联系上的间距测量它们的关联性。认知基础是态度的自动化加工，态度的自动化加工包括自动化启

动和自动化扩散（Farnham et al.，1999）。IAT 是通过电脑上的分类任务测量两类词之间的自动化联系的紧密程度，进而对个体的内隐态度进行测量。测验过程是这样的：在电脑屏幕上向被试呈现属性词，要求被试尽快按键进行辨别及分类，在测验过程中反应时被自动记录下来（Greenwald et al.，2009）。

内隐联结测验的数据统计程序如下：先将不相容任务的平均反应时减去相容任务的反应时，得出 IAT 效应值。将每一个项目反应时做对数转换后，计算相容任务和不相容任务反应时的对数平均值，它们之间的差值就是 IAT 对数效应值。研究的基本逻辑是，在相容任务中，被试的反应时比较短；在不相容任务中，被试的反应时比较长。相容和不相容任务的反应时差值越大，则说明被试的内隐态度越坚定，反之则表明其内隐态度越模糊。

本次研究对所获数据采用 SPSS19.0 软件进行统计分析。在分析数据前，首先对数据进行预处理：①反应时低于 300ms 的以 300ms 计，高于 3000ms 的以 3000ms 计；②将反应时超过 10 000ms 的数据剔除；③剔除错误率大于 20%的被试，最后共得到 96 个数据。其中女生 80 名，男生 16 名；顺序组有 49 名被试，逆序组有 47 名被试。同时，对每个刺激项目的反应时进行对数转换。

2. IAT 效应的描述性统计

计算相容任务和不相容任务反应时平均值和标准差以及 IAT 效应，IAT 效应就是不相容任务反应时的平均值减去相容任务反应时的平均值。

所有任务反应时的标准差 SD=798.67，IAT 效应=110.89，即不相容任务的反应时大于相容反应任务的反应时，说明存在 IAT 效应，促进词与公正词相联结，预防词和不公正词相联结，结果见表 2-14。

表 2-14 被试的 IAT 反应时和效应值

项目	相容任务		不相容任务		IAT 效应值	
	M	SD	M	SD	M	SD
反应时/ms	1319.64	740.72	1430.52	845.33	110.89	523.39
对数值	34.94	9.93	36.21	10.92	1.27	6.92

3. IAT 效应值的显著性

为了检验所有被试的 IAT 效应值是否达到显著性水平，对所有被试的 IAT 效

应进行单一样本 t 检验，比较 IAT 效应值是否与 0 存在显著性差异。结果发现 IAT 效应值差异显著，即相容任务的反应时明显短于不相容任务的反应时，被试在总体上表现出显著的维护公正的偏好，也就是说被试更倾向促进公正，预防不公正。具体结果见表 2-15。

表 2-15　被试总体 IAT 效应值的显著性检验

项目	M	df	t
IAT 效应值	110.89	3839	13.13***

（二）不公正情境中调节聚焦对利他性惩罚的影响（实验二）

有 1 名被试未能完成迷宫图任务，1 名被试在实验任务中没有认真作答，把这 2 名被试的数据删掉，还剩 42 名被试的数据（11 名为男性，31 名为女性），用统计软件 SPSS19.0 对数据进行分析。

1. 不同调节聚焦策略下利他性惩罚的差异

表 2-16 所示，启动促进聚焦的被试，在 8/2 分配中的平均数为 1.95（SD=0.65），启动预防聚焦的被试的平均数为 1.25（SD=0.44），不同启动条件下利他性惩罚平均数之间差异显著，t（40）=4.92，p<0.001；启动促进聚焦的被试，在 5/5 分配中的平均数为 0.14（SD=0.35），启动预防聚焦被试的平均数为 0.15（SD=0.37），不同启动条件下利他性惩罚平均数之间的差异不显著，t（40）=0.27，p>0.05；启动促进聚焦的被试，在 9/1 分配中的平均数为 2.18（SD=0.66），启动预防聚焦被试的平均数为 1.30（SD=0.47），不同启动条件下利他性惩罚平均数之间存在显著差异，t（40）=4.92，p<0.001。这些结果表明，启动不同的调节聚焦，影响了被试在不公正情境中的利他性惩罚行为。

表 2-16　不同分配方式下利他性惩罚平均数差异性检验

利他性惩罚分数	促进聚焦		预防聚焦		t
	M	SD	M	SD	
9/1	2.18	0.66	1.30	0.47	4.92***
8/2	1.95	0.65	1.25	0.44	4.05***
5/5	0.14	0.35	0.15	0.37	0.27

2. 不同条件下利他性惩罚的方差分析

为了进一步考察不公正情境中调节聚焦对利他性惩罚的影响,对不同启动条件下的利他性惩罚分数进行方差分析,如表2-17所示,启动条件的主效应显著,$F(1, 120)=33.10$,$p<0.001$;分配方式的主效应显著,$F(2, 120)=125.80$,$p<0.001$;启动条件和分配方式之间的交互作用显著,$F(2, 120)=9.03$,$p<0.001$。

表2-17 利他性惩罚行为的方差分析表

变异来源	SS	df	MS	F	p
启动	8.64	1	8.64	33.10	0.000
分配	85.66	2	32.83	125.80	0.000
启动×分配	4.71	2	2.36	9.03	0.000
误差	31.32	120	0.26		
总体	286.00	126			

方差分析结果表明,三种分配方式下被试的利他性惩罚分数在0.001的水平上差异显著,这说明三种分配方式下利他性惩罚分数至少有两组差异显著,在此基础上使用LSD法进行两两比较,结果发现9/1分配和8/2分配之间的差异不显著,而9/1分配、8/2分配和5/5分配之间都存在显著差异,这说明不公正分配方式影响了被试的利他性惩罚行为。

(三)自我建构和调节聚焦对利他性惩罚的影响(实验三)

本次研究共收集数据81份,启动独立我促进组21份数据,在问卷启动任务中有1名被试在评估准确性过程中选择了B项(25%~50%),这名被试的数据被剔除。剩下的20份数据中,5人在评估准确性过程中选择了C项(50%~75%),15人选择了D项(75%~100%),这20名被试的情境性的高独立我和促进聚焦被启动,启动效果良好。但在第二部分的电脑程序实验中有2名被试未认真作答,剔除这2名被试的数据,还剩下18份数据可用。

未启动独立我促进组有21份数据,有2名被试选择了B项,剔除这3名被试的数据,在剩下的19份数据中,只有2名被试选择C项,其余17名被试选择D项。19名被试的情境性低独立我促进聚焦被启动,启动效果良好。

启动独立我预防组有 19 份数据，7 名被试选择了 C 项，12 名被试选择了 D 项，这 19 名被试的情境性高独立我预防聚焦被启动，启动效果良好。

未启动独立我预防组有 20 份数据，1 名被试选择了 B 项，6 名被试选择了 C 项，13 名被试选择了 D 项，这 19 名被试的情境低独立我预防聚焦被启动，启动效果良好。但有 1 名被试在第二部分的电脑程序任务中未认真作答，这名被试的数据被剔除，还剩 18 份数据可用。最后共剩 75 份数据（11 男，64 女）。

1. 不同启动条件下利他性惩罚的描述性统计

如表 2-18 所示，无论是在 8/2 分配还是 9/1 分配中，作为第三方拿出的分数的平均数大小排列是启动独立我预防组（$M_{8/2}$=1.84，$M_{9/1}$=1.84）、启动独立我促进组（$M_{8/2}$=1.61，$M_{9/1}$=1.78）、未启动独立我促进组（$M_{8/2}$=1.30，$M_{9/1}$=1.55）和未启动独立我预防组（$M_{8/2}$=1.06，$M_{9/1}$=1.17），也就是说，启动独立我预防组被试拿出了最多的分数进行利他性惩罚，其次是启动独立我促进组、未启动独立我促进组，拿出分数最少的是未启动独立我预防组。不管拿出分数的多少，每组被试都对不公正的实施者进行了利他性惩罚。这些数据表明，在分配不公正情境下，除了促进聚焦会影响被试的利他性惩罚行为之外，被试的独立我水平也对利他性惩罚行为产生了深刻的影响。尤其是独立我水平对预防聚焦的个体的影响是很明显的，启动独立我预防组的个体拿出了更多的分数对不公正的分配者进行了惩罚。

表 2-18 不同启动条件下的惩罚数量

类别	启动性质	M	SD	n
8/2	启动独立我促进	1.61	0.78	18
	未启动独立我促进	1.30	0.47	19
	启动独立我预防	1.84	0.77	19
	未启动独立我预防	1.06	0.24	18
9/1	启动独立我促进	1.78	0.65	18
	未启动独立我促进	1.55	0.51	19
	启动独立我预防	1.84	0.60	19
	未启动独立我预防	1.17	0.38	18

2. 不同启动条件下利他性惩罚的方差分析

为了分析不公正情境下四种启动方式对被试利他性惩罚行为的影响，对被试的利他性惩罚分数进行方差分析。由表 2-19 可知，不同启动条件的主效应显著，$F(3, 142)=11.49$，$p<0.001$，也表明不同启动条件下被试的利他性惩罚行为之间差异显著。两种不公正分配方式之间不存在显著差异，$F(1, 142)=1.97$，$p>0.05$。启动条件和分配方式之间的交互作用不显著，$F(3, 142)=0.32$，$p>0.05$。

表 2-19　启动条件下被试利他性惩罚分数的方差分析

变异来源	SS	df	MS	F	p
启动	11.42	3	3.81	11.49	0.000
分配	0.65	1	0.65	1.97	0.163
启动×分配	0.32	3	0.11	0.32	0.810
误差	47.04	142	0.33		
总体	406.00	150			

方差分析结果表明，四种启动方式下被试的利他性惩罚分数在 0.001 的显著性水平上差异显著，这说明四种启动方式下利他性惩罚分数至少有两组差异显著，在此基础上，使用 LSD 法进行两两比较，结果发现启动独立我促进组和预防组之间的均值差异不显著，未启动独立我促进组和未启动独立我预防组之间的均值差异显著，启动独立促进组与未启动独立我促进组之间的均值差异不显著，启动独立我预防与未启动独立我预防组之间的均值差异显著。

通过以上数据分析结果可以发现，在不公正情境中，启动独立我，无论促进聚焦的被试还是预防聚焦的被试都倾向进行利他性惩罚；未启动独立我，预防聚焦的被试倾向不进行利他性惩罚，促进聚焦的被试倾向进行利他性惩罚。

五、自我建构和调节聚焦对利他性惩罚影响的分析讨论

本次研究的目的是研究不公正情境中调节聚焦和自我建构对利他性惩罚行为的影响。首先，调节聚焦作为一种社会认知策略，使得个体在进行任务决策和目标追求过程中所使用的行为策略方式、结果框架和在相同结果效价下的情绪体验

等都存在差异（Idson et al., 2000）。不同调节聚焦个体的行为策略是不同的，促进聚焦的个体在追求目标的过程中，使用"渴望-接近"的策略，而预防聚焦的个体则会使用"警惕-规避"的策略。在 Higgin（2002）的信号检验范式的猜词实验研究中，发现促进聚焦的被试会采用渴望成功的冒险性策略，即要确保正确击中，避免漏报；预防聚焦的被试则会采取避免失败的保守性策略，即确保正确的聚焦，避免虚报。

促进聚焦的个体在实际生活中会采取具有冒险性、创造性的策略方式，寻求任务的创新和不断变化，所以在完成任务的过程中促进聚焦的个体的行为更具有创造性，个体也更加关注处理探索性的信息，并且在进行归因过程中，促进聚焦的个体有更多的归因假设，然而预防聚焦的个体则不同。Liberman 等（2001）的研究发现，促进聚焦的个体偏好变化，而预防聚焦的个体则偏好任务的相对稳定性和一致性，在完成任务过程中倾向采用回避风险的警惕行为。

（一）调节聚焦对内隐公正态度的影响

在实验一中，我们探讨了调节聚焦对维护公正的内隐态度的影响。通过 IAT，我们发现在促进词和公正词以及预防词和不公正词的兼容任务中存在显著的 IAT 效应值，说明被试更易于进行促进聚焦和公正词联结以及预防聚焦和不公正词联结，也就是说个体促进公正和预防不公正的内隐态度是很坚定的。这表明调节聚焦影响了被试维护公正的内隐态度，也就是说，在社会情境中，个体是倾向具有促进公正和预防不公正的内隐态度。

对于这些结果，可以用 Todorov 和 Bargh（2002）的理论解释。该理论认为，若对通过某种行为方式达到某种目标进行多次重复，可以促进个体这种行为的习惯化和自动化。个体行为习惯化之后，环境中相关的信息线索会使个体的前意识和自动化心理过程被激活，而且这一心理活动过程不需要个体的意识性监控。在本次研究中，个体内隐性维护公正态度出现了自动化特征，个体对"促进词-公正词"和"预防词-不公正词"的联结速度显著快于"预防词-公正词"及"促进词-不公正"的联结速度。对于个体来说，维护社会公正是个体内化的公正规范或者是个体的公正信念，促进公正和预防不公正的概念是个体一种已经内化的公正态度，所以在进行 IAT 时，个体"促进词和公正词"的联结以及"预防词和不公正词"的联结更容易，其反应时也更短。

笔者在本次研究中也探索了辨别任务顺序对于 IAT 效应的影响。在 IAT 中，测验的时间间隔、测验的项目数量以及左右手的分配对 IAT 效应并没有显著性的影响（Greenwald et al., 1998）。在调节聚焦影响内隐公正态度的研究中，顺序对 IAT 产生了影响，同先进行不相容辨别任务后进行相容辨别任务的逆序组相比，先进行相容辨别任务后进行不相容辨别任务的顺序组表现出了更大的 IAT 效应值。

通过调节聚焦对内隐公正态度影响的研究，我们发现促进词与公正词的联系更紧密，预防词与不公正词的联系更紧密，这表明被试的内隐公正态度受到调节聚焦的影响，在维护社会公正上，促进聚焦的个体会积极促进公正，预防聚焦的个体会倾向预防不公正。调节聚焦是影响内隐公正态度的一个重要变量。在不公正情境中，第三方维护公正的主要行为是利他性惩罚，那么，作为维护公正的利他性惩罚来说，调节聚焦起着怎样的作用呢？以往研究已经发现程序不公正情境中的调节聚焦对受害者的报复行为产生了重要的影响。在实验一和以往研究的基础上，实验二通过外显行为测量探索了在不公正情境中调节聚焦对利他性惩罚的影响。

（二）调节聚焦对利他性惩罚的影响

Friedman 和 Förster（2001）在自我调节聚焦影响创造力的研究中利用迷宫图，成功地检验了不同调节聚焦方式对创造性的影响，促进聚焦的个体在完成创造性任务上比预防聚焦的个体更具优势。对这一结果的解释为：启动个体的促进聚焦会激活个体的情绪状态以及在冒险任务中的高动机水平。在调节聚焦影响程序不公正的情境中受害者报复行为的研究中，研究者也成功运用了老鼠迷宫启动范式。

实验二的数据表明，启动第三方不同的调节聚焦方式会影响第三方的利他性惩罚，也就是说，在一个分配不公正情境中，第三方若有机会对不公正的实施者进行利他性惩罚，那么无论是启动促进聚焦还是预防聚焦的个体，第三方都会积极使用利他性惩罚，尽管这一行为可能会造成个人利益的损失。在一项关于不公正如何影响决策的研究中，当作为第三方的决策者目睹不公正事件时，会牺牲自己潜在的利益来惩罚不公正者；当目睹公正事件时，也会牺牲自己潜在的所得奖励做出公正行为。在这一过程中，决策者并没有考虑短期的或者长期的利益，这是与早期的经典研究发现"善有善报"相一致的（Turillo et al., 2002）。这一行为也被称为"公正义务警员"（Tripp et al., 2007）。

研究结果也表明，启动不同调节聚焦的被试在利他性惩罚上具有显著差异，促进聚焦的被试会对不公正的实施者进行更严厉的利他性惩罚，而预防聚焦的被试对不公正实施者的利他性惩罚程度相对较弱。这可能是因为启动不同自我调节聚焦的个体在追求目标过程中会使用不同的策略，启动促进聚焦的个体的目标是理想性的，其实现目标时倾向使用进取策略；启动预防聚焦的个体的目标是责任性的，其实现目标时倾向使用回避策略。

当个体处于分配不公正的社会情境中时，分配不公正作为一种威胁情境会与已经激活的促进聚焦和预防聚焦联系起来，并且个体调节聚焦的方式也会与个体的公正世界信念相联系，进而影响个体在分配不公正情境中的利他性惩罚，促进社会趋近公正公平。然而，促进聚焦的个体的策略方式更加进取和冒险，当目睹自私的分配者进行极端不公正的分配时（本次研究中分配者的分配方式是8/2和9/1分配），是一种极端不公正的分配，促进聚焦的个体受自身公正世界信念的影响，会采取更加激进地方式对不公正者进行严厉地惩罚。

由实验一和实验二的结果可知，调节聚焦影响着个体的内隐公正态度和利他性惩罚，那么，在不公正情境中，促进聚焦的个体总是比预防聚焦的个体更倾向进行利他性惩罚吗？个体的调节聚焦是否也受到其他因素的影响？一项关于社会互动的研究发现，调节聚焦还与自我建构水平密切相关，具有促进聚焦倾向的被试和暂时启动促进聚焦的被试都给出了更具进取性的提议，并且这些被试也报告了更多的个人目标价值（Galinsky et al., 2005）。在自我评价理论研究中，促进聚焦的被试也使用了更多的与尊重相关的词语，实现促进聚焦目标失败的被试则报告了低水平的自尊（Leonardelli et al., 2007）。因为促进聚焦是与个体利益和自尊相联系的，所以促进聚焦应该与独立我密切相关（Sedikides & Brewer, 2001）。促进聚焦策略会随着独立和自主的目标追求过程而变化（Van-Dijk & Kluger, 2004）。此外，与预防聚焦的个体相比，促进聚焦的个体更容易受到个人利益的影响，他们更关注自尊，在失败情景下他们会报告更低的自尊（Galinsky et al., 2005）。自我调节聚焦的不同追求反映了自我建构的心理目标，独立我的个体以积极方式展现，自主性高，追求自我实现，关心成就，关注自我的积极方面和可能的收益。因此，实验三探索了不公正情境下，由于独立我的作用，调节聚焦对利他性惩罚的影响。

（三）自我建构和调节聚焦对利他性惩罚的影响

独立我和调节聚焦方式之间具有紧密的联系，以往研究发现，促进聚焦和独立我之间具有共变性，独立我是与自我提高和自我预防动机相联系的（Sedikides & Brewer，2001）。当独立我被启动时，个体更倾向以竞争的方式思考社会互动，而不是合作。为了实现有效的目标，独立我的个体的行为是自发的、机会性的，并力图实现短期利益的最大化。在调节聚焦的理论研究中，研究者发现促进聚焦策略随着独立和自主目标追求而发生变化，与预防聚焦的个体相比，促进聚焦的个体更容易受短期目标的影响。

实验三通过启动和不启动被试的独立我和调节聚焦两种操作，探索预防聚焦和促进聚焦的被试在分配不公正情境中利他性惩罚的差异。实验结果表明，启动独立我时，无论是促进聚焦的被试还是预防聚焦的被试都拿出了更多的分数来惩罚分配不公正的游戏者，尽管这一惩罚会使个人利益受损。这一研究结果与独立我的建构水平和促进聚焦具有共变性的观点是一致的。

独立我深刻地影响了被试的自我调节聚焦，启动独立我时，无论促进聚焦的被试还是预防聚焦的被试都倾向进行利他性惩罚。启动独立我预防聚焦的被试和未启动独立我预防聚焦的被试在拿出的分数上具有显著差异。这一差异表明，预防聚焦的被试的独立我水平越高，越倾向进行利他性惩罚。启动独立我促进聚焦和未启动独立我促进聚焦的被试都拿出了更多的分数，说明促进聚焦的被试更倾向进行利他性惩罚，因为促进聚焦已经提高了被试的独立我水平。

以往研究发现，促进聚焦和独立我具有共变性，独立我与自我提高和自我预防动机相关。为了实现有效的目标，独立我个体的行为是自发的、机会性的，追求短期利益的最大化。在实验三中，无论启动促进聚焦还是预防聚焦，启动独立我的个体，都对不公正的分配者进行了利他性惩罚。无论是否启动独立我，促进聚焦的被试都产生了利他性惩罚，而被启动预防聚焦独立我个体，对不公正的分配者的惩罚更为严厉。这与实验一中预防聚焦的被试利他性惩罚程度更低的结论是不一致的，也就是说启动独立我使得预防聚焦的个体在不公正情境中的利他性惩罚发生了转移。原因可能是高独立我个体的行为具有自发性、机会性以及追求短期目标的最大化，而预防聚焦的个体追求目标的策略是预防性及警惕性的，所以当分配不公正情境出现时，高独立我预防聚焦的个体为了维护公正的责任感，其防御性和警惕性也随之提高，倾向对不公正的分配者进行更严厉的惩罚。

（四）特质性调节聚焦对利他性惩罚的影响

实验一和实验三中都采用了内隐启动的实验方式启动被试的情境性调节聚焦，老鼠迷宫图的启动方法是通过完成迷宫路线任务过程中所传达出来的促进性和预防性的信息线索，来使得个体产生暂时的促进聚焦和预防聚焦。实验三通过问卷结果反馈的方法来启动个体短期的调节聚焦。这两种内隐启动的范式固然具有优势，但是启动情境性的调节聚焦在解释研究结果上具有一定的局限性。虽然促进聚焦和预防聚焦是每个个体都会采取的调节的聚焦方式，但其中一种调节聚焦方式是个体在其追求目标过程中经常用到的，这就是个体的特质性调节聚焦，它是在成长过程中逐渐形成的，会受到个体在成长过程中追求理想、目标和成就的成败经验的影响。

在未来的研究中，研究者应进一步研究自我建构水平和调节聚焦方式对利他性惩罚的影响，尤其是研究利他性惩罚在不同文化背景下的特性。关于自我建构水平与调节聚焦之间的关系，在以往的研究和本次研究中都已经得到了验证。其中，自我建构水平是具有文化差异的，在不同的文化背景下，个体在看待自我与他人之间的关系上具有很大的差别。在西方文化中，例如，在美国，美国人强调自我与其他个体之间的差异，在东方文化中，例如，在中国，中国人则强调自我和其他个体之间的联系。Markus 和 Kitayama（1991）区分了这两种不同的自我建构类型，认为在西方的个人主义文化背景下，个体普遍具有典型的独立我建构，而在东方的集体主义文化背景下，个体普遍具有典型的互依我建构。

在分配不公正情境下调节聚焦如何影响利他性惩罚的研究中，研究者也应该考虑不同文化背景下个体的自我建构水平的不同，在集体主义文化的影响下，个体更相信人际关系的价值，人与人之间也保持着相互的联系和依赖，个体对自我的定义也倾向以自我与他人的关系、自己在集体中的地位和身份为基础。要研究第三方在一个社会互动过程中目睹不公正后的意图和行为，自我建构水平作为一个调节变量会深刻影响第三方的反应，因此，未来的研究应关注特质性调节聚焦和自我建构水平是如何影响利他性惩罚的，以及不同文化背景下个体的利他性惩罚的差异性。

(五)本次研究的结论

本次研究通过 3 个实验得出如下结论。

1）调节聚焦会影响个体的内隐公正态度,在维护社会公正上,促进聚焦的个体会积极促进公正,预防聚焦的个体更倾向预防不公正。

2）调节聚焦会影响第三方的利他性惩罚,促进聚焦的个体更倾向进行利他性惩罚,且惩罚程度更高。

3）在高独立我的影响下,无论是促进聚焦的被试还是预防聚焦的被试,都倾向进行高强度的利他性惩罚,随着独立我水平的提高,预防聚焦个体的惩罚程度也随之提高。

第二篇　社会排斥：研究进展和实证探索

第三章

社会排斥后的心理反应

第一节　社会排斥后的认知反应

社会排斥是一种长期存在的普遍现象，由其导致的攻击、自杀、精神疾病等社会问题促使心理学家对该领域展开了大量的研究。在心理学中，社会排斥是指由于某些团体或个人的排斥或拒绝，使人的归属需要受到阻碍的现象和过程，包括排斥、拒绝、孤立、无视等多种形式。人们具有寻求归属需要的驱动力，在社会排斥发生后，会通过行为、情绪和认知的改变来主动进行应对。社会排斥后的行为反应主要包括亲社会、反社会与逃避行为。例如，被排斥者愿意分给潜在朋友更多的钱（Maner et al.，2007）；对排斥者甚至陌生人产生攻击行为（Warburton et al.，2006）；逃避与排斥自己的人进行接触（Richman & Leary，2009）。

社会排斥后的情绪反应研究颇令人困惑，与预期会出现的痛苦体验不同，绝大多数研究并没有发现社会排斥后的情绪变化（Twenge et al.，2003；De Wall et al.，2009），尽管少量研究检测到了情绪变化，但这种变化也与被试的行为、认知反应无关（Burson et al.，2012；Stillman et al.，2009）。Blackhart 等（2009）对192个社会排斥实验结果进行元分析后发现，社会排斥会导致情绪状态从积极向消极转移，但是这种转移会终止于中性状态或轻微积极的状态。他们对此的解释是：大多数实验样本数量较少，导致了情绪未能显示出明显变化。但也有研究者认为，这种情绪麻木是人们为了避免痛苦而进行自我防御的结果；或由于多数研究采用自我报告法测量情绪，被试有可能试图通过否认消极情绪来逃避自己被排斥的事实（MacDonald & Leary，2005）。

近年来，社会排斥后的认知反应颇受关注，这是因为相对于行为反应，社会排斥后的认知变化更具基础性与多样性，而且排斥后情绪反应的麻木状态也推动研究者从认知角度来研究社会排斥后果的中介因素。目前，社会排斥后认知反应的研究范围广、角度多，平行研究居多，追踪研究也越来越受重视，已经开始从态度、记忆等高级认知过程拓展至感知觉、注意等低级认知过程。笔者整理相关文献发现，社会排斥后的认知改变反映出人们对归属需要的寻求，具体表现为三个方面：趋近有利于满足归属需要的认知、逃避不利于满足归属需要的认知以及抑制竞争性认知过程。

一、社会排斥后的趋近性认知

（一）社会排斥后的社会信息关注

为了促进建立新的社会关系，遭受社会排斥的个体会表现出对社会信息的选择性记忆。相对于未被排斥的被试，在网上聊天室被排斥的被试，无论受到个体还是群体排斥后，都回忆出了较多的个体或集体性社会事件、较少的非社会事件（Gardner et al., 2000）。Hess 和 Pickett（2010）的实验进一步指出，这种选择性记忆仅仅指向他人相关的社会信息，在网络投球任务中，被排斥的被试回忆出了更多有关朋友或陌生人的社会事件，而不是自我相关的社会信息。他们推测，这可能是因为将意识聚焦于他人，是一种洞察潜在友好关系的有效策略，可以促进未来良好社会互动的形成。

表情是重要的人际交往信息，出现社会排斥后，人们对他人的微笑表情会变得更敏感，主要表现为对微笑表情的选择性注意，在不同表情中搜索微笑表情的反应时更短，在眼动任务中注视微笑面孔的时间更长以及在视觉线索实验中被试从离开微笑表情到开始注意中性图片的潜伏期更长；而对于非微笑表情，则没有产生这种现象（De Wall et al., 2009）。社会排斥后，人们区分真诚与虚假微笑的能力也会提高。真诚微笑是他人具有合作意向的强烈信号，而虚假微笑是人们为了得到某种积极结果而进行的印象管理。实验表明，与写出被接纳经历和中性经历的被试相比，写出被排斥经历的被试能更准确地分辨出微笑是否真诚（Bernstein et al., 2008）。在未引导被试关注他人的表情，也没有暗示微笑的真诚性有差异时，被排斥的被试同样更愿意与真诚微笑的对象合作（Bernstein et al., 2010）。这种对微笑的选择性注意与精细区分确保人们尽可能将有限的心理资源分配给潜在的朋友，避免浪费在不可能与自己建立社会关系的人身上。

（二）社会排斥后的积极情绪信息偏好

有研究发现，尽管社会排斥会使人们的外显情绪反应变得迟钝，但它同时也会启动强烈的无意识情绪管理，使人们自动偏向于积极情绪信息（De Wall et al.，2011）。在实验中，相对于被同伴接纳的被试，被同伴拒绝的被试回忆出了更多美好的童年时光；相对于得到未来会有所归属的反馈的被试，得到孤独终老反馈的被试在词汇相似性判断上更倾向按照积极情绪效价而不是语义关联进行词汇相似性分类，并且在词干补笔任务中填写出更多的积极情绪词。但在外显情绪的自我报告中，被排斥组与被接纳组的被试没有显著差异。据此，研究者认为社会排斥后对积极情绪信息偏好是无意识的。就其功能而言，积极情绪信息倾向可能是心理健康的积极信号，因为迅速导入积极情绪是威胁或创伤后维持心理健康的重要机制。为了澄清这一推断，研究者进一步对高抑郁和低自尊人群进行了同样的实验，结果发现，这些被试并没有产生积极情绪信息偏好。因此，社会排斥后的自动情绪管理可能只出现在心理健康人群中。不过，这项研究只关注了信息的情绪维度，没有对社会性与非社会性进行区分。其研究结果还提示，遭受社会排斥的被试对非社会性的积极情绪信息也表现出了明显的倾向，这与上文社会排斥后会关注社会性信息的结论有冲突。

（三）社会排斥后的温暖事物偏爱和传统家庭观念增强

生活中，人们经常会用"心寒"等词汇形容受到社会排斥后的感受，而且这种描述具有跨语种的相似性。温度与社会认知的隐喻关系是具身认知研究的内容之一。Zhong 和 Leonardelli（2008）将其引入社会排斥领域，指出社会排斥确实会让人感到寒冷，并促使人们偏爱温暖的事物。相对于回忆社会接纳经历的被试，回忆社会排斥经历的被试会低估室内温度；在网络投球任务中，被排斥的被试比被接纳的被试更加喜爱热的食物和饮料。Ijzerman 等（2012）对此进行了进一步探讨，指出对社会排斥的认知依赖于感知生理温度的仿真器（simulator），而一个重要的仿真器就是皮肤温度。社会排斥会降低人们的皮温，反过来皮温也为社会排斥提供了认知线索。他们用网络投球任务引发社会排斥后，测量了被试手指的皮温。结果表明，被排斥者的皮温显著低于被接纳者。当主试假装排除错误程序，让被试帮其拿杯热水后，被排斥者所报告的消极情绪显著减少。具身理论为社会认知的研究开拓了新的视角，是未来社会排斥领域的重要研究方向。

家庭是亲密与稳定社会关系的主要来源，传统的家庭角色可以给人带来安全感，对家庭及其传统角色分工的依附是让被排斥者重新获得接纳感的理想策略。Aydin等（2011）的实验表明，想象或写出排斥经历的女人比想象或写出接纳经历的女人对传统的家庭分工更赞同，并且在词干补笔任务中填写了更多与家庭和母亲有关的单词。对人生意义的寻求是这种效应的中介因素，但由于男女社会角色的不同，社会排斥对家庭角色认同的影响只限于女性。这一研究还发现，相对于被社会接纳的男人，被社会排斥的男人没有在词干补笔任务中填写更多与家庭有关的词汇。尽管结果显示社会排斥同样促进了男人对人生意义的寻求，但这种意义寻求与传统家庭观念没有关系。这可能是因为女人一般通过家庭关系来满足归属需要，而男人则更多通过强调家庭外的社会地位以及能力展示来满足归属需要（Baumeister & Sommer，1997）。

（四）社会排斥后宗教依附性增加和金钱意识被激发

在许多文化中，宗教都具有强大的心理功能。例如，在社会交流中提供可供分享的意义系统，对人们遭受的创伤给予安慰等。社会排斥会强化人们对宗教的依附。有研究发现，被社会排斥的人更相信包括鬼、天使与上帝等在内的超自然现象（Epley et al.，2008）。Aydin等（2010）的实验也表明，相对于想象被接纳经历的被试，想象社会排斥经历的被试显示出了更强的宗教依附性和参加宗教活动的意愿。McIntosh等（1993）认为，宗教为人们提供了内部与外部的应对资源，内部资源是宗教能提供用以处理外部压力的信仰与态度；外部资源则包括宗教领袖或宗教团体所提供的社会支持。进一步的研究表明，社会排斥提高了个体自我报告的信仰程度，但没有影响其外部社会信念。这说明，社会排斥后，人们主要是在宗教中寻求个体安慰。

金钱是一种社会资源，人们可以用金钱操纵社会系统来满足自己的需要（Lea & Webley，2006）。因此，金钱和人际接纳具有相似的功能，它给予人们一种能够处理问题、满足需要的强烈感受。社会排斥激发了人们对金钱的渴望，在Zhou等（2009）的实验中，被同伴拒绝的被试把1元硬币画得较大，愿意放弃更多的美好事物来获得1000万元，而为孤儿捐款的数目较少。这种金钱意识的激发可以缓解社会排斥后的痛苦，接受数金钱任务的被试比接受数白纸任务的被试在受到排斥后报告了较少的痛苦体验；而列出自己一个月内消费明细的被试比控制组被试在社会排斥后的痛苦体验更强。在这些实验中，被试并没有真得到钱，金钱对被试的被排斥现状也没有实际的帮助，所以金钱对社会排斥的影响在于它是一种心理社会资源，而不在于它真正的使用功能。

二、社会排斥后的逃避性认知

（一）社会排斥后的疼痛麻木

如同受到生理伤害时身体会变得麻木一样，社会排斥经历会使人产生身体与情感的暂时性迟钝，这可能是人们躲避强烈情绪刺激的方法。De Wall 和 Baumeister（2006）用未来会孤独终老的问卷反馈操纵被试，发现被排斥者的疼痛感会变得麻木，表现为更高的痛觉阈限和疼痛忍耐力。在随后的实验中，实验者在测量被试疼痛感的同时，又测量了其情绪敏感性，发现社会排斥导致了人们身体与情绪的双重迟钝。被排斥者对未来的足球比赛结果产生较弱的情绪预期，对遭受感情拒绝的学生表现出较少的同情。对数据的相关分析还表明，身体敏感性与情绪敏感性的相关显著，这说明人们对排斥事件的身体与情绪反应可能有重叠。此外，有研究表明，服用止痛片的被试的情感痛苦会下降，而服用安慰剂的被试没有产生这一现象（De Wall et al., 2010）。有研究者指出，人的社会依恋系统或许建立于身体疼痛系统之上，当人们遭受到社会排斥后，可以借身体疼痛信号来警示社会分离，促进人们采取措施修复社会关系，而身体自身的疼痛感提高了疼痛阈限与疼痛忍耐力，导致对外部刺激麻木（De Wall et al., 2011）。Eisenberger 等（2003）用核磁共振成像研究为此提供了证据，他们采用网络投球任务发现，心理与生理痛苦确实产生了相似的激活模式。与生理痛苦有关的背侧前扣带回（ACC）在社会排斥后会被激活，管理生理疼痛的右腹侧前额叶皮层（right ventral prefrontal cortex，RVPFC）则与社会排斥后痛苦的减轻有关。

（二）社会排斥后的敌意认知激活

为了避免遭受更多排斥，被排斥者偏向将他人看作是有敌意的，这种现象甚至会指向与排斥无关的陌生人和接纳者。在网络投球任务中，当既有人排斥又有人接纳时，被试会明显低估接纳者给自己传球的数量，倾向将其看作排斥者（Chernyak & Zayas, 2010）。在 De Wall 等（2009）的实验中，相对于在得到未来有所归属反馈的被试，得到未来会孤独终老反馈的被试在阅读陌生人写的短文后，更易于将他人的中性行为看作攻击性的。当用其他方面的成功或失败来抵消情绪效价，即被排斥的被试得知自己未来会事业成功，而被接纳的被试得知自己未来将会一事无成后，依然得到了相同的结果，这说明这种敌意认知与社会排斥有关，并不单纯是消极信息的影响。此外，相对于因同伴有事而不得不单独实验的被试，被同伴拒绝而单独实验的被试在判断单词的相似程度时，更容易将中性单词与攻击性单词看作相似的，在词干补笔任务中，也填写了更多的攻击性词汇。不过，社会排斥后的行为反应研究显示，被排斥者的态度具有两级性，对有可能建立友好关系的对象，他们会表现出比控制组更多的亲社会行为，而对建立友好关系无关的对象，他们会做出较少的亲社会行为，甚至产生攻击行为（De Wall et al., 2010）。对于这种两极性如何体现于认知层面，需要进一步进行研究。

（三）社会排斥后的认知解体状态

Twenge 等（2003）用"认知解体状态"（cognitive deconstruction state）这一概念来解释人们在社会排斥后产生的某些逃避性反应。"认知解体状态"是人们为了逃避社会排斥，远离情绪痛苦和消极自我意识的自我保护状态，其特征是情绪麻木、意志消沉、沉浸于现在、高估时间间隔、延迟满足能力下降、逃避有意义认知等。目前，这方面的研究关注较多的是自我意识和有意义认知。社会排斥后，人们通常所持有的积极自我认知与被排斥的事实会产生冲突，从而引发消极情绪，这促使人们通过逃避自我意识进行防御。Twenge 等（2003）在给被试排斥、接纳或控制条件的反馈后，让他们在面对墙和面对镜子的两个椅子中选择一个坐下。结果表明，排斥组的被试比其他条件下的被试更少选择面对镜子的椅子，以避免面对自我。Hess 和 Pickett（2010）用更严谨的事件回忆任务对此进行了验证，并将有关自我意识的事件分为双人事件和多人群体事件。结果表明，在网络投球任务中被排斥的被试在这两种事件中都回忆出了较少的自我社会事件。

社会排斥还会降低人们对人生意义的认知。Twenge 等（2003）发现，与其他被试相比，被排斥的被试对有关人生意义的句子的喜欢程度更低。Stillman 等（2009）的实验进一步证明，被同伴拒绝、在网络投球任务中被排斥和自我报告孤独感高的被试，都出现了人生意义认知的下降，而且，这种下降是以目的感、功效感、社会价值感和自我价值感的下降为中介因素的。值得一提的是，Zadro 等（2006）在对被试的立即测量与45min后的延迟测量结果显示，这种人生意义的降低只发生在排斥事件后的短时间内。

除此之外，Bastian 和 Haslam（2010）提出，去人性化认知也是认知解体状态的标志之一，它给人们提供了一种逃避消极自我意识的保护状态，促使人们以此来回避消极体验。去人性化认知主要表现为对人类独特性和自然性的否定倾向。人类独特性是把人与其他动物区分出来的特征，如文雅、道德等，如果它不存在，人将被看作是与动物相似的；人类自然性是指人类所共有的基本特征，如情绪性、认知灵活性等，如果它不存在，人将被看作是和机器相似的。他们分别用想象排斥事件和网络投球任务来诱发社会排斥，结果表明，社会排斥主要引发了人类自然性认知的降低，同时被排斥者认为排斥者对自己也产生了去人性化认知，由此产生了排斥者与被排斥者之间去人性化认知的循环。

三、社会排斥对竞争性认知过程的抑制

（一）情绪压抑观

Baumeister 等（2002）通过3个实验发现，人们在社会排斥后会通过压抑情绪来应对痛苦，这种情绪压抑会占用认知资源，进而影响了认知过程。实验一表明，被社会排斥的被试智力测验成绩较低，既表现为较低的正确率，也表现为较低的努力程度；实验二表明，社会排斥损害了被试对复杂短文的记忆，但对较为自动化的编码没有影响，对简单短文的回忆与编码都没有影响；实验三表明，社会排斥降低了人们在逻辑和推理等困难任务上的表现，但没有影响其对无意义音节的简单记忆。在3个实验中，社会排斥都没有增加被试自我报告的情绪痛苦。因此，研究者认为，社会排斥导致了情绪压抑，这种情绪管理和其他执行功能的控制过程很可能使用的是同一套自我管理资源，它对认知资源的占用抑制了认知加工，而且越是自动化的认知过程，受抑制的程度越低，越需要控制的认知过程抑制程度越高。不难发现，情绪压抑的观点对被社会排斥的个体在复杂与简单任务上的不同表现做出了较好的解释。但是，实验中对未来不幸组被试的结果显示，他们并没有出现相同的效应，情绪抑制的观点对此未能给出令人满意的解释。这一方面可能是因为未来不

幸的问卷反馈对被试而言可信度不高；另一种可能是情绪抑制的概念相当宽泛，不能精确地揭示社会排斥后认知过程受到抑制的机制。

（二）情绪信息观

情绪信息理论（affect-as-information theory）认为，情绪具有信息性，具体来说，积极情绪携带了"有价值的""良好的""容易的"信息；消极情绪携带了"无价值的""不好的""困难的"信息。不同效价的情绪会将其携带的信息自动赋予与其相联系的认知活动，从而对其产生影响（Clore & Huntsinger，2007）。该理论将消极情绪对优势认知加工的抑制作用解释为：积极情绪赋予优势认知加工"有价值"的信息，促进其进行；消极情绪赋予认知加工"无价值"的信息，阻碍其发生。除了优势认知加工外，情绪信息理论还被应用于认知判断中。例如，当消极情绪与幸福感相结合时，降低了人们的幸福感；当消极情绪与经济判断相联系时，人们认为该经济犯罪更严重。当人们认为自己的消极情绪是来自于天气或自己的紧张感时，消极情绪对幸福感或经济判断的作用便消失（Clore & Palmer，2009）。

情绪信息理论既可以很好地解释消极情绪的抑制现象，又强调了情绪与优势认知加工联系性的重要作用，因此被广泛接受。但是，用该理论来解释消极情绪对优势认知加工的抑制作用，也有值得商榷的一面：第一，该理论用抽象的"信息"来描述情绪对优势认知加工的影响，这虽然可以解释一般现象，但无法揭示其背后的机制。同样，有研究者用"安全性"这一抽象概念来解释消极情绪对优势认知加工的抑制，认为消极情绪代表了当前环境不安全的信号，由此阻碍了优势认知加工（Schwarz & Clore，2003）。对此，我们很难判断两种观点孰是孰非。第二，情绪信息理论对消极情绪抑制优势认知加工作用机制的分析还不够深入，认为情绪信息也会赋予其他认知加工过程，这暗示该理论或许是更宏观的理论，还需要更深入的分析才能更好地解释优势认知加工过程。第三，情绪信息理论从积极情绪与中性情绪两方面来阐述情绪对认知的作用，并没有关注消极情绪的作用。大量的研究表明，积极情绪与中性情绪对认知的影响没有显著差异，消极情绪的作用则颇为独特，未来还需要更多的研究关注消极情绪对认知的作用。总而言之，情绪信息理论能对消极情绪的抑制作用进行解释，但这种"价值"背后究竟包含了哪些机制，还需要深入研究。

（三）趋避系统观

Fishbach 和 Labroo（2007）从认知神经科学的角度对消极情绪的抑制作用进行了分析，认为这一现象体现了行为趋近系统（behavior approach system，BAS）和行为抑制系统（behavioral inhibition system，BIS）的功能。行为趋近系统和行为抑制系统是两种相对应的动机系统，行为趋近系统由欲求刺激激活，激发积极情绪，产生趋近反应，其神经解剖学基础为前额皮层、杏仁核、基底神经节和多巴胺系统等；行为抑制系统由威胁刺激激活，引发消极情绪，导致抑制行为，其神经解剖学基础为眶额皮层、隔-海马系统等。Fishbach 和 Labroo（2007）由此推出，积极情绪与行为趋近系统具有内在联系，积极情绪激活行为趋近系统，引发趋近动机，促进了优势认知加工；消极情绪与行为抑制系统有关，消极情绪激活了行为抑制系统，引发抑制动机，抑制当前的优势认知加工。但是，从目前的研究来看，趋避系统主要研究的是人们对情绪性刺激的趋避反应，尚不明确人们本身的情绪状态可否引发趋避动机，且趋避动机理论同样从积极情绪与消极情绪两方面进行解释，消极情绪是否具有独特作用没有得到分析。因此，趋避系统观点仍处于理论假设阶段，还有待检验。

（四）情绪具身观

随着具身研究的发展，有研究者开始从具身角度探讨消极情绪对优势认知加工的抑制，提出消极情绪的生理反应会对优势认知加工进行阻碍，主要证据有：其一，能量消耗理论认为，消极情绪的生理反应具有独特性，由于消极情绪引发了自我情绪管理，因此会比积极和中性情绪消耗更多的血糖，降低人体能量。对坡度判断的研究证明了这一点。有研究表明，坡度判断与身体能量有关，年老、疲劳、背包负重较多和血糖较低的人，会将山体看的更加陡峭（Stefanucci & Proffitt，2009）。Schnall 等（2010）发现，具有消极情绪的人也同样产生了对山体坡度的高估，而积极情绪与中性情绪对坡度判断没有影响。其二，消极情绪抑制了人们基于生理需求的优势认知加工。Winkielman 和 Berridge（2004）启动被试的阈下情绪后观察被试品尝新饮品的行为，发现在积极情绪条件下，口渴的被试比不口渴的被试愿意付出更多的钱来购买饮料；在消极情绪条件下，口渴的被试却表现出不愿意支付更多的钱。其三，情绪的具身性越强，其对认知加工的影响越明显。在研究厌恶对道德态度影响的实验中，实验者用量表测量了被试对自己身体反应的关注程度。结果发现，厌恶情绪的被试对道德事件的判断标准提高，并且关注自身身体反应的被试的判断标准显著高于不关注自身身体反应的被试。这些研究都表明，情绪对认知的影响程度受到情绪具身性的影响，不过这类研究还处于开始阶段，较为薄弱，且直接针对优势认知加工展开的研究较少，需要今后进行更多的探讨。值得一提的是，具身观点与情绪信息理论二者并不冲突，前者可能是后者的生理机制之一。也有人认为，二者可能共同解释了消极情绪的抑制作用（Riener et al.，2011）。

（五）契约打破观

Baumeiste 等（2005）提出了社会排斥的契约观点，他们认为社会排斥和自我控制之间的契约关系会影响被试对认知过程的加工。内在契约存在于自我与社会之间，人们会控制自己的冲动来赢得社会接纳等利益，而社会排斥打破了这种内在契约，被排斥者认为控制冲动不会得到利益，因此不愿意进行自我控制，从而影响了认知表现。在实验中，被社会排斥者在解决难题时更容易放弃，在双耳分听任务中表现出较差的注意力。但被试不是不能而是不愿意控制自己的冲动，金钱、他人的接纳等是恢复契约的动机。在告知被试双耳分听实验中的表现将与报酬挂钩后，被排斥的被试与控制组被试的表现没有差异。在 De Wall 等（2008）的实验中，当自我控制与他人接纳无关时，被排斥者在自我控制上的表现较差；当告知被试自我控制的表现可以证明其是否拥有可以赢得别人接纳的特质时，被排斥者能有效地进行自我控制。契约的观点较好地解释了社会排斥后自我控制的转变，对自我控制的管理有很好的指导意义，但对被排斥者在复杂任务与简单任务中的表现差异不能给出较好的解释。对于社会排斥后契约打破与情绪抑制是否同时存在，共同降低了自我控制能力，并导致了认知表现的不尽如人意，今后还需进一步研究。

四、社会排斥后心理反应的研究趋势

（一）提高社会排斥范式的生态效度

以往社会排斥后认知反应的研究涉及的角度相当广泛，不仅包括感知觉、注意、记忆、思维、智力等基本认知过程，也不乏对敌意、社会角色、价值信念等社会认知过程的关注。不过，多数研究诱发社会排斥的实验范式生态效度不足。有研究者认为，以往研究中常用的网络投球任务中被忽视、合作任务中被拒绝、想象排斥情境、阈下呈现排斥词等实验范式都主要诱发了短暂排斥，这不同于歧视和偏见等长期排斥（De Wall et al.，2011）。因此，在实验范式方面，今后还需采用追踪等更具生态性的方法，给予长期排斥的认知反应更多的关注。在研究取向上，排斥者和被排斥者不是静态的互动关系，对于社会排斥的认知反应，还需被纳入动态的持续性互动关系中来探讨。在研究效度上，应该在实验设计中加入确认社会排斥是否被诱发及其强度的程序，以提高实验的内部效度，而且可以采用更具生态性的实验方法和更为贴近生活的实验材料，以提高实验的外部效度。

（二）重视个体差异的研究

社会排斥后，人们认知反应的基本趋势是向有利于满足个体归属需要的方向偏移，但被试的具体表现则存在个体差异。眼动研究表明，社会焦虑的人在受到排斥后注意社会接纳信息的时间更长（De Wall et al.，2011）。Zadro 等（2006）的研究发现，相对于一般个体，高焦虑的被试在遭受社会排斥后，消极情绪在较长时间内都难以平复。由此可以推测，社会排斥后认知反应既存在共同的变化趋势，也有明显的个体差异。因此，由于个体差异的研究不仅有利于解释社会排斥认知反应的机制，也具有维护心理健康的现实意义，今后需要更加关注抑郁、自尊、社交退缩、宽恕等其他影响认知反应的个体变量。此外，文化差异也是一个重要的研究方向。例如，"独立我"和"互依我"的文化自我框架、人际交往中的差序格局模式、东西方不同的家庭观念和宗教态度等。

（三）加强对认知调节策略的探索

虽然在社会排斥后人们的认知反应有助于获取归属需要，但是由于其对认知资源的占用以及对自我控制等方面的损害，还是会给人们的日常生活带来诸多消极后果。因此，今后有必要对认知调节策略进行深入的研究。Burson 等（2012）研究了自我价值肯定对社会排斥反应的调节作用。其将自我价值肯定分为自我强化与自我超越。前者与维持或强化一个人在社会阶层中的地位以得到他人的赞赏与承认有关，包括财富、权利、影响力等；后者强调与他人或社会保持和谐的关系，包括诚实、同情、支持他人等。实验结果表明，自我强化与自我超越都减缓了社会排斥后自我控制力的降低，且后者比前者的效果更好。社会排斥会给人们带来巨大的压力，个体也会根据自己的认知偏好采取或积极进取或消极逃避的调节方式，积极或消极的归因风格、进取或防御性调节聚焦策略等都会影响被试对排斥事件的应对。因此，深化社会排斥认知调节策略的研究，将有助于人们更好地处理排斥事件。

（四）推进多水平研究

在研究水平上，以往社会排斥的认知反应研究多集中在个体水平，群体水平和组织水平的研究还比较缺乏。事实上，这些方面的研究可能对指导社会生活更具有实践价值。另外，以往社会排斥认知反应多行为研究，相关的神经机制研究才刚刚起步。目前，主要涉及的成分是 N2 和 P3 成分。N2 成分出现在前扣带回的额中央区，与错误反应有关，其振幅会随着冲突被激活程度的增强而增加。P3 的振幅与注意资源的分配有关，较大的 P3 振幅代表了更多的注意资源分配（Polich，2007）。Khatcherian（2011）采用网络投球任务的实验结果表明，社会排斥事件引发了更大的 N2 和 P3 振幅。而且，N2 和 P3 在社会排斥的早期比后期显示出了更大的振幅，这可能是因为社会排斥导致的神经冲突强度在逐渐下降，被试在逐渐习惯被忽略，也可能是因为神经预警系统在持续的冲突信号下变得疲惫。此外，Khatcherian 没有发现社会焦虑水平的高低与两个成分振幅变化有关联。因此，Khatcherian 推测，焦虑水平的个体差异可能只出现在自我报告的行为水平，而不是神经生理水平。社会排斥相关的神经生理水平的研究不仅有利于揭示认知反应的神经机制，还可以更好地探讨行为反应和生理反应的差异，这有利于更为精确地把握社会排斥认知反应的实质。

第二节　社会排斥后的调节策略

社会排斥是人类在生活中普遍存在的一种社会现象，它会对个体的认知、行为和身体等方面产生广泛的影响（De Wall & Bushman，2011）。人们可以通过各种反应来恢复受到威胁的交往需要,除了反社会的攻击行为以外,被排斥的个体倾向建立新的人际关系。这源于人类深刻的归属需要(Baumeister & Leary,1995;Echterhoff et al.,2009)。如果这种需要未能得到满足,就会给人的心理造成严重的伤害。有证据表明,社会交往的缺乏会导致免疫系统功能障碍(Kiecolt-Glaser et al.,1984)、睡眠质量差(Cacioppo et al.,2010)、外周阻力加大(Hawkley et al.,2003),甚至会加大死亡的危险(House et al.,1988)。

在进化史中,人类祖先一直追求趋利避害,为了适应排斥后暴露的威胁甚至死亡,个体会产生适应性反应。社会排斥后的调节策略主要取决于个体能否被重新接纳,如果有可能,他们会对积极的社会联系产生兴趣并进行自我调节(Williams & Nida,2011)。研究表明,被排斥的个体会对微笑面孔的识别给予更多的关注(De Wall et al.,2009),在有机会与他人合作时,会更主动地结交新朋友(Maner et al.,2007)。

一、社会排斥后的自我调节策略

(一)自我导向的调节策略

1. 重塑自我概念

个体被排斥后会尝试采用多种方式接触他人、进行自我调节来寻求接纳。当归属需要受到威胁的时候,人们会改变自我概念,试图通过自我概念的优化来增强社会联系,优化自我概念可通过两种形式:一是扩大自我概念,将新的特性纳入自我概念中,实现自我提升;二是修正自我概念,甚至根本性地改变现有的自我认知,使自我变得更类似于一个潜在的朋友,实现自我修正。

当社会环境变化的时候,自我概念也会变化。例如,当个体的社会网络变化的时候,儿童的自我概念是最有可能发生变化的。成年自我概念的改变,最有可能发生在生活环境出现重要转变或者亲密人际关系的构建中(Aron,2003)。例如,在恋爱中,个体通常会扩大自我概念来包含另一半的特点,将其认同为自己的身份特征(Aron et al.,2001;Aron et al.,1991)。在亲密关系中,双方共享在一起的时间、资源和自我表露,这样有助于个体扩大他们的自我概念。例如,当已婚人士被问及自我和配偶的特性之间的区别时,通常会感到困惑。因为他们已经扩大了自我概念,其自我概念里包括配偶的特性,很难分辨出哪个特性是自己的、哪个特性是配偶的。

改变自我概念并增加同潜在伙伴的相似性，有利于增加好感、促进人际关系。当个体遭受社会排斥时，强烈的归属需要会唤醒自我概念的可塑性，促使个体增加自我调节。Stenseng 等（2014）让大学生先用 10 个人格特质进行自我评价，然后再筛选出 10 个与自己无关的特质，并将它们放在潜在朋友的特质中，两周以后进行抛球游戏的社会排斥操作，之后告知被试有一个潜在的朋友，并给其看潜在朋友的照片和资料，资料中包括被试不具备的无关特质。最后，让被试再进行一次人格自我评价。结果显示，被排斥后，被试的自我概念扩大了，其自我评价中包括潜在朋友的特质。

2. 自我价值肯定

自我价值肯定是指通过肯定那些与威胁自我无关信息的价值，来增强自我价值感和自我完整性，以便减少或者缓解威胁的负面影响。例如，可以让被试写个人重要的价值观念以及为什么这么写，这种操作可以显著减弱吸烟者对于吸烟引发健康问题的防御性（Crocker et al., 2008）。自我价值肯定也能减弱喝咖啡者对于咖啡引起消极健康信息的防御性（McQueen & Klein, 2006）。自我价值肯定理论假设，写下重要的价值观念可以缓解社会排斥对自我的威胁，通过自我整体性提醒，有利于恢复积极自我形象，提升自我价值感。Crocker 等（2008）则指出，写下重要价值观念可以缓解社会排斥威胁的影响，但它不是通过强化自我，而是通过提醒人们关注自我之外感兴趣的人或事来减少对自我形象的沉迷。

Burson 等（2012）把自我价值肯定分成两个维度：自我提升和自我超越。自我提升维度指向财富、社会权力、野心、社会认可、成功和影响力等内容，是维持或者提升一个人的社会地位、获得在社会结构中的认可、提升自我形象的策略。自我超越维度指向诚实、正直、同情、怜悯、支持他人和维护环境等与社会支持、人际和谐相关的价值，可以缓冲社会排斥的自我威胁，减少对自我形象的关注。在个体面对威胁信息的时候，这些超越自我以外的价值观念可以起到缓冲的作用，尤其是促进个体的关注点从"小我"转移到更广阔的视野，突破自我形象中心主义，致力于更高层面目标的实现和建设性关系的构建。分别让被排斥的个体在两个维度的操作中写下重要价值排名和原因，实验结果显示，相对于自我提升，自我超越可以有效地阻止自我受到威胁之后的不良反应，尤其是可以防止社会排斥后自我控制水平的降低。

3. 强化互依我

Markus 和 Kitayama（1991）提出了互依我和独立我的概念，强调在不同的文化中，人们在看待自我和他人的关系上会持根本不同的视角。美国人和欧洲人解释自己，重视从根本上将自我与他人分开，建立独立我。东方的中国人和日本人重视在和他人连接的基础上构建自我概念，自我的界定与他人密切相关。自我建构不仅影响自我认知，也会影响个体经验以及如何解释社会事件。高相互依赖的自我建构个体更愿意去寻求与他人保持联系，而高独立的自我建构个体则更热衷于寻求维护个性和与他人的分离。因此，被排斥的个体如果存在相互依存的自我建构，就会有更强烈的人际交往动机来唤起自我恢复，摆脱社会排斥带来的不良影响。Ren 等（2013）的研究指出，互依我可以缓解社会排斥带来的影响。研究者启动自我构建，将参与者随机分配到互依我和独立我建构组，然后进行社会排斥操作。结果显示，有相互依存自我建构的被排斥者有足够的人际交往动机恢复自我。

（二）认知导向的自我调节策略

1. 更关注积极信息

社交是极其复杂的，众多刺激都在争夺人们的注意。由于注意资源有限，个体必须选择性地注意他们所在的社会环境。Baumeister 等（2002）的研究发现，社会排斥后的个体会通过压抑情绪来应对痛苦，这种情绪的压抑会占用认知资源，进而损伤个体的认知过程。Claypool 和 Bernstein（2014）的研究指出，事物的个性化特征需要调动认知资源去评价，由于刻板印象对认知资源的依赖低，当个体不愿意占用认知资源或者在处理问题的过程中认知资源受到限制的时候，刻板印象就容易发生。简而言之，当个体没有丰富的认知资源或者是动机驱使的时候，刻板印象就会快速产生，因为提取或者使用个性化的信息需要消耗资源。因此，相对于没有被排斥的个体，被排斥的个体会产生更多的刻板印象。但这只是发生在没有可能重新建立人际关系的时候，如果个体有被接受的潜在可能，被排斥的个体就会动用认知资源去关注潜在朋友的个性化方面，减少对刻板印象的关注。

改善注意力可以加快社会排斥后归属需要的恢复速度。Molet 等（2013）在研究中指出,训练参与者的注意力可以减少社会排斥后的痛苦体验。在正式实验前,实验组先训练参与者的注意力,诱导个体进行冥想、放松,持续12min,每次放松30~60s,控制组则回想一天的生活,然后进行社会排斥的操作。之后,立即测量当下的感受和基本需要。3min后,再次测量,同样要求被试写下当时的感觉。结果表明,排斥结束后,实验组和控制组的基本需要没有显著差异,短暂的延迟测量结果显示,集中注意力的训练可以快速恢复个体的基本需要,虽然集中注意力训练不能减少社会排斥经历带来的痛苦,但是可以防止参与者重温被排斥经历。

2. 对社会线索更敏感

社会排斥会激发个体强烈的人际沟通愿望,因此在所有应对排斥的反应中,最适合的是成功地与他人建立联系。为了实现这一目标,被排斥的个体在处理社会信息的时候会非常谨慎,他们似乎也拥有重新获得接纳所需要的敏感的社会直觉和自我调节技能。Pickett 和 Gardner(2005)的研究指出,当发现自己的归属需要受到威胁的时候,个体的社会监控系统将会激活,它会扫描周围可能存在的社会线索和社会交往机会,寻求迅速改变归属需要。相对于归属需要低的个体,被排斥的高归属需要个体会增强对社会信息的记忆能力(Gardner et al., 2000)。Pickett 等(2004)的研究结果显示,社会排斥威胁可以增加对社会线索知觉的敏感性。例如,高归属需要的被试会因为受到消极评价的影响,在完成 Stroop 任务时分心,在判断快速呈现的面部表情时特别准确,这两种反应都体现了他们对社会线索的关注。

(三)情绪和关系导向的调节策略

1. 动机导向的调节策略

调节聚焦的理论认为,个体对目标的追求存在两种动机模式:促进聚焦和防御聚焦。促进聚焦代表成长的需要,而预防聚焦代表安全的需要(Molden et al., 2008)。以促进动机为中心的个体倾向寻求奖励,并力争取得积极地成果。相比之下,以预防动机为中心的个体会警惕潜在的损失,他们不仅会寻求安全的反应,对失败也更厌恶且敏感性高。社会排斥是一个危险信号,会促使个体优先选择防御目标。Park 和 Baumeister(2015)用 4 个实验证明了社会排斥会导致促进性动机转向防御性动机。实验一表明，长期感觉到缺乏社会交往的孤单个体报告了很强的防御性动机和相对较弱的促进性动机。实验二和实验三分别用不同的社会排斥启动范式，证明被排斥的个体报告了更强的防御性动机。实验四发现，在再认任务中，参与者被要求回答哪些词是在先前的实验中呈现过的。结果表明，社会排斥导致了保守的反应偏差，被试会更多地认为这些词在之前没有出现过，而社会认可则使被试产生冒险的反应偏差，更多认为这些词出现过，而且防御聚焦的个体回答问题的速度比促进聚焦个体慢，回答问题时也很谨慎，以此避免出现错误。

2. 情绪导向的调节策略

De Wall 等（2011）提出，社会排斥增强了无意识的情绪管理，个体会更偏好包含积极情绪的信息。在实验中，相比被社会接受的参与者，被排斥的参与者会回想起更多童年的积极记忆；在词性的相似性判断方面，排斥组的参与者更多地偏向积极情感词；在填词任务中，被排斥的个体将更多的词添补成积极的词汇。研究者指出，社会排斥后启动无意识的认知过程，其目的是增加人际和谐及亲社会反应。De Wall 等（2011）认为，产生无意识积极情绪信息偏好可能与保持积极的心理健康有关。研究者对这一假设进行了检验，研究结果表明，这个积极自动情绪调节的过程主要存在于低抑郁症状参与者和自尊程度高的参与者中，即社会排斥后心理健康的个体也可能存在积极情绪信息偏好中。

3. 关系导向的调节策略

在经历社会排斥后，人们会通过适当的反应来调节归属需要，会寻求与熟悉或者是友好的人重新建立人际关系，并诋毁不熟悉、有敌意的个体。如果被排斥的人认为调节后的人际关系可以重新被社会认可和接受，那么个体会产生亲社会行为，对于陌生的人也更友好，产生促进性动机。如果被排斥的人认为调节后的人际关系无法改善社会认可，他们可能会产生攻击行为或者逃避行为。De Wall 等（2008）在研究中指出，当被排斥者执行的任务与社会能力有关时，自我调节的损伤会减少。当这项任务是与社会能力无关的健康水平诊断时，自我调节能力的损伤是没有变化的。值得注意的是，无论是否与社会能力有关，被社会接受和认可的参与者的自我调节能力都没有任何变化。这符合标准的归属需要动机模式：挫败感使自我调节动机加剧，而饱和的社会需要会导致暂时减少这种动机冲动。被社会认可的人通常擅长自我调节，但不愿意为自我调节而努力，因为虽然这种自我调节意味着获得社会认可，但是事实上他们已经获得了。

二、社会排斥自我调节策略的影响因素

1. 社会焦虑

先前的许多研究表明，社会排斥会影响人类的四项基本需要：归属需要、控制需要、存在意义需要和自尊需要。这种消极的影响是明显的，且持续时间长。因为社会焦虑的个体不会做出调节，社会排斥对他们的影响更大，恢复自身的需要也更慢。Oaten等（2008）通过实验证明，高社会焦虑的被排斥个体，对基本需要受损的自我调节持续时间更长。实验表明，相对于被社会认可的参与者，被社会排斥的参与者会报告出更多高水平的放逐感和吃更多不健康但美味的饼干。45min后再次测量，只有高社会焦虑的参与者继续报告高水平的放逐感以及过度饮食，社会焦虑直接与害怕社会排斥相关。Wells（1995）在社交恐惧症的认知模型中指出，社会恐惧症的核心成分是害怕负面的评价和消极的自我意识，而且社会焦虑的个体容易反复地思考他们在社会交往中的表现，这都不利于被排斥者进行自我调节。

2. 反应风格

在情绪调节策略中，反刍思维是消极认知重评的模式，是一种不良的反应风格，往往表现在对痛苦事件的被动和重复的思考中。反刍思维经常会导致适应不良，并延长痛苦，促使个体倾向使用宿命论解释痛苦事件，阻碍以积极方式解决问题（Kuster et al.，2012）。反刍思维还会增加人们对于挑衅事件的攻击行为（Caprara et al.，2007）。Wesselmann等（2013）的研究结果表明，虚拟的投球游戏会启动社会排斥，参与者分别接受反刍的操作和分心的操作。结果显示，在反刍条件下，社会排斥的参与者对于基本需要的恢复要比分心操作时慢。Williams（2009）认为，认知评估和归因信息有助于归属需要的恢复。例如，鼓励个体将自己从被排斥的事件中解脱出来、站在观察者的角度看问题可以促进排斥产生后的消极影响的降低（Lau et al.，2009）。

3. 群体归因

面对偏见或者歧视，群体中的个人是保护还是伤害他人，都依赖于对群体的归因，社会排斥就是这样的偏见事件。Wirth 和 Williams（2009）在研究中提出，被排斥的参与者可以将排斥归因于一个临时性群体，例如，通过任务分配而形成的群体；也可以将被排斥归因于一个长久性群体，例如，根据性别区分的群体。研究发现，归因于暂时的群体时，其基本需要恢复的速度比归因于长久性的群体快。暂时性群体成员并不是一成不变的，群体维持的时间也不长。长久性的群体分类是由自身特征形成的，是自我无法改变的，所以个体就会扩大这种消极影响。Goodwin（2008）的研究表明，如果将被排斥解释为固定化的种族标签，这个排斥的恢复就比没有归因于种族歧视的排斥恢复的慢。

4. 社会文化

社会文化会导致个体产生不同的行为意图。在个人主义文化中，基于社会的规范会产生独立我的建构，这种个人主义文化主要是存在于北美和西欧；集体主义文化会产生互依我的建构，这种集体主义文化主要存在于亚洲、非洲或南美洲。Markus 和 Kitayama（1991）的研究指出，独立我对于自我的解释是通过个人属性：他们尤其关注个体的独特性、自主性。相反，互依我是基于与其他人联系的，他们在群体关系中优先选择群体和谐、人际关系和相互依赖。自我概念之间的差异不仅存在于行为层面，还存在于脑神经的研究中。核磁共振成像研究表明，自我激活的脑区与亲密他人激活的脑区在集体主义倾向的被试中是相同的；然而，面对相同的任务时，个人主义的被试则显示出了不同的脑区激活（Zhu et al., 2007）。Pfundmair 等（2015）的实验也表明，相比集体主义参与者，个人主义参与者在排斥后会表现出更多的反社会行为。

5. 金钱意识

金钱被认为是一种社会资源，人们可以通过操作金钱来填补社会系统所产生的不足（Lea & Webley, 2006）。Baumeister 等（2005）在研究中指出，被排斥或者被拒绝可以导致自我调节的损伤。个体由于缺乏自我调节和自我控制能力，很少选择难喝健康的饮料，会选择吃更多可口但是不健康的饼干。同样，被排斥的参与者会更早地退出一项令人沮丧的、不可能完成的任务。参与者在进行双耳分听的实验中会出现注意监控障碍。这些表现都表明，被排斥的参与者存在自我调节障碍。研究还指出，在排斥后给参与者现金奖励，自我监控障碍可以消除。在进行双耳分听任务之前，给予被排斥的个体现金奖励，结果显示，奖励组与没有被给予现金奖励的被试的反应存在显著差异。被排斥参与者的自我调节能力本身也是可以调节的，只不过通常他们不愿意付出努力去调节，现金刺激正好启动了他们的自私动机，足以使他们有效地进行自我调节。

三、社会排斥调节策略的研究趋势

（一）增加社会排斥调节策略的纵向研究

社会排斥是一种普遍的社会现象，研究人员几乎都在实验条件下研究社会排斥调节策略的即时影响，但很少涉及调节策略的纵向研究。社会环境可以塑造一个人的行为，大多都是依据纵向研究得出的结论。Stenseng 等（2014）曾用纵向研究方法研究了学龄儿童经历社会排斥后的行为反应，由老师报告社会排斥情况，家长报告攻击行为和合作行为情况。研究者追踪了4~6岁孩子的行为反应，结果显示，遭受社会排斥的孩子表现出了更多的攻击行为，结果支持了归属需要理论。纵向研究有利于说明社会排斥对孩子的长期影响，找到发展过程中影响儿童行为的危险性和保护性因素，也有利于提高社会排斥之后调节策略干预的时效性和针对性。

（二）重视社会排斥后虚拟网络的调节作用

随着网络的快速发展，手机上网成为当下最流行地新时尚。伴随着手机聊天软件和论坛的兴起，被社会排斥或者感觉到孤单的个体可能会通过这些方式进行调节，重新和社会或个体沟通。一些研究显示，当被排斥的个体有可依赖的互动资源时，其归属需要会提高，排斥的负面影响也会降低，可见网络交流可以缓解由被拒绝而导致的社会需求满足下降和攻击行为增加。这是一种可能的替代方法，可以用来调节被排斥者在尚未恢复现实人际互动期间的归属需要，因为虚拟的网络可以看作是被排斥者被接受和被包容的资源（McConnell et al.，2011）。

（三）增强调节策略效果测量的生态效度

许多国家都存在社会排斥的问题，排斥产生的消极影响值得人们反思。Leary（2001）发现，在 1995—2001 年的 15 起校园枪击案件中，13 个枪击案的主犯都曾遭到严重的社会排斥。因此，社会排斥后的调节策略更加值得重视。前文介绍了认知、人际关系、情绪、自我、动机方面的调节策略，这些策略有的是无意识的，有的是有意识的，但大多数研究关注的是短暂反应，没有对长期的调节效果进行检验。因此，在实验研究方面，今后还需要采取追踪等更具有生态性的方法，给予排斥后调节策略的长期效果更多的关注。在测量方法上，研究者在今后应该增加生理测量指标。Eisenberger 等（2003）基于社会排斥的神经生理基础，进行了功能性磁共振成像研究，以确定社会痛苦激活的脑区是否类似于身体疼痛激活的脑区。研究发现，社会排斥会激活 ACC，这将激活副交感神经系统并导致心率减慢，因此可以通过测量心率的快慢来反映排斥后调节的恢复。

第四章

社会排斥与个体心理的实证探索

第一节　社会排斥和工作记忆

人类的本质属性是社会性，被他人或团体接受是人类最基本的动机，社会排斥是普遍存在并且非常有效的一种惩罚方式。在社会生活中，每个人都有过社会排斥的经历，社会排斥可能会导致个体更具攻击性，甚至产生自我损害行为。个体的认知资源是非常有限的，并同时用于多种不同的任务，如调节认知、控制情绪、抑制冲动等。Baumeister 等（2002）认为，受排斥的个体通过情绪压抑来缓解排斥威胁，会占用大量认知资源，削弱自我调节所需要的资源，导致自我调节失败，从而影响了需要意识控制的认知活动。

社会排斥对个体自动化认知任务无显著影响，却严重损害了个体意识控制的认知活动。认知资源减少只会降低需要意识控制的认知任务的成绩，而不会影响简单自动化的认知活动。自我调节能力与需要意识控制任务的成绩显著相关，却对简单的自动化任务无显著影响。个体认知能力是解决问题和了解未知环境的主要决定因素，而工作记忆对学习、推理、语言理解及问题解决等认知活动都具有关键性作用。De Wall 等（2008a）的研究证实，相对于低负荷认知条件，高负荷认知个体的逻辑推理成绩更低。工作记忆可能是社会排斥导致个体工作效绩下降的重要心理机制。但到目前为止，社会排斥对工作记忆影响的直接实证研究却很少。研究社会排斥对工作记忆的影响，可以深化社会排斥的心理机制研究。

一、国内外研究概况

（一）社会排斥研究概况

1. 社会排斥与情绪加工

归属需要是人类在长期进化选择过程中形成的一种内在的、最基本的心理需求，被他人或团体接受是人类最基本的动机，因此在各个年龄组和不同文化背景下，社会排斥都是普遍存在并且非常有效的一种惩罚方式。人类对人际关系中的消极方面是非常敏感的，如被排斥或被放逐（Williams，2009）。在社会关系中被排斥的个体在心理上承受着大量暂时或长期的威胁，因此被排斥的个体对潜在的被拒绝信息非常敏感。Bernstein 等（2010）的研究显示，社会排斥能提高个体辨别真假微笑的能力。当归属需要在当前的社会关系中受阻时，个体就会更加关注新的接纳信息，寻求建立新的社会关系网络。

De Wall 等（2009）的研究表明，社会排斥增强了对微笑表情的选择性注意，他们采用孤独终老范式和拒绝范式两种方式对被试进行社会排斥处理，然后让被试进行视觉搜索任务，其需要在大量自然面部表情中搜索微笑、生气和悲伤的面孔。结果显示，相对于其他组被试，社会排斥组能更快地搜索到微笑表情。De Wall 等（2009）还对被试的眼动轨迹进行了考察，发现社会排斥组的被试在搜索面孔时，对微笑面孔的注视时间更长，并且从微笑面孔上转移注意更慢。有研究还发现，具有较强归属需要和受到社会排斥的个体会选择性地记忆更多的本族成员面孔，即归属需要和社会排斥还会在面孔识别中激发个体的本族偏见（Bavel et al.，2012）。

人们能察觉出引起厌恶的相当微妙的被排斥线索。Williams 等（2000）开发的网络投球游戏是心理学和神经科学研究中用于操作社会排斥的经典范式。在这个范式中，2 个或 3 个匿名游戏者扔球给被试或其他人，对被试进行被排斥或被接纳的实验操作。利用网络投球范式进行的社会排斥研究显示，社会排斥降低了个体的归属感、控制感和自尊等。即使被试意识到其他游戏者对自己不是很重要，也产生了社会排斥反应。研究还发现，被放逐个体表现出显著的消极情绪（Williams et al.，2000）。因此，社会排斥可能是导致个体产生社会焦虑的主要原因之一（Pejic et al.，2013）。

Baumeister 等（2002）采用孤独终老范式把被试分成被排斥组、不幸组和接纳组，采用量表对被试进行了详细的情绪评估。结果发现，与其他组被试相比，被排斥组被试报告了更多的消极情绪，而个体的积极情绪却无显著差异。很多研究也假设，社会排斥引起的压抑情绪会导致个体的非理性、目光短浅甚至自我损害。Twenge 等（2003）采用一般情绪量表对被试进行研究发现，与其他组被试相比，被排斥组的消极情绪和积极情绪均无显著差异。研究者认为，对被试的情绪测量一般都是自我报告法，这不能反映被试的真实情绪状态。为了排除测量方法的影响,研究者改用内隐任务对被试的情绪进行测量。在实验中告知被试,计算机屏幕上首先会闪烁一个词,而实际上出现的是空白屏幕;然后,让被试在接下来屏幕上出现的4个词中圈出他们看到的词,包括1个情绪词,3个其他词,情绪词是9个消极情绪词和9个积极情绪词的一个。结果显示,相对于其他组,被排斥组被试圈出更少的情绪词,社会排斥导致个体压抑了自己的情绪,产生了情绪麻木。

2. 社会排斥与认知加工

Anderson 和 Bushman(2002)提出了攻击行为的一般模式,认为情境引发的攻击性行为经常是因为激活了个体的认知偏见,具有攻击性的个体可能倾向对中性或模棱两可的事件进行攻击性反应,或把与他人的交流过程中的中性想法看成敌意的,即敌意认知偏见。排斥组个体在完成词干补笔任务时,更多地把词组填成敌意词(De Wall et al., 2009)。对以上研究结果的分析表明,社会排斥导致个体产生更多攻击性行为,主要是因为个体的敌意认知偏见。

Baumeister 等(2002)的研究表明,社会排斥严重削弱了个体需要意识控制的认知过程。在实验一中,研究者对被试进行了一般心理能力测验,主要包括语言推理能力、数学运算能力及空间想象能力。结果发现,相对于其他组被试,被排斥个体回答问题的速度显著下降,并且智力测验的错误率显著高于其他组被试。在实验二中,研究者对记忆的再认和编码分别进行了检验,在再认研究中,首先让被试阅读一段文章,并进行回忆,然后对被试进行社会排斥处理;而对记忆编码研究则先进行社会排斥处理,然后再进行记忆操作。结果显示,社会排斥影响了个体的再认成绩,而对编码过程无影响。最后,研究者检测了社会排斥对个体的逻辑推理能力及机械记忆能力的影响。结果表明,个体的逻辑推理能力受到社会排斥的抑制,但个体的机械记忆成绩却没有受到影响。可见,社会排斥损害了人们有意识的认知能力,而对自动化认知过程则无影响。Walton 和 Cohen (2011)通过干预美国黑人学生归属需要,考察了它对学业成绩的影响,研究表明,相对于控制组,干预组美国黑人学生的学业成绩显著提高。

有研究还表明,社会排斥会导致个体高估时间间隔,更加关注现在,倾向选择短期受益任务,回避自我调节等。研究中,Twenge 等(2003)让被试对两段不同的时间间隔进行估算,结果发现,与其他组被试相比,受排斥个体对两段时间间隔都显著高估。接着，对被试进行了延迟满足测验，让被试帮助朋友在两种工作中进行选择。结果显示，社会排斥促使个体倾向选择短期受益的任务。同时，用两个时间取向自评量表对被试施测，结果表明，被排斥的被试更可能考虑现在，而不是关注将来。他们还利用快速反应游戏测量了被试在此任务中的反应时，除在第一轮测验中被排斥组的被试反应更慢外，在接下来的测验中，被排斥组被试与其他被试的反应时均无显著差异，社会排斥降低了个体注意转移的能力。

Baumeister 等（2005）认为，受排斥个体通过情绪压抑来缓解排斥威胁，这会占用大量的认知资源，削弱了自我调节所需要的资源，导致自我调节失败，影响了需要意识控制的认知活动。社会排斥对个体自动化认知任务无显著影响，却严重损害了个体意识控制的认知活动。同时，相关研究也表明，情绪调节显著降低了个体的工作记忆广度，个体的情绪压抑增强了在 Stroop 任务中的认知干预效应（Schmeichel & Brandon，2007；Shamosh & Gray，2007）。认知资源下降只会降低需要意识控制的认知任务的成绩，而不会影响简单自动化的认知活动。自我调节失败与多种问题行为相关，研究显示，受排斥个体会过度食用大量不利于健康的饼干和饮料，产生更多冲动消费和攻击性行为（Baumeister et al.，2005）。

有限资源理论认为，自我调节的失败是个体认知成绩显著下降的主要原因。Olsson 等（2013）的研究发现，社会排斥导致个体倾向对中性面孔图片形成敌意认知，研究者暗示其最根本的原因也可能是受排斥个体自我调节能力出现了紊乱。Twenge 等（2003）认为，社会排斥导致个体回避自我意识，不愿意面对自我失败及消极的情感体验，导致个体通过认知瓦解状态进行自我防御。支配注意资源分配、控制加工过程等高级认知任务的执行系统是工作记忆的核心，与其他认知活动共享有限的资源，情绪调节所用认知资源可能会削弱执行系统的功能，导致个体工作记忆成绩下降。

工作记忆是个体执行认知任务时暂时储存有限信息并及时提取和灵活运用相关信息的心理过程。工作记忆能力缺陷可能会导致被排斥个体的行为调节、认知灵活性和抽象思维等方面的能力显著下降。De Wall 等（2008a）的研究也证实，相对于低负荷认知条件，高负荷认知个体的逻辑推理成绩更低。执行功能理论认为，受排斥个体在需要意识控制的认知中表现下降，主要是因为工作记忆紊乱，而至今为止对此假设的直接实证研究甚少。

3. 社会排斥的加工机制

神经影像学研究显示,背侧前扣带回(dACC)主要作为信息程序中的神经"预警系统"或冲突监测系统,当个体目前的处境与当前目标产生冲突时,大脑的这个区域会自动被激活。研究发现,社会排斥显著激活了dACC,而接纳组被试无显著变化。同时,dACC的激活与被排斥个体自我报告的社会性疼痛呈显著正相关(Eisenberger et al.,2011)。其他研究也表明,dACC参与了社会排斥(De Wall et al.,2012)。右腹侧前额叶(right ventrolateral prefrontal cortex,rVLPFC)与被排斥个体自我报告的社会性疼痛呈显著负相关。大脑的这个区域主要负责抑制负面情绪及生理疼痛相关的痛苦。由此可见,rVLPFC在调节社会性疼痛中具有重要作用(Yanagisawa et al.,2011)。

采用功能磁共振成像技术,利用网络投球范式操纵社会排斥的研究显示,相对于接受组,社会排斥同时激活了dACC和rVLPFC(Taishi et al.,2012)。同时,社会排斥引发的大脑rVLPFC区域活动与自我报告的社会性疼痛呈显著负相关,而dACC则相反。这些研究显示,rVLPFC对调节社会性痛苦发挥着重要作用,而dACC则主要负责探测社会排斥线索。同时,其他相关研究表明,右侧脑岛、腹侧前扣带回等大脑区域也参与了社会排斥过程。以往对社会排斥相关神经机制的研究也显示,社会排斥过程显著激活了dACC和前脑岛,尤其是被排斥个体自我报告感到压抑时,这些脑区的激活程度更高(Bolling et al.,2011)。

(二)工作记忆

工作记忆(working memory)是指在执行认知任务过程中将信息暂时储存于加工资源有限的操作系统(Baddeley,2003)。作为一个备受关注的领域,工作记忆是导致个体在很多认知活动中产生差异的一个重要原因,是思维过程的基础支撑。Baddeley和Hitch(1994)提出的工作记忆模型认为,中央执行(central executive)系统是工作记忆的核心,主要用于分配注意资源,控制加工过程,包括记忆策略的选择与计划。中央执行系统用于支配很多工作记忆的子系统,本次研究主要关注工作记忆的两个子系统:语音回路(phonological loop)和视觉空间模板（visuospatial sketchpad）。语音回路主要负责以声音为基础的信息储存与控制；视空间模板主要负责储存、利用和加工视空间信息，这两个子系统通常分别被归属于言语工作记忆和空间工作记忆。

1. 言语工作记忆

利用正电子断层扫描技术进行的研究显示，言语工作记忆主要激活了大脑左半球（Smith et al.，1996）。言语工作记忆主要负责储存和加工以声音为基础的信息，个体的语音系统对其起着至关重要的作用（Baddeley & Logie，1999）。采用功能性神经影像学技术进行的研究表明，对言语信息以语音形式进行短期储存时，显著激活了左侧下顶叶脑区，而更新不断消退的短期储存记忆信息的默读复述机制主要依赖于左额下回后部的布罗卡区、左侧前运动区及小脑部分（Fiebach et al.，2006）。

已有研究显示，与其他正常个体相比，自闭症患者的机械记忆无显著差异，而其他形式的记忆可能存在功能紊乱（Minshew & Goldstein，2001）。言语工作记忆主要依赖于机械的语音复述，不需要占用很多的认知空间，因此自闭症患者的言语工作记忆可能不会受到影响。Williams 等（2005）研究了自闭症患者的言语工作记忆和空间工作记忆，研究采用了经典的 N-back 工作记忆任务和标准的测量。结果显示，相对于控制组被试，自闭症组被试的言语工作记忆无显著差异，而空间工作记忆表现出显著差异，成绩显著降低。

2. 空间工作记忆

空间工作记忆作为工作记忆系统的一个部分，也是一个容量有限的暂时储存与加工系统。利用正电子断层扫描技术进行的研究显示，空间工作记忆主要激活了大脑右半球部分（Smith et al.，1996）。已有研究表明，空间工作记忆不受言语刺激的影响（Simons & Daniel，1996）。Postle 等（2005）采用 N-back 实验范式研究了言语和非言语干扰对空间工作记忆的影响。研究者在 N-back 任务的基础上，加入一个干扰任务，要求被试对接下来呈现的言语刺激进行是名词或形容词的词性判断。结果显示，言语分心物对空间工作记忆无显著影响。在实验二中呈现动作干扰（非言语刺激），结果和实验一相反。研究结果表明，空间工作记忆的编码不依赖于言语系统。

同时，研究显示，空间工作记忆的维持需要注意的完全转移（Smyth &

Scholey，1994）。Postle 等（2005）的研究也表明，注意显著影响了空间工作记忆的成绩。Awh 等（1998）的研究表明，基于注意的空间位置复述显著提高了空间工作记忆效率。研究者对工作记忆任务进行两种实验处理：视觉工作记忆任务和空间工作记忆任务。在工作记忆保持阶段，让被试看呈现类似字母的刺激时，按键反应。研究者对字母刺激的呈现位置进行两种实验操作：刺激呈现位置与目标词的位置一致；刺激呈现位置与目标词的位置不一致。结果显示，相对于位置不一致条件，个体在一致条件下空间工作记忆任务中的反应时更短。Hecker 和 Mapperson（1997）的研究也发现了视空间工作记忆存在分离的证据，他们在实验中加入与任务无关的闪烁背景干扰刺激。结果表明，闪烁的彩色背景对视觉工作记忆产生了显著的干扰效果，而闪烁的黑白背景则严重干扰了空间工作记忆。

3. 工作记忆的加工机制

选择性注意是自上而下加工控制的注意系统，主要受期望和目标的影响，能有效提高个体的认知活动效率，这种目标导向的控制主要是在感觉皮层区域通过提高对相关信息的神经激活，并抑制无关信息的神经反应来完成的（Gazzaley et al.，2005）。有研究提供了选择性注意对工作记忆影响的神经生理学证据。研究对工作记忆任务进行了三种实验处理：只记忆刺激的颜色（视觉工作记忆）；只记忆刺激的位置和方向（空间工作记忆）；同时记住刺激的颜色、位置和方向。结果显示，随着工作记忆负荷越来越高，视空间工作记忆的反应时也在不断延长。同时，在空间工作记忆任务中发现了反映注意调节的 P1 波峰，而视觉工作记忆产生了显著的反映注意调节的 N1 成分。进一步进行统计分析发现，只有当查看无关刺激时，在视空间工作记忆任务中表现好的被试才出现了显著的 P1 和 N1 成分，反之则没有发现这两种脑电成分。研究表明，被试在工作记忆任务中的表现比较差，主要是由于对无关刺激注意的不适当分配，不能有效过滤无关信息，导致有限的工作记忆容量超载，降低了工作记忆的效率（Zanto & Gazzaley，2009）。

Awh 等（1998）对空间选择性注意与空间工作记忆进行了相关研究。研究者采用双任务干扰范式，让被试在完成空间工作记忆任务的同时，并对所给颜色干扰刺激进行判断。实验对颜色判断干扰任务进行两种实验处理：颜色刺激以小圆点的形式随机呈现在电脑屏幕的任意位置，即注意转移条件；颜色刺激以大圆点的形式出现，覆盖了空间工作记忆任务目标刺激所出现的所有位置，即静止注意条件。结果发现，随着注意转移的发生，被试在空间工作记忆任务中的成绩显著下降，其在注意转移条件下的空间工作记忆表现更差，而静止注意条件下的干扰任务没有影响空间工作记忆的成绩。

Awh 等（2000）采用事件相关电位进行的进一步研究显示，空间选择性注意对空间工作记忆的信息维持起着重要作用。研究者采用空间注意和空间工作记忆两个任务，直接对比了两种认知活动的脑电模式。结果显示，在空间工作记忆任务的保持阶段与空间注意任务的目标探测阶段同时引发了类似的脑电变化。在探测刺激呈现后的 125ms 左右，发现了定位于颞叶和枕叶的 P1 波峰；探测刺激呈现后的 150ms 左右，在顶叶区域发现了后 N1 波峰；探测刺激呈现后 190ms 左右，在额叶和中央区域发现了显著的前 N1 成分，而且探测刺激呈现在目标刺激位置时，三种 ERP 成分的波幅更大。选择性注意受到个体主观期望和目标的影响，可以帮助个体在空间工作记忆任务中激活相关刺激，抑制无关刺激，提高空间工作记忆效率。

目标导向的认知任务主要依赖于相关信息的保持与无关信息的过滤。前额叶皮层对于在大脑中维持相关信息具有关键性作用，同时它也是负责抑制无关信息的主要脑区。而且，前额叶皮层脑区的激活可以有效地引导注意分配、空间工作记忆和行动计划（Ikkai & Curtis，2011）。工作记忆的容量非常有限，因此工作记忆能力的优劣主要取决于选择性注意是否能有效过滤无关信息，通过神经抑制防止有限的记忆容量超载。有研究利用功能磁共振成像技术，采用项目再认范式，通过操作工作记忆负荷的高低以及干扰刺激，探讨了工作记忆的神经机制。结果也显示，在高工作记忆负荷和干扰刺激两种条件下都激活了双边的腹侧前额叶皮层、背侧前额叶皮层、前脑岛、前扣带回和顶叶（Macnamara et al.，2011；Fusser et al.，2011）。这些研究结果说明，前脑岛对注意资源分配起着关键性作用，可能参与了需要意识控制的认知任务。

二、研究社会排斥对工作记忆的影响的意义

社会排斥是个体被某一社会团体或他人拒绝或忽视的社会心理现象，它严重

影响着个体的认知、情绪和行为（Buckley et al., 2004）。Baumeister 等（2002）的研究表明，社会排斥会严重削弱个体需要意识控制的认知过程，认为受到社会排斥的个体会通过情绪压抑来缓解排斥威胁，这会导致大量认知资源被占用和自我调节失败，从而影响需要意识控制的认知活动。Twenge 等（2003）的研究显示，社会排斥导致个体显著高估时间间隔，更加关注现在，倾向选择短期受益任务，回避自我调节等。社会排斥使个体承受了更多的心理压力，个体需要利用更多的认知资源对这些负性情感进行调节，导致个体产生敌意认知偏见，这些行为反应可能影响了个体高级认知活动中所需要的工作记忆资源，致使个体在认知活动中成绩的下降。

工作记忆这个灵活储存系统对学习、推理、语言理解及问题解决等认知活动具有关键性作用（Just, 1992）。工作记忆的容量是有限的，无关干扰信息可能会造成有限工作记忆容量超载，削弱工作记忆，从而影响其他认知活动。De Wall 等（2008a）的研究也证实，相对于低负荷认知条件，高负荷认知个体的逻辑推理成绩显著更低。Zanto 和 Gazzaley（2009）也认为，工作记忆的优劣主要取决于选择性注意是否能有效过滤无关信息，通过神经抑制防止有限的记忆容量超载。社会排斥对认知活动的影响，可能是通过工作记忆来调节的。

Eysenck 和 Calvo（1992）认为，焦虑等负性情绪对个体认知活动的影响可能是通过工作记忆来调节的。Lavric 等（2003）的研究显示，电击威胁唤起的焦虑负性情绪严重抑制了个体的空间工作记忆，对言语工作记忆却无显著影响。研究者通过心率记录和自我报告两种方法对被试的情绪进行评估，然后让被试完成空间和言语工作记忆的 N-back 任务。结果发现，相对于安全组，电击组被试在空间工作记忆任务中的表现更差，同时电击组被试报告了更多的焦虑，并且心率也显著更高；电击组与控制组被试的言语工作记忆无显著差异。Lavric 等（2003）认为，这是因为负性情绪能快速地捕获个体的注意，而空间工作记忆的表现主要依赖于注意转移，负性情绪与空间工作记忆会竞争注意资源，导致空间工作记忆效率下降。

Shackman 等（2006）也用电击威胁的方法诱导正常人的焦虑情绪，接着利用 N-back 范式对被试的言语和空间工作记忆任务进行测试，探讨了负性情绪对工作记忆的影响。结果发现，相对于其他被试，产生焦虑情绪被试的空间工作记忆更差，而言语工作记忆无显著差异。研究者认为，这可能是大脑左右半球功能的不对称性造成的。焦虑等负性情绪显著激活了大脑右侧前额叶皮层，而空间工作记忆主要是在右半球进行操作，因此负性情绪与空间工作记忆产生了脑区的重叠和功能的冲突，焦虑等负性情绪与空间工作记忆共同竞争大脑同一神经区域的有限资源，导致了空间工作记忆表现的下降。

利用电子断层扫描技术进行的研究显示，言语工作记忆主要激活了大脑左半球，空间工作记忆主要激活了大脑右半球（Smith et al., 1996）。Gruber（2001）也利用功能性神经影像学技术，采用经典的双任务范式研究了言语工作记忆的神经机制。结果显示，在没有言语干扰的条件下，言语工作记忆显著激活了布罗卡区、左侧前运动区皮层、左侧额叶、顶内沟及右侧小脑；相反，当默读复述机制受到压抑时，这些区域没有显示相关的激活。社会排斥过程主要激活了大脑右侧的脑区，因此，社会排斥可能不会影响言语工作记忆，而对空间工作记忆会产生抑制作用。

以往对社会排斥相关神经机制的研究显示，社会排斥激活了右腹侧前额叶、右侧脑岛、背侧前扣带回和腹侧前扣带回等大脑区域，而工作记忆激活了大脑额叶皮层、前脑岛和前扣带回区域。言语工作记忆主要激活了大脑左半球，空间工作记忆主要激活了大脑右半球。社会排斥与空间工作记忆产生了脑区的重叠，同时竞争有限的认知资源。因此，社会排斥可能会抑制个体的空间工作记忆。

三、社会排斥影响工作记忆的数据收集

（一）社会排斥对工作记忆的影响（实验一）

1. 研究设计

招募自愿报名的 60 名在校本科学生参加实验。其中，男生 20 名，女生 40 名，年龄为 19～23 岁。视力或矫正视力正常，无色盲或色弱，右利手，以前没参加过类似实验，实验结束后给予一定报酬。本次实验采用完全随机实验设计，自变量为被试是否被排斥（接纳组、排斥组），因变量为被试在工作记忆任务中的反应时、正确率及漏报率。

2. 实验材料

言语工作记忆任务的实验材料如下：将 A、B、C、D、Q、R、T、U、Y、F、H、M、J、Z、P、K 等字母作为被试记忆材料，将 m、f、q、b、z、y、c、t、k、d 作为探测刺激。实验条件分为两部分，其中，在一半实验条件下，探测刺激与先前记忆的 4 个言语刺激中的任意一个刺激发音一致；另一半实验条件下，探测刺激的发音则与先前记忆的言语刺激的任意一个刺激发音都不一致。

空间工作记忆任务的实验材料为 0.95cm×0.95cm 的白色方框，白色方块将随机出现在 15 个可能的位置，这 15 个位置在以注视点为中心、半径为 7cm 的圆的范围内随机选取，任意两方框之间的距离都大于或等于 2.5cm。探测刺激由直径为 0.45cm 的白色圆点组成。在一半实验条件下，探测刺激与先前记忆的 4 个空间位置刺激中的任意一个刺激的位置一致；在另一半实验条件下，探测刺激的位置则与先前记忆的空间位置刺激的任意一个位置都不一致。

3. 实验程序

本次实验使用网络投球范式对社会排斥进行测量。首先，将被试单独带到实验室，告知其将与其他 3 名被试进行一个网络投球游戏。向被试说明这个游戏主要是用来训练心理想象能力的，后面的实验需要该能力。为了提高任务的可信度，要求 4 名被试一起进行实验，实际上被试是在设置好的程序下进行游戏，接到球的次数是电脑事先设计好的。被试被随机分至排斥组和接纳组。在排斥组，被试仅在最开始时能接到球，之后再也没能接到球；接纳组被试接到球的概率与其他玩家一样大。紧接着进行工作记忆任务，实验一采用的是 Sternberg 的项目再认范式。

言语工作记忆任务：让被试严格按照指导语进行操作。首先，屏幕中央会呈现一个"+"（Times New Roman，44 号字体）字注视点，持续 800ms。其次，在注视点的上、下、左、右四个位置各随机呈现一个白色字母（在实验材料中随机选取）500ms。字母内侧离注视点中心约为 2cm。要求被试记住这 4 个字母的发音。再次，呈现"？？？？？？"，间隔 3000ms，接着呈现一个探测刺激（白色小写字母）300ms。最后，呈现空白屏幕，要求被试判断这个探测刺激的发音是否与刚才记忆的字母中任意一个字母的发音一致，如果一致则按"F"键，否则按"J"键进行反应（实验中的一半被试按键方式与其相反），持续时间 1500ms，如果被试在这个时间内没有进行任何反应，则自动跳过，进入下一个实验序列。

在进入正式实验之前，被试可以进行练习，在这个过程中，被试按键反应后屏幕上会出现反馈，提示被试反应是否正确，但在正式实验时没有反馈，而是空白屏幕。实验中的每个刺激都是随机呈现的，每名被试最少进行 15 次的练习测试后，才能按"P"键进入正式实验，如果被试感觉自己练习得不够，还可以按"Q"键继续进行练习，然后再按"P"键进入正式实验。每个实验中，被试在工作记忆任务中共接受 25 次正式测试，整个实验过程约 30min。具体的测试流程如图 4-1 所示。

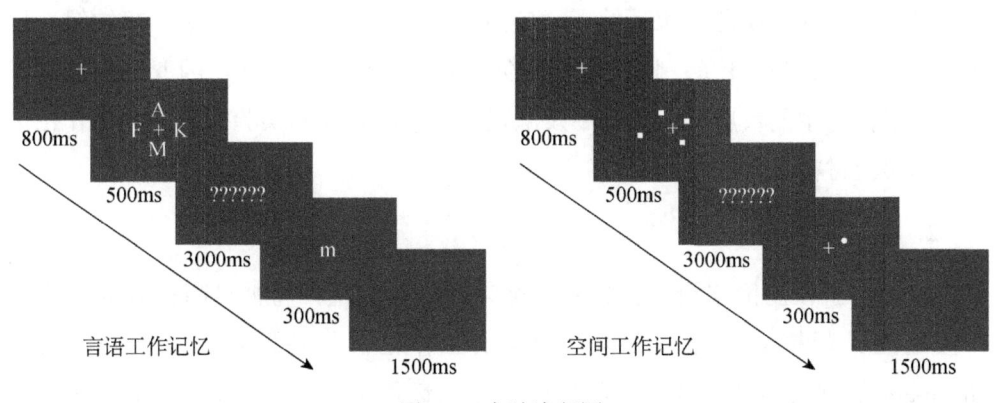

图 4-1 实验流程图

空间工作记忆任务：与言语工作记忆任务类似，只是记忆的刺激和探测刺激类型不同。首先，屏幕中央会呈现一个"+"（Times New Roman，44 号字体）字注视点，持续 800ms。其次，在注视点的周围不同位置随机呈现 4 个白色方块 500ms，要求被试记住这 4 个白色方块的位置。再次，呈现"？？？？？？"，间隔 3000ms，而后呈现一个探测刺激（白色圆点）300ms。最后，呈现空白屏幕，要求被试判断这个白色圆点的位置与刚才记忆的 4 个白色方块中的任意一个的位置是否相一致。如果一致则按"F"键，否按"J"键进行反应（实验中的一半被试按键方式与其相反），持续时间 1500ms，如果被试在这个时间内没有进行任何反应，自动跳过，进入下一个实验序列。在进入正式实验之前，被试可以进行练习，在这个过程中，被试按键反应后会及时得到反馈，提示被试反应是否正确，但在正式实验时没有反馈，而是空白屏幕。实验中的每个刺激都是随机呈现的，每名被试最少进行 15 次的练习测试后，才能按"P"键进入正式实验，如果被试感觉自己练习得不够，还可以按"Q"键继续进行练习，然后再按"P"键进入正式实验。每名被试共接受 25 次正式测试，整个实验过程约 30min。具体的测试流程如图 4-1 所示。

（二）再认范式下社会排斥对空间工作记忆的影响（实验二）

1. 研究设计

招募自愿报名的 30 名在校本科学生参加实验。其中，男生 6 名，女生 24 名，年龄为 19～23 岁。视力或矫正视力正常，无色盲或色弱，右利手，以前没参加过类似实验，实验结束后给予一定报酬。采用 2（被试间变量：接纳组、排斥组）×2（被试内变量：低负荷、高负荷）的混合实验设计，因变量为被试在工作记忆任务中的反应时、正确率及漏报率。实验材料同实验一中空间工作记忆任务的实验材料。

2. 实验程序

本次实验使用网络投球范式对社会排斥进行测量，将被试随机分成排斥组和接纳组。紧接着进行与实验一相同的工作记忆任务，本次实验采用的是 Sternberg 的项目再认范式。除将空间工作记忆任务的负荷变成低负荷（3 个记忆项目）和高负荷（5 个记忆项目）两种水平外，其他均同实验一中的空间工作记忆任务。

（三）N-back 范式下社会排斥对空间工作记忆的影响（实验三）

1. 研究设计

招募自愿报名的 30 名在校本科学生参加实验。其中，男生 8 名，女生 22 名，年龄为 19～23 岁。视力或矫正视力正常，无色盲或色弱，右利手，以前没参加过类似实验，实验结束后给予一定报酬。采用 2（被试间变量：接纳组、排斥组）×2（被试内变量：低负荷、高负荷）的混合实验设计，因变量为被试在空间工作记忆任务中的反应时、正确率及漏报率。

2. 实验材料

实验材料为 1.0cm×1.0cm 的白色方框（外周方框），白色方块将随机出现在 15 个可能的位置，这 15 个位置在以注视点为中心、半径为 7cm 的圆的范围内随机选取。其中，在一半实验条件下，探测刺激与先前记忆的 n 个空间位置刺激一致；在另一半实验条件下，探测刺激的位置则与先前记忆的 n 个空间位置刺激的位置不一致。屏幕背景为黑色。

3. 实验程序

本次实验使用网络投球范式对社会排斥进行测量，将被试随机分为接纳组和控制组。紧接着进行空间工作记忆任务，实验三采用的是 N-back 工作记忆任务。每种负荷水平包含 $150+5n$ 个刺激，并且高低负荷水平任务都按照 5 个刺激序列进行，在每个序列之间，被试可做适当休息。按固定顺序呈现，即从 1-back 空间工作记忆任务开始，然后进行 3-back 空间工作记忆任务。

在低负荷工作记忆任务中，采用 1-back 空间工作记忆任务，即要求被试判断当前刺激和与它相邻的前一个刺激的位置是否一致。在实验中，要求被试严格按照指导语进行操作。首先，屏幕中央会呈现一个"+"（Times New Roman，44 号字体）字注视点，持续 800ms。其次，在注视点的周围位置随机呈现第一个白色方块 300ms，接着呈现"+"，间隔刺激 1500ms，在注视点的周围位置随机呈现第二个白色方块 300ms。最后，呈现"+"，间隔刺激 1500ms，要求被试判断当前刺激的位置是否与刚才记忆的与它相邻的前一个白色方块的位置一致，如果是则按"F"键，否按"J"键进行反应（实验中的一半被试按键反应方式与其相反）。如果被试在这个时间内没有进行反应，自动跳过，继续进行实验测试。在进入正式实验之前，被试可以进行练习，在这个过程中，被试按键反应后屏幕会呈现反馈，反馈提示被试反应是否正确，但在正式实验时没有反馈，而是空白屏幕。实验中的刺激是随机呈现的。每名被试至少进行 $30+n$ 次的练习测试后，才能按"P"键进入正式实验，如果被试感觉自己练习得不够，还可以按"Q"键继续进行练习。

在高负荷工作记忆任务中，采用 3-back 空间工作记忆任务，即要求被试判断当前刺激和与它前面间隔两个位置上刺激的位置是否一致。除了刺激判断方式不一致以外，均与低负荷工作记忆任务的实验流程一致。整个实验三的测试过程约

30min。具体的测试流程如图4-2所示。

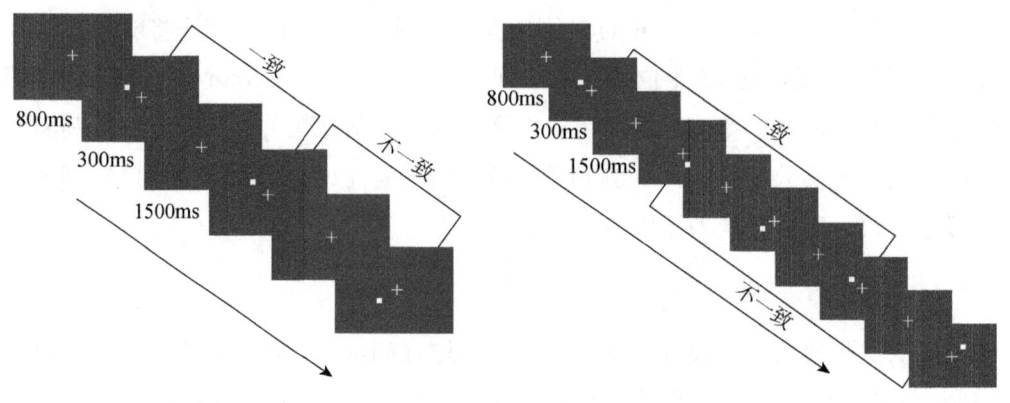

(a) 1-back空间工作记忆任务实验流程　　(b) 3-back空间工作记忆任务实验流程

图4-2　N-back空间工作记忆任务实验流程图

四、社会排斥影响工作记忆的数据分析

（一）社会排斥对工作记忆的影响（实验一）

采用SPSS18.0软件对实验数据进行统计分析。根据以往的研究，将每名被试短于150ms的反应时数据视为被试与实验无关的提前反应剔除，并将被试超过1500ms的反应时数据（空白数据）剔除。其中，在空间工作记忆任务中，一名被试因不明白实验程序，导致无效数据过多（大于总次数的35%），其数据被剔除。

1. 平均反应时

剔除无关数据后，分别对言语工作记忆任务和空间工作记忆任务的反应时平均数进行独立样本t检验，其平均数和标准差如表4-1所示。

表4-1　各条件下被试反应时的平均数和标准差　（单位：ms）

组别	言语工作记忆任务		空间工作记忆任务	
	M	SD	M	SD
排斥组	761.80	80.37	881.80	163.00
接纳组	755.13	130.29	768.47	101.64

t 检验结果显示：接纳组和排斥组被试在言语工作记忆任务中的反应时无显著差异[t（28）=0.16，$p>0.05$]，表明社会排斥没有显著影响被试的言语工作记忆。接纳组被试在空间工作记忆任务中的反应时与排斥组被试的差异显著[t（28）=2.29，$p<0.05$]，表明在空间工作记忆任务中被排斥被试比接纳组被试的反应慢。

2. 准确率

我们分别对言语工作记忆任务和空间工作记忆任务被试的准确率进行独立样本 t 检验。结果显示，接纳组与排斥组被试在言语工作记忆任务上的准确率无显著差异[t（28）=0.84，$p>0.05$]，社会排斥对个体的言语工作记忆无显著影响。两组被试在空间工作记忆任务上的反应准确率差异显著[t（28）=2.92，$p<0.01$]，接纳组被试比排斥组被试反应的准确率高，其准确率的平均数和标准差如表 4-2、图 4-3 所示。

表 4-2　各条件下准确率的平均数和标准差　　（单位：%）

组别	言语工作记忆任务		空间工作记忆任务	
	M	SD	M	SD
排斥组	85.45	5.41	65.45	10.36
接纳组	87.29	6.59	77.29	11.80

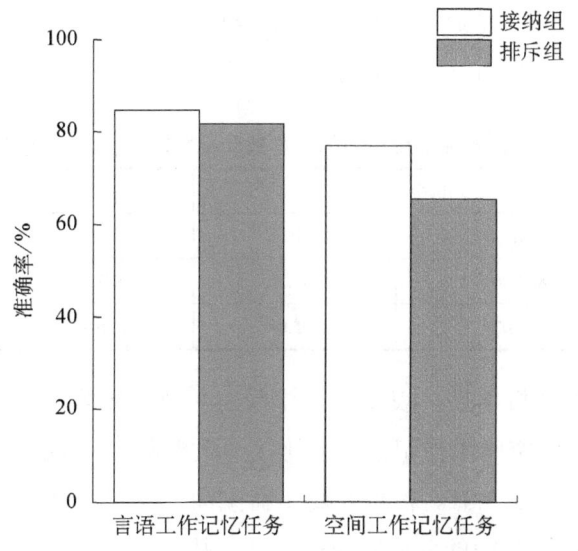

图 4-3　两组被试在不同工作记忆任务下的反应准确率

3. 漏报率

我们分别对两组被试在言语工作记忆任务和空间工作记忆任务反应上的漏报率进行独立样本 t 检验。结果显示，接纳组与排斥组被试在言语工作记忆任务上的漏报率无显著差异[$t(28)=1.48$, $p>0.05$]，在空间工作记忆任务上的漏报率差异显著[$t(28)=2.88$, $p<0.01$]，排斥组被试的漏报次数比接纳组多，其漏报率的平均数和标准差如表4-3所示。

表4-3　各条件下漏报率的平均数和标准差　（单位：%）

组别	言语工作记忆任务		空间工作记忆任务	
	M	SD	M	SD
排斥组	0.33	0.47	5.42	6.29
接纳组	0.13	0.24	0.64	1.37

（二）再认范式下社会排斥对空间工作记忆的影响（实验二）

采用SPSS18.0软件对实验数据进行统计分析。根据以往的研究，反应时短于150ms的数据可视为被试与实验无关的提前反应，应予以删除，对超过1500ms的数据（空白数据）进行剔除。

1. 平均反应时

剔除无关数据后，对混合实验设计的被试的平均反应时进行重复测量方差分析，其平均数和标准差如表4-4所示。

表4-4　各条件下反应时的平均数和标准差　（单位：ms）

组别	低负荷		高负荷	
	M	SD	M	SD
排斥组	872.00	130.25	913.93	102.10
接纳组	717.07	95.09	876.80	72.27

表4-5为方差分析结果，表明社会排斥的主效应显著，$F(1, 28)=14.10$, $p<0.01$。被排斥组的空间工作记忆反应比接纳组更慢；高/低负荷的主效应显著，$F(1, 28)=13.84$, $p<0.01$。被试在高负荷空间工作记忆任务中的反应时比在低负荷空间工作记忆任务中的反应时更长。社会排斥与空间工作记忆负荷的交互作

用显著，$F(1, 28)=4.72$，$p<0.05$。进一步的分析结果显示，排斥组与接纳组被试在高负荷空间工作记忆任务中的反应时都比在低负荷空间工作记忆任务中的反应时更长（图4-4）。

表4-5 社会排斥对空间工作记忆反应时影响的方差分析结果

项目	df	MS	F
接纳/排斥组	1	23.06	14.10**
残差	28	1.64	
高/低负荷	1	25.42	13.84**
交互作用	1	8.67	4.72*
残差	28	1.84	

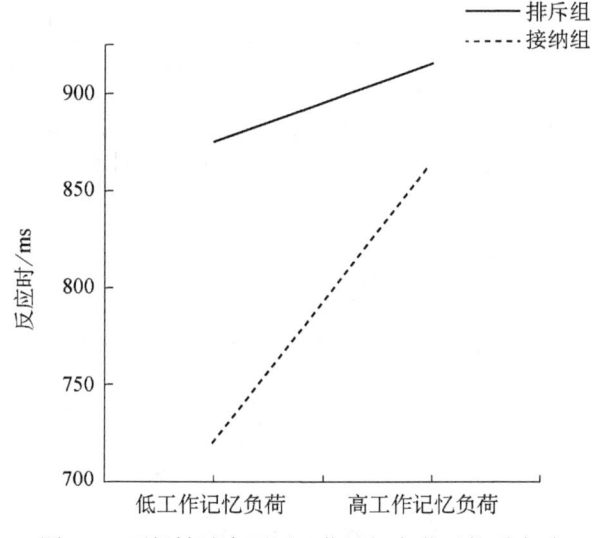

图4-4 两组被试在不同工作记忆负荷下的反应时

2. 准确率

对被试的反应准确率进行重复测量方差分析，其平均数和标准差如表4-6所示。

表4-6 各个条件下准确率的平均数和标准差 （单位：%）

组别	低负荷		高负荷	
	M	SD	M	SD
排斥组	77.98	8.85	56.56	11.12
接纳组	82.93	4.98	74.01	8.56

表 4-7 为方差分析结果，结果显示社会排斥的主效应显著，$F(1, 28)=27.92$，$p<0.01$。排斥组被试在空间工作记忆任务中的反应准确率比接纳组更低；高/低负荷的主效应显著，$F(1, 28)=41.80$，$p<0.01$。被试在高负荷空间工作记忆任务中的反应准确率比在低负荷空间工作记忆任务中的反应准确率更低。社会排斥与空间工作记忆负荷高低的交互作用显著，$F(1, 28)=7.10$，$p<0.05$。进一步的分析结果显示，排斥组与接纳组被试在高负荷空间工作记忆任务中的反应准确率比在低负荷空间工作记忆任务中更低（图 4-5）。

表 4-7 社会排斥对不同负荷空间工作记忆准确率影响的方差分析表

项目	df	MS	F
接纳/排斥组	1	1880.70	27.92**
残差	28	67.36	
高/低负荷	1	3453.45	41.80**
交互作用	1	586.69	7.10*
残差	28	82.61	

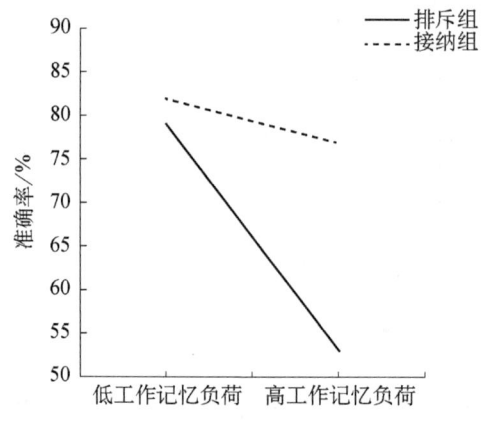

图 4-5 两组被试在不同工作记忆负荷下的反应准确率

3. 反应漏报率

对被试的反应漏报率进行重复测量方差分析，其平均数和标准差如表 4-8 所示。

表 4-8 各个条件下被试反应漏报率的平均数和标准差 （单位：%）

组别	低负荷		高负荷	
	M	SD	M	SD
排斥组	1.98	1.76	6.53	5.77
接纳组	0.25	0.39	0.78	0.97

表 4-9 为方差分析结果，结果显示社会排斥的主效应显著，$F(1, 28)=25.06$，$p<0.01$。排斥组在空间工作记忆任务中的反应漏报率比接纳组高；高/低负荷的主效应显著，$F(1, 28)=9.31$，$p<0.01$。被试在高负荷空间工作记忆任务中比在低负荷任务中的反应漏报率更高。社会排斥与空间工作记忆负荷高低的交互作用显著，$F(1, 28)=5.85$，$p<0.05$。进一步的分析结果显示，排斥组与接纳组被试在高负荷空间工作记忆任务中的反应漏报率都比在低负荷任务中的高。

表 4-9 社会排斥对不同负荷空间工作记忆反应漏报率影响的方差分析

项目	df	MS	F
接纳/排斥组	1	210.26	25.06**
残差	28	8.39	
高/低负荷	1	96.37	9.31**
交互作用	1	60.56	5.85*
残差	28	10.35	

（三）N-back 范式下社会排斥对空间工作记忆的影响（实验三）

1. 平均反应时

剔除无关数据后，对混合实验设计被试的平均反应时进行重复测量方差分析，其平均数和标准差如表 4-10 所示。

表 4-10 各个条件下反应时的平均数和标准差　　（单位：ms）

组别	低负荷		高负荷	
	M	SD	M	SD
排斥组	838.60	107.25	1037.80	147.33
接纳组	788.47	77.15	870.47	88.72

表 4-11 为方差分析结果，结果显示社会排斥的主效应显著，$F(1, 28)=11.60$，$p<0.01$。排斥组被试空间工作记忆反应速度比接纳组慢；高/低负荷的主效应显著，$F(1, 28)=36.02$，$p<0.01$。被试在高负荷空间工作记忆任务中的反应比在低负荷任务中的更慢。社会排斥与空间工作记忆负荷高低的交互作用显著，$F(1, 28)=6.26$，$p<0.05$。进一步的分析结果显示，排斥组与接纳组被试在高负荷空间工作记忆任务中的反应时都比在低负荷任务中的长（图 4-6）。

表 4-11　社会排斥对不同负荷空间工作记忆反应时影响的方差分析

项目	df	MS	F
接纳/排斥组	1	29.56	11.60**
残差	28	2.55	
高/低负荷	1	49.42	36.02**
交互作用	1	8.58	6.26*
残差	28	1.37	

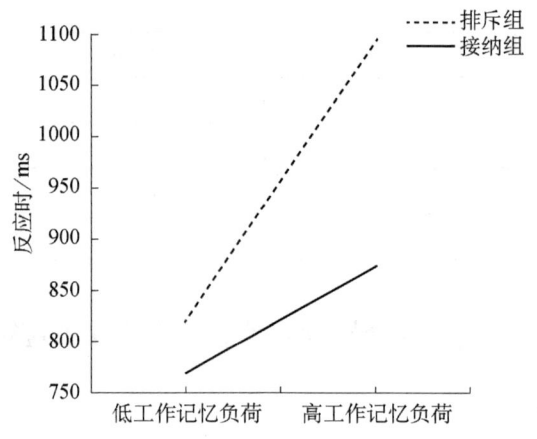

图 4-6　两组被试在不同工作记忆负荷下的反应时

2. 准确率

对实验设计的被试的反应准确率进行重复测量方差分析，其平均数和标准差如表 4-12 所示。

表 4-12　各个条件下被试反应准确率的平均数和标准差　（单位：%）

组别	低负荷		高负荷	
	M	SD	M	SD
排斥组	80.97	9.82	57.52	14.38
接纳组	86.62	7.12	78.98	6.91

表 4-13 为方差分析结果，结果表明社会排斥的主效应显著，$F(1, 28)=27.75$，$p<0.01$。排斥组被试在空间工作记忆任务中的反应准确率比接纳组低；高/低负荷的主效应显著，$F(1, 28)=35.72$，$p<0.01$。被试在高负荷空间工作记忆任务中的反应准确率比在低负荷任务中的反应准确率低。社会排斥与空间工作记忆负荷

高低的交互作用显著，$F(1, 28)=9.24$，$p<0.01$。进一步的分析结果表明，排斥组与接纳组被试在高负荷空间工作记忆任务中的反应准确率都比在低负荷任务中的低（图 4-7）。

表 4-13 社会排斥对不同负荷空间工作记忆准确率影响的方差分析结果

项目	df	MS	F
接纳/排斥组	1	2755.53	27.75**
残差	28	99.30	
高/低负荷	1	3626.88	35.72**
交互作用	1	937.97	9.24**
残差	28	101.53	

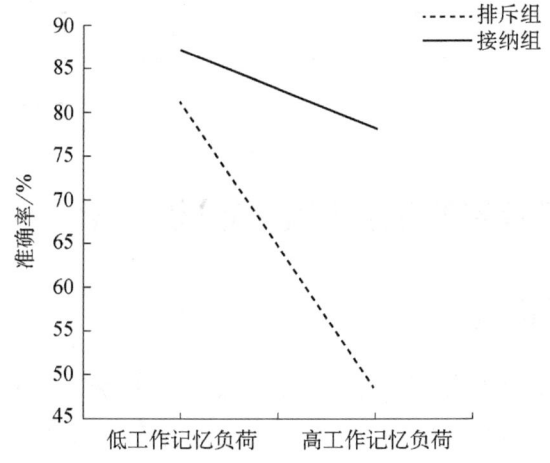

图 4-7 两组被试在不同工作记忆负荷下的反应准确率

3. 反应漏报率

对实验设计的被试的反应漏报率进行重复测量方差分析，其平均数和标准差如表 4-14 所示。

表 4-14 高低负荷条件下被试反应漏报率的平均数和标准差　（单位：%）

组别	低负荷		高负荷	
	M	SD	M	SD
排斥组	2.28	3.72	10.78	8.38
接纳组	0.26	0.42	2.75	2.98

表 4-15 为方差分析结果，结果显示社会排斥的主效应显著，$F(1, 28)=15.07$，$p<0.01$。排斥组在空间工作记忆任务中的反应漏报率比接纳组高；高/低负荷的主效应显著，$F(1, 28)=21.07$，$p<0.01$。被试在高负荷空间工作记忆任务中的反应漏报率比在低负荷任务中的更高。社会排斥与空间工作记忆负荷高低的交互作用显著，$F(1, 28)=6.30$，$p<0.05$。进一步的分析结果表明，排斥组与接纳组被试在高负荷空间工作记忆任务中的反应漏报率都比在低负荷任务中的更高。

表 4-15 社会排斥对不同负荷空间工作记忆反应漏报率影响的方差分析结果

项目	df	MS	F
接纳/排斥组	1	378.56	15.07**
残差	28	25.12	
高/低负荷	1	452.38	21.07**
交互作用	1	135.15	6.30*
残差	28	21.47	

五、社会排斥影响工作记忆的分析讨论

（一）综合讨论

社会排斥对言语工作记忆和空间工作记忆的影响研究结果表明，社会排斥对个体工作记忆的影响模式产生了分离。在以语音环为基础的言语工作记忆任务中，两组被试的反应时、准确率及漏报率均无显著差异；在以视空间模板为基础的空间工作记忆任务中，排斥组被试比接纳组的反应更慢，准确率更低，漏报率更高，即社会排斥对个体的言语工作记忆无显著影响，却严重削弱了个体的空间工作记忆。社会排斥导致个体在空间工作记忆任务中出现更高的漏报率，同时，反应速度和准确率也显著下降。传统观点认为，速度和准确性通常是呈负相关的，即个体可能会降低反应速度以提高准确性，或是降低准确性以提高反应速度。但是在本次实验研究结果中出现的反应速度和准确率的同时下降，这提示了空间工作记忆水平的下降，而不是进行了策略调节。通过对言语工作记忆任务和空间工作记忆任务结果的分析，排除了被试因为受到社会排斥产生愤怒情绪以降低他们完成实验任务意愿的可能。

我们通过项目再认范式，检验了社会排斥对言语工作记忆和空间工作记忆的影响。结果发现，社会排斥对个体言语工作记忆的反应时、准确率及漏报率均无显著影响，却导致个体空间工作记忆的反应时更长、准确率显著下降，空间工作记忆任务中的漏报率更高。这一结果表明，社会排斥对个体的言语工作记忆无显著影响，而对个体的空间工作记忆产生了抑制作用。

Baumeister 等（2002）认为，受排斥个体通过情绪压抑来缓解排斥威胁，这会占用大量认知资源，削弱了自我调节所需要的资源，导致自我调节失败，影响了需要意识控制的认知活动。Olsson 等（2013）的研究发现，社会排斥导致个体倾向对中性面孔图片形成敌意认知，其最根本的原因可能是受排斥个体的自我调节能力出现紊乱。言语工作记忆主要取决于个体机械的语音复述机制，只需占用很少的认知资源；空间工作记忆的优劣主要依赖于个体注意的完全转移，需要占用大量的认知资源。个体的认知资源是非常有限的，社会排斥减少了个体有限的可利用资源，可能对空间工作记忆的抑制作用更大。

Twenge 等（2003）检验了社会排斥对个体在快速反应游戏中的反应时的影响，结果发现，在第一轮测验中，被排斥组个体的反应显著更慢，社会排斥削弱了个体注意转移的能力。还有研究证实，个体的注意转移对空间工作记忆起着关键性作用（Awh et al., 1999; Awh et al., 2000）。因此，社会排斥可能会显著降低个体在空间工作记忆任务中的成绩。同时，相关神经机制研究显示，社会排斥过程显著激活了个体的右腹侧前额叶、右侧脑岛等脑区。空间工作记忆能力也主要由个体的右侧脑区负责，因此，社会排斥对个体工作记忆的影响模式产生分离，也可能是社会排斥和空间工作记忆同时激活了相同的脑区，使脑区产生重叠，共同竞争大脑同一神经区域的有限资源，导致空间工作记忆任务中的成绩显著下降。

社会排斥只是显著削弱了个体的空间工作记忆，对言语工作记忆无显著影响。言语工作记忆主要依赖于个体的语音系统，对言语信息以语音形式进行机械复述，是自动化的程序，不需要占用很多的认知空间，被排斥个体表现很好；空间工作记忆的维持需要注意的完全转移，需要占用大量的认知资源，要求个体进行有意识的注意控制，被排斥个体不能充分调动认知资源，导致在空间工作记忆任务中的成绩下降。

Baumeister 等（2005）认为，受排斥个体通过情绪压抑来缓解排斥威胁，占用大量认知资源，削弱了自我调节所需要的认知资源，导致自我调节失败，影响了需要意识控制的认知活动。本次实验也发现，社会排斥削弱了个体从记忆中提取并利用已有信息解决有一定难度、需要思考的问题的能力。社会排斥显著降低了个体进行需要意识控制的认知活动能力，但对信息的简单回忆等自动化认知过程则无影响。

归属需要是人类在长期进化和选择过程中形成的一种内在的、最基本的心理需求，在社会关系中被排斥的个体则在心理上承受着大量的即时和长期的威胁，因此被排斥个体对潜在的被拒绝信息比较敏感，受到排斥威胁的个体和已经被排斥的个体更注意社会信息线索，而忽视了其他信息。自闭症个体特别容易被外界的无关信息吸引，导致分心、注意分散。已有研究显示，与其他正常个体相比，自闭症患者的机械记忆无显著差异，而其他形式的记忆可能存在功能紊乱。言语工作记忆主要依赖于机械的语音复述，不需要占用很多的认知空间，因此，自闭症患者的言语工作记忆可能不会受到影响。

Williams 等（2005）研究了自闭症患者的言语工作记忆和空间工作记忆，研究采用了经典的 N-back 工作记忆任务。结果显示，相对于控制组被试，自闭症组的言语工作记忆无显著差异，而空间工作记忆表现出显著差异，成绩显著下降。Twenge 等（2003）利用快速反应游戏测量了被试在此任务中的反应时，结果发现，在第一轮测验中，被排斥组被试的反应更慢，差异显著，社会排斥导致个体的注意力受损，使其不能有效转移注意，这提示社会排斥也可能是由不能有效调动认知资源而导致空间工作记忆成绩的下降引发的。

本次研究对空间工作记忆进行高低负荷两种处理，探讨了社会排斥在不同负荷条件下对个体空间工作记忆的影响。结果发现，随着空间工作记忆负荷的增加，社会排斥的影响也随之显著增强。当空间工作记忆负荷增大时，接纳组和排斥组被试的反应正确率都降低了，说明空间工作记忆需要大量的认知资源参与。同时，排斥组被试反应正确率下降的程度比接纳组更大，此次研究结果与资源竞争的理论一致，即社会排斥与空间工作记忆共同竞争资源，两者是此消彼长的关系。当空间工作记忆的负荷比较小时，被排斥者有多余的认知资源来完成空间工作记忆任务，准确率相对提高，漏报率也相对下降；当工作记忆负荷变大时，排斥组需要启动执行功能对注意进行分配，但同时他们又要通过抑制负性情绪来缓解社会排斥带来的威胁，因此他们出现了认知资源不足的困难，导致其不能调动更多的认知资源完成工作记忆任务，干扰作用变大，工作记忆成绩显著下降。

这一研究结果可以用"注意控制模式"来进行解释。内源注意和外源注意引发的注意分配同时影响着空间工作记忆的效率，而工作记忆程序可能主要取决于内源性注意，即选择性注意。选择性注意是自上而下加工控制的注意系统，主要受期望和目标的影响，能有效提高个体认知活动的效率，这种目标导向的控制主要是在感觉皮层区域通过提高对相关信息的神经激活，并抑制对无关信息的神经反应来完成的。工作记忆的优劣主要取决于选择性注意能否有效地过滤无关信息，通过神经抑制防止有限的记忆容量超载。社会排斥可能会导致个体自我调节系统失常，个体通过情绪麻木逃避社会排斥所带来的情感压抑，回避自我的缺点与不足（Twenge et al.，2003；Baumeister et al.，2005）。

（二）本次研究的结论

本次研究探讨了社会排斥对工作记忆的影响，得出如下结论。

1）在言语工作记忆任务中，两组被试的反应时、准确率及漏报率均无显著差异；在空间工作记忆任务中，排斥组被试比接纳组的反应更慢，准确率更低，漏报率更高。

2）在项目再认范式中，社会排斥与空间工作记忆负荷产生了显著的交互作用。随着记忆负荷的增加，排斥组和接纳组的空间工作记忆成绩都显著下降。

3）在 N-back 范式中，社会排斥与空间工作记忆负荷也产生了显著的交互作用。

第二节　社会排斥归因和内隐攻击

被排斥的个体为了被他人或团体重新接纳，通常会表现出亲社会行为，但如果有线索导致个体相信自己被重新接纳是不太可能的，那么个体就更倾向表现出反社会行为。Williams 和 Wesselmann（2011）认为，无法获得接纳且长期遭受社会排斥的个体更容易采取极端的暴力手段，这将导致犯罪、监禁等严重后果。社会排斥和攻击性往往是相互作用的，不仅受排斥可能导致攻击行为，而具有攻击性特质的个体也更容易受到他人的排斥。例如，Dodge（1983）的研究结果显示，非攻击性儿童多将别人的行为归因为善意的，具有攻击性的儿童则更倾向把别人的行为解释为敌意性的。

一、国内外研究概况

（一）社会排斥归因的实质

社会排斥是相当普遍的社会现象，它会触及人类基本的社会交往需要。无论是缺乏目光接触等简单的社会排斥线索，还是非亲身经历，只是观察到他人受到排斥，都会诱发社会排斥感。心理适应机制理论提出，生存与繁衍是个体和种族适应首先需要解决的问题，合作是种族生存的必备条件，对不合群的人进行放逐，能够确保个体遵循这种适者生存的自然规律，还会促进人类监测系统的进化，使个体可以准确地监测并及时避免被排斥。研究表明，个体具有对细微社会排斥线索的知觉敏感性。例如，即使一个虚拟同伴回避被试的目光接触，也足以引起被排斥感（Wirth et al.，2010）。当有人看向被试所在的方向，但不给予直接的眼神接触时，他们会比得到认同的人感受到更多地社会排斥（Wesselmann et al.，2012）。社会排斥常用的测量范式有想象启动范式、孤独终老范式以及投球游戏等。其中，因操作简单，使用网络投球游戏启动社会排斥是研究者广泛使用的方法（Van Beest et al.，2011）。

社会排斥归因与基本需要有关，因为当个体受到社会排斥时，其基本需要往往得不到满足，导致归属感、自尊、控制感、存在价值感的缺乏。社会排斥归因还与自我决定理论有关，该理论提出，自主（autonomy）、能力（competence）和关系（relatedness）是基本心理需要，有研究使用孤独终老范式来操作社会排斥与接纳情境，结果发现，社会排斥降低了被试的基本需要满意度，而社会接纳则提高了被试这些需要的满意度（Bartholomew et al.，2011）。社会排斥归因也和自我责任论有关，该理论认为个体之所以受到排斥主要是由于自身的行为和态度，甚至是由于他们不主动进入社会并参与社会活动而形成的自我放逐。个体之所以受到排斥，主要是由于能力不足、违反了团体的行为规则、自身形象不佳或带有某些不受他人欢迎的人格特征而缺少人际吸引力（Baumeister & Tice，1990）。

Fanger 等（2012）从排斥者的角度总结了儿童排斥他人的原因：防御排斥（defensive ostracism），当儿童受到了同伴言语或生理上的攻击后，往往会直接排斥他人，这种行为是保护自己的一种方式；控制游戏（controlling play），为了在游戏中掌握主导权；建立联盟（establishing commonalities），儿童认同一部分人并与其达成联盟，缔结友谊；护卫友谊（protecting relationships），儿童早期的友谊更多在游戏中体现，他们的团体意识是排斥他人的主要原因；维持团体内的秩序（maintaining order in a peer group），通过排斥或制裁不合作的个体使团体更团结；避免冲突（avoiding conflict），为了潜在的冲突而排斥他人，避免未来自己被社会排斥伤害；意图伤害（intent to harm），排斥可以被看成是攻击的一种方式。

（二）社会排斥归因的影响因素

1. 内外群体

个体对来自内外群体成员的社会排斥往往会有不同的归因方向，被外群体成员排斥者更倾向认为，自己受到排斥的原因是外群体成员的歧视和偏见；受到内群体成员排斥的被试则更可能进行自我归因（Mendes et al., 2008）。也有研究者持不同观点，提出个体受到内群体成员排斥时也不会产生自我归因，仍会将其归因为歧视。研究者将个体排斥内群体成员却支持外群体成员的行为称为内群体排斥，研究检测了人们对此行为的归因，其中实验设置情境使白种人被试与拉美后裔被试都相信，自己将与其他种族的成员共同完成一项任务，每组共有 3 个人，如 A、B、C，他们分别扮演现任主管、下任主管与未来员工三种角色。随机抽取 B 为现任主管，A 的首要任务是要将下任主管、未来员工的角色分别指派给 B、C 两人。之后，主试通过网络向 3 名被试描述各个角色的优势与劣势，并告知背景信息，其中包括种族信息。最后，被试对此决定进行归因，并评估被排斥感。结果显示，相对于白种人被试，拉美后裔受到同种族主管拒绝后仍会将其归因为歧视。在后续的实验中，被试是作为第三方观察者看到现任主管接受了其他种族成员申请下任主管的机会，而拒绝了同种族成员的申请。结果表明，相比现任主管是白人，当现任主管是拉美后裔时，作为被排斥的拉美后裔会更多地将内群体的拒绝归因于歧视，然而不论现任主管是何种族，白种人将其归因为歧视的程度相对较低（O'Brien et al., 2012）。

有学者还通过测量社会排斥的生理反应来研究内外群体的影响。Masten 等（2011）的实验检测了受排斥过程中的神经活动，实验中的被试与一男一女两个白种人进行网络投球游戏，在此过程中使用功能性磁共振成像技术检测被试的神经反应。首先，对受到白种人排斥的黑种人被试进行磁共振扫描，然后测量其受排斥后的痛苦程度和种族归因。结果显示，为了应对白种人的社会排斥，黑种人被试与社会痛苦相关的神经活动更强烈，而与情绪调节有关的神经活动则有所降低；那些将排斥归因于种族歧视的被试与社会痛苦相关的神经活动较弱，但与情绪调节相关的神经活动有所增强。这说明将社会排斥归因于种族歧视，能够降低排斥后的社会痛苦。

2. 人格差异

社会技能的缺乏是儿童受到排斥的最主要原因，而遭受同伴排斥的儿童会更多地表现出害羞或攻击性（Punwani et al., 2005）。Park 和 Killen（2010）对韩国与美国 10 到 13 岁的儿童和青少年的社会排斥进行了研究，基于攻击性和害羞等人格特质及性别、国籍等变量编制了 12 个故事，组成了三种实验情境。第一种情境是同伴拒绝。例如，Peter 不想与 Joe 做朋友，因为 Joe 总是推周围的人，即他有攻击特质。第二种情境是团体排斥。例如，Arthur 看到学校某团体组织团体活动，他想要参加，但是团体拒绝他的加入，主要是因为他很容易害羞。第三种情境是种族排斥。例如，Minsu 来自韩国，Minsu 的同学每天都讽刺他，并给他起外号。当被试阅读完 12 个故事后，要求其对每个故事中的排斥进行评分，如你认为不让 Arthur 参加团体活动对他来说是公平的吗？并说明原因。实验结果表明，无论何种情境，儿童都更赞成是个体的人格特质导致了社会排斥，而非歧视等外在意图归因。

有研究者同时从内外群体与人格特质两个方面对社会排斥归因的影响进行了研究，研究使用新移民群体作为对象。他们分别以国籍、性别、人格特质为自变量，对 247 名 12 岁和 15 岁的瑞士籍和非瑞士籍青少年被试进行研究，结果表明，相对于瑞士籍被试，新移民到瑞士的非瑞士被试更倾向否认存在基于国籍的歧视性社会排斥，他们甚至比瑞士被试对排斥者的评估还积极（Malti et al., 2012）。

3. 情境线索

Hales 等（2018）使用移动电话来操作排斥情境，使被试相信自己通过短信与另外两名虚拟同伴进行互动，其中，排斥情境中的被试不会收到其他两名被试的信息回复，而在接纳情境中被试则会收到回复信息，之后让被试对受到的排斥或接纳进行归因。结果显示，排斥情境中的被试多将无信息回复归因于技术故障，因为他们既看不到两个同伴是否进行回复操作，也没有办法确认自己的信息是否已被传达。Bargh 与 McKennat（2004）的研究则发现，个体经常将信息发送与接收之间的时间滞后错误地归因为一种潜在的、不明确的社会排斥。Eisenberger 等（2003）的研究也发现，即使被试被明确告知在网络投球游戏中不被接纳的原因是其他被试没有能力通过操作电脑接纳他们，而不是有意为之，被试仍然会产生排斥感。

（三）内隐攻击的研究方法

Greenwald 和 Banaji（1995）较早提出了内隐社会认知的概念，认为虽然个体不能回忆过去的某种经验，但它们仍有可能潜在地对个体的行为和判断产生影响。传统上对攻击的测量主要是直接测量个体攻击性的强度，而内隐的观点则强调，由于个体会受到法律、道德以及文化等多方面的限制，攻击更多会以内隐的形式表现出来，无意识的自动化反应才是个体内心深处真正的态度与想法，所以对攻击的测量应该是一种间接测量。常用的内隐攻击的测量范式主要有偏好判断法、词干补笔法和 IAT 等。

1. 偏好判断法

偏好判断法是较早研究内隐攻击时使用的方法，通过被试的好恶偏好，对一些攻击性的图片及人物进行判断，以此来测量个体的内隐攻击性。杨治良和刘素珍（1996）使用这种方法研究了个体的内隐攻击性，实验材料采用的是中国古典名著连环画册中的人物图片，分别选出"攻击者""被攻击者""中性"等单个人物图片，通过被试对攻击性图片的再认和偏好判断来研究被试攻击他人的潜在倾向。

2. 词干补笔法

词干补笔法主要使用具有攻击性的词汇，是在偏好判断法的基础上形成的。

朱婵媚等（2006）使用此方法对内隐攻击进行了研究，并证实此方法是测量内隐攻击的一种有效方法。他们的研究以身体攻击词汇、语言攻击词汇及中性词汇作为实验材料，采用测量组词偏好来研究未成年人的内隐攻击。

3. IAT

IAT 是目前内隐攻击性研究中使用最广泛的一种方法，它是探测个体内隐态度的一种间接测量方法。该方法是以反应时为指标，通过对目标概念词和属性词之间自动化联系的紧密程度来间接测量个体的内隐态度等。在测量过程中，被试要对相容任务与不相容任务做出反应。相容任务指目标概念词与诸如自我、消极的等属性词之间的联系与个体潜在的认知或态度相一致；不相容任务指目标概念词与属性词之间的联系与个体潜在的认知或态度不一致。当个体进行相容任务时，对个体而言，目标概念词与属性词之间的联系紧密，则个体对词汇联结反应速度快；当个体进行不相容任务时，反应时会变长。不相容任务与相容任务之间的反应时之差就是测量内隐态度的指标。

（四）社会排斥归因与攻击行为

遭受社会排斥的个体往往会通过反社会行为来改善其被损害的归属感、自尊感、控制感和存在价值感（Twenge，2005；Williams，2007）。Williams（2009）认为，个体对排斥的行为反应主要是为了恢复其基本需要，而且社会排斥后的行为反应与需要类型有关。产生亲社会反应的个体可能是为了巩固归属需要和自尊需要等接纳性需要；做出攻击反应的个体可能是为了恢复意义需要和控制需要等权利性需要。个体选择何种行为来恢复他们受到威胁的基本需要，会受到情境归因或自我归因的影响，而不同的归因则会决定其哪种需要被凸显。例如，当权利需要凸显时，受排斥的个体会选择攻击行为来改善他们的控制需要和存在需要。

不确切的信息线索往往会误导个体的认知，使其产生认知偏差。尤其是敌意性认知偏差是社会排斥导致攻击重要的中介因素。当遭受社会排斥的被试知道自己受到对方的良好评价时，其反社会行为水平与非社会排斥情境下没有差异（Twenge et al.，2001）。被排斥者容易将中性词汇知觉为攻击性词，或将他人的模棱两可行为看成是敌意的，这将会增强个体的攻击性行为，敌意性认知调节了社会排斥与攻击行为之间的关系，且成为它们之间的中介变量（De Wall et al., 2009）。

Twenge 和 Campbell（2003）在研究中发现，相对于接纳情境，具有自恋特质的被试受到排斥后更容易攻击排斥者，甚至会指向无辜的第三方。Ayduk 等（2008）认为，被排斥者对排斥者的攻击性具有个体差异，通常高拒绝敏感性的个体对排斥者有更高的敌意和更强的攻击性，他们会分配给不喜欢辛辣食物的排斥者更多的辣椒酱（攻击行为指标）。

社会拒绝类型对行为反应也有影响。例如，拒绝可分为外部拒绝与内部拒绝，外部拒绝即将拒绝归因于与自己无关或者自己无法控制的外部因素，例如，我没有时间或我的父母不同意等；内部拒绝则将拒绝归因于被拒绝者的特质，包括外貌、智力、行为与人格特质等。例如，"我不喜欢"或"这不是我的原因，而是因为你自己"。使用问卷测量个体攻击性的结果表明，遭受内部拒绝个体的攻击性显著强于外部拒绝及控制条件下的攻击性（Sinclair et al., 2011）。

Fanger 等（2012）对 43 名平均年龄为 61 个月的儿童进行了研究，运用录音机记录的方式，对儿童的友谊关系与社会地位进行问卷调查。研究结果表明，儿童排斥他人既有周围文化氛围的影响，如特定的学习环境使儿童将排斥变成了固定的行为模式；受到自身的影响，如为了获得力量及控制权以便更好地控制游戏、玩伴等；受到社会因素的影响，如为得到同伴认同、为友谊而战等；还受到被排斥者行为的影响，如被排斥者的诱导行为等。

国内对社会排斥归因的研究主要集中于对同伴拒绝的探讨。例如，有研究认为，被拒绝的个体倾向从主观角度解释同伴拒绝，而受欢迎的个体则倾向从客观角度解释同伴拒绝（赵红梅，苏彦捷，2006）。魏晓娟（2007）发现，攻击性儿童不能正确识别他人的行为意图，他们通常依据自身经验将别人的无意行为知觉为故意挑衅，进而引发攻击行为。与正常群体相比，未成年人罪犯群体的归因特征调节了外显攻击行为。其中，罪犯群体倾向外部归因，而正常人倾向内部归因（叶茂林，杨治良，2004）。

二、社会排斥归因影响内隐攻击的研究意义

受到社会排斥或拒绝，有可能是自身因素造成的，但并不是所有的排斥都是公平的，有时人们也会无辜受到他人或其他团体的排斥。受到社会排斥的原因

主要有两种：一种是外部原因，如不同环境的引导、他人有意为之等；另一种则是内部原因，如受排斥者的不良行为等。社会排斥经常与攻击行为联系到一起，人们经常会对排斥他们的人或团体表现出攻击性行为，甚至指向无辜的第三方。个体的归因受过去经验、思维习惯乃至世界观等多种因素的影响。社会排斥归因还可以区分为能力归因和意图归因两种。前者是指向个人特质的归因，认为是自己的能力决定了受到他人排斥或接纳；后者是个人认为排斥与接纳主要是由他人或外在群体的意图决定的（Lott，2002；De Waal-Andrews & Van Beest，2012）。

从测量方法来看，在现实生活中，由于法律、道德、社会习俗、价值观往往会限制攻击性的表达，所以对于攻击性的测量往往会采用内隐的方式，但基于内隐测量的攻击性和社会排斥归因关系的研究还不多见。从研究的主体来看，目前关于社会排斥归因对被排斥者攻击性的调节作用研究较为薄弱，已有研究更多是从排斥者的角度出发，对受排斥者的研究非常鲜见。从研究对象来看，国内的研究主要针对同伴交往拒绝的干预措施，研究对象主要是儿童与青少年，对大学生的研究很少。本次研究将以大学生为研究对象，探讨归因类型在社会排斥和内隐攻击性之间起到的中介作用，研究将采用内隐攻击的研究范式，来揭示社会排斥归因对内隐攻击的影响。

三、社会排斥归因影响内隐攻击的数据收集

（一）基于词汇偏好的研究（实验一）

1. 研究设计

本次实验的目的是使用词汇偏好判断的内隐攻击范式，来检测社会排斥归因对内隐攻击的影响。在某大学招募参与者84名，所有被试都自愿参加本次实验，其中，男生18人，女生66人，女生所占比例为78.6%，男生所占比例为21.4%；其中文科生有44人，理科生有40人，文科生所占比例为52.4%，理科生所占比例为47.6%；所有被试的年龄范围为19～27岁，平均年龄为24岁。此外，所有参与者的视力与矫正视力都正常。实验设计为2（情境类型：排斥、接纳）×3（归因类型：意图归因、能力归因、综合归因）的两因素被试间

设计。其中，综合归因为被试同时选择意图归因与能力归因。因变量为攻击词汇的得分，即表示其内隐攻击程度。记分采用两点记分，判断正确得 1 分，判断错误得 0 分。

2. 实验材料

实验中对排斥情境与接纳情境的启动使用 4 人网络投球游戏，被试在进入实验室后被告知要在线玩一个投球游戏，进入游戏界面后，被试看到的三个小人代表在其他实验室隔间中游戏的对手，实际上这三个人并不存在，是由程序事先设定的，最下面的一只手则代表坐在电脑前的被试。游戏开始后，由其中的一人开始投球，被试接到小球后，要立刻把球投给另外的任何一个人，使小球能够在 4 人中连续投递。接着告知被试这个游戏不存在成绩的高低，重点是要想象游戏情境。例如，此时的温度、天气等，想象得越具体越好。

在社会排斥情境下，被试只在游戏最开始时接到 2 次球，之后则不会再接到球；而在社会接纳情境下，被试每轮都会接到球，且其他 3 名被试都有机会投球给被试。大量的研究发现，网络投球主要会启动短期的同伴排斥经历，更重要的是完成网络投球游戏后，实验并没有对参与者造成持续的消极影响，他们会很快从网上排斥中恢复过来（Dodge & Frame，1982）。

社会排斥操作检验采用 Zadro 等（2004）的两个检验问题，在完成投球游戏之后进行测试："在游戏中你认为他人投给你的球占总数的百分之几？""游戏中，自己认为你被其他人接纳的概率有多大？"

社会排斥与接纳的归因评定问卷为 Banki 和 Latham（2010）的研究中所用的问卷。意图归因的启动采用公开对手的真人照片；能力归因的启动使用能力问卷结果的虚假反馈方式，而能力问卷的相关问题选自《霍兰德职业人格能力测验》，经 5 名心理专业的研究生评估后，最终选出 10 道题目用于能力测试。

以 15 名研究生作为被试进行词汇评估，选择出自己认为最能代表攻击性的词汇，最后通过统计得到 30 个具有攻击性的双字词组，如"战场"。为了使被试认真作答，加入了 10 个无感情色彩的中性词，如"环境"。

3. 实验程序

首先，通过测试启动被试的自身综合能力意识。其中，不熟悉的参与者 4～6 人同时进入随机选好的小隔间进行实验，坐到一台计算机前，主试指导其填写自己的个人信息。指导语如下：

　　正式实验开始前，请您先进行与能力有关的测试。下面的测试题目是从题库中抽取的，完成后系统会计算出您在整个题库中的得分，题库共有120分，分数越高则代表所测得的综合能力越强。请您按键进行快速反应，回答"是"按"J"键，回答"否"按"F"键，理解指导语后，请按任意键进行测试。最后，给被试一个中等程度的虚假反馈，经系统计算，所得结果范围是60～65分，请您谨记！

　　其次，通过投球游戏启动被试的排斥感或接纳感。为了增强网络投球游戏的真实感，主试在实验隔间外给予被试信号，使被试同时进行投球游戏，让其相信虚拟被试正与他们一起进行游戏。进入计算机程序后呈现的指导语为：

　　您好！您将要做的是参与一项投球游戏，您的对手在另一间实验室中，和您一样正在了解游戏规则。进行此游戏的目的在于了解您通过对手的行为，会对他形成什么印象。这个游戏非常简单，进入游戏界面后，您会看到3张不同的彩色相片以及1张QQ图像，其中3张照片代表其他三个实验隔间中的3名同学，而最下面的QQ图像则代表您。当球投给您后，您想要把球投给哪个对手，就点击那个人的头像。在游戏中，游戏不存在成绩的高低，重点是要想象游戏情境，如此时的温度、天气等，想象自己所处的状态以及对手的情况，在您的头脑中建立一个您在真实生活中玩投球游戏时会发生的事情的完整画面，想象得越具体越好。准备好了吗？请点击下面的链接开始游戏。

　　在确认被试通过练习正确理解了实验指导语之后，主试要求给予信号，使所有被试同时点击游戏链接进行正式投球游戏实验。

　　再次，通过问卷检测被试的排斥感与接纳程度，并对被试的归因类型进行7点评分，分数越高则表示对此归因的赞同程度越高。

　　最后，通过词汇偏好进行内隐攻击测验。词组的呈现采用E-prime（Version 1.1）的软件编程，词组呈现的流程为：指导语 — 注视点"+"（600ms）—闪现模糊词组（300ms）—词组靶刺激（按键反应）。即在屏幕出现注视点"+"后，会快速闪现一个词组，然后屏幕会呈现靶刺激词组，让被试判断是否是之前闪现的词组，被试根据指导语做出判断，并进行按键反应，回答"是"就按"J"键，回答"否"则按"F"键。实验结束后，为了避免被试可能会受到攻击性词汇的负面影响，发给被试礼物。

（二）基于词干补笔的研究（实验二）

1. 研究设计

在词汇偏好范式的基础上，使用词干补笔的方法研究社会排斥归因对内隐攻击的影响。在某大学招募参与者 84 名，所有被试均为自愿参加本次实验，男生 10 人，女生 74 人，男生占总人数的 11.9%，女生占总人数的 88.1%；其中文科生 54 人，理科生 30 人，文科生人数占总人数的 64.3%，理科生人数占总人数 35.7%；被试年龄范围为 20～26 岁，平均年龄为 24 岁。此外，所有参与者的视力或矫正视力都正常。实验设计为 2（情境类型：排斥、接纳）×3（归因类型：意图归因、能力归因、综合归因）的两因素被试间设计。其中，综合归因为被试同时选择意图归因与能力归因。因变量为攻击类词汇（包括身体攻击性词汇与言语攻击性词汇）的得分。

2. 实验材料

词汇选自刘源等（1990）编制的《现代汉语常用词词频词典》，共选用 22 个攻击性词汇。其中，身体攻击性词汇和言语攻击性词汇各 11 个；22 个与攻击性词汇相配对的中性词，即中性词与攻击性词中有一个字是相同的。为了避免被试随意作答，另有 22 个干扰词。练习中使用与内容不相关但形式一致的 3 组词汇。此外，对攻击性词与中性词的词频均值的差异检验表明，组间差异不显著。

3. 实验程序

本次实验中排斥情境与接纳情境的启动以及归因的评估程序都与实验一相同。实验中对内隐攻击的检测是在词汇偏好的基础上使用了词干补笔研究范式。实验要求被试快速在目标字组中选择一个字与探测字组成一个双字词，准确选择目标字编号后进行按键反应。被试只需按照实验指导语中说明的具体操作步骤进行。

实验指导语如下：

下面将进行一组组词测试，首先在电脑屏幕中央出现一个红色的"+"注视点,提醒您开始实验。之后在屏幕相同位置出现一个探测字,与随后屏幕上呈现的三个目标字组合成不同的双字词。请根据您的第一印象从中选择词汇的编号,答案无对错之分,仅为研究需要。词汇的呈现使用 E-prime 的软件编程,词汇呈现的流程为:指导语——注视点"+"(600ms)——探测字(800ms)——目标字(按键反应),即在屏幕出现注视点"+"后会出现探测字,然后屏幕出现目标字与之前的探测字组成的词组,被试做出判断的同时进行按键反应,选择目标字前面的编号作为按键的数字,即选择"1"则按1键,选择"2"按2键,选择"3"则按3键。

实验结束后发给被试一些小礼物。

(三) 基于 IAT 的研究 (实验三)

1. 研究设计

本次实验使用 IAT 研究范式来检测社会排斥归因对内隐攻击的影响。随机在某大学招募参与者 94 人,所有被试都自愿参加本次实验。其中,男生有 16 人,女生有 78 人,男生占比为 17%,女生占比为 83%;文科生有 68 人,理科生有 26 人,文科生占比为 72.3%,理科生占比为 27.7%;被试的年龄范围为 20~27 岁,平均年龄为 24 岁。所有参与者的视力或矫正视力都正常。实验设计为 2(情境类型:排斥、接纳)×3(归因类型:意图归因、能力归因、综合归因)的两因素被试间设计。其中,综合归因为同时有意图归因与能力归因。因变量为 D 值,D 值越大,内隐攻击性越强。D 值的计算公式为(不兼容任务平均反应时一兼容任务平均反应时)/所有数据的标准差。

2. 实验材料

本次研究中 IAT 的材料为:攻击类目标词有"格斗""搏击""进攻""战斗""抨击";平和类目标词有"温和""和睦""宁静""安宁""仁慈";自我属性词有"我""自己""本人""我的""自己的";他人属性词有"他们""他人""外人""别人""他们的"。

3. 实验程序

本次实验中排斥情境与接纳情境的启动以及归因的评估程序都与实验一、实验二一致，对内隐攻击性的检测使用了 IAT 的研究范式。词汇的呈现采用 E-prime 软件编程，词汇呈现的流程如表 4-16 所示。

表 4-16 攻击性测量的主要实验程序

阶段	次数	阶段	按"F"键反应的项目	按"J"键反应的项目
1	20	练习	攻击词	平和词
2	20	练习	自我词	他人词
3	20	练习	攻击词 + 自我词	平和词 + 他人词
4	40	测试	攻击词 + 自我词	平和词 + 他人词
5	20	练习	平和词	攻击词
6	20	练习	平和词 + 自我词	攻击词 + 他人词
7	40	测试	平和词 + 自我词	攻击词 + 他人词

实验程序分为 7 个阶段，阶段 1 中要求被试对目标词进行归类并快速地按键反应，当屏幕中出现攻击词时，被试按"F"键进行反应，当出现平和词汇时要尽快按"J"键做出反应；阶段 2 中被试对属性词归类并快速按键进行反应，当屏幕中出现自我属性词时按"F"键，出现他人属性词汇时按"J"键；阶段 3 中要求被试对目标词与属性词的联结进行反应，当出现攻击词与自我属性词的联结时按"F"键，出现词与他人属性词的联结时按"J"键；阶段 4 是阶段 3 的正式测验阶段，步骤与阶段 3 相同；阶段 5 与阶段 1 的按键反应相反，而阶段 6、7 的联结反应与阶段 3、4 的按键反应相反。在 7 个阶段中，阶段 1、2、3、5、6 为练习阶段，反应次数都为 20 次，阶段 4、7 为正式测验阶段，反应次数都为 40 次。实验结束后赠给被试一些小礼物。

四、社会排斥归因对内隐攻击影响的数据分析

（一）基于词汇偏好的研究（实验一）

我们用 SPSS16.0 对数据进行了两因素方差分析，分析的对象是不同实验条件下被试对攻击性词汇的偏好判断。分析前删除情境启动中无效启动（即排斥情境中的接球概率超过 30%，或接纳情境中的接球概率不超过 10%）的 2 人的数据，82 人的数据为有效数据，有效率为 97.6%。

1. 描述性统计结果

不同情境与归因类型条件下的内隐攻击描述性统计结果如表 4-17 所示。

表 4-17　不同情境与归因类型的内隐攻击描述性统计

归因类型	排斥情境		接纳情境	
	M	SD	M	SD
意图归因	18.67	1.16	13.00	3.54
能力归因	15.22	3.06	9.50	2.12
综合归因	13.67	3.62	13.06	3.65

2. 方差分析结果

对不同实验条件下被试的内隐攻击得分进行两因素方差分析,分析结果如表 4-18 所示。

表 4-18　不同实验条件下内隐攻击的方差分析结果

变异源	SS	df	MS	F
情境类型	137.47	1	137.47	11.96**
归因类型	64.75	2	32.37	2.82
情境类型×归因类型	74.44	2	37.22	3.24*

结果表明,情境类型的主效应显著,$F(1,76)=11.96$,$p<0.01$,且排斥情境组的内隐攻击得分显著高于接纳情境组;归因类型的主效应不显著,$F(2,76)=2.82$,$p>0.05$。情境类型与归因类型的交互作用显著,$F(2,76)=3.24$,$p<0.05$,如图 4-8 所示。

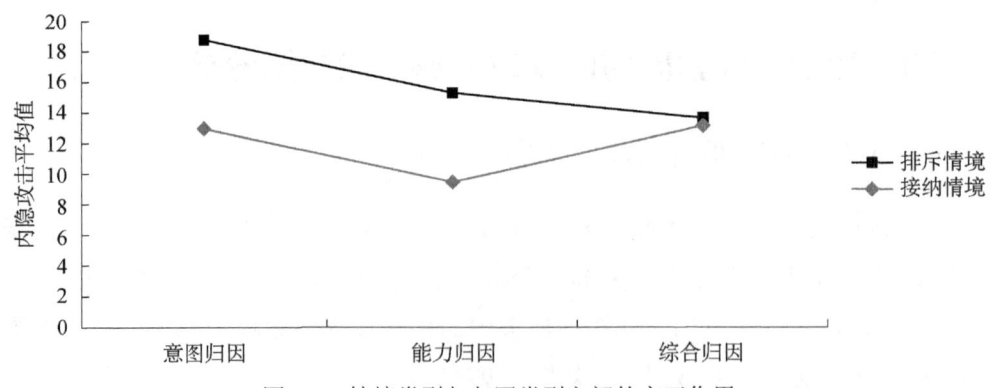

图 4-8　情境类型与归因类型之间的交互作用

在情境类型的各个水平上对归因类型进行简单效应分析，结果显示当个体进行意图归因时，两种情境类型之间不存在显著差异；当个体进行能力归因时，两种情境类型有显著差异，且排斥组在内隐攻击上的得分显著高于接纳组；当个体进行综合归因时，两种情境类型不存在显著差异。

（二）基于词干补笔的研究（实验二）

用 SPSS16.0 对数据进行两因素被试间的方差分析，分析的对象是不同实验条件下被试对攻击性词汇的词干补笔测试。84 名被试中，由于启动排斥情境中有 2 人在排斥情境中报告的接球比例超过 30%，视为无效启动的数据 2 人，被试数据有效率为 97.6%。

1. 内隐攻击相关的统计结果

E-prime 实验程序中目标字的呈现使用拉丁方的方式进行排列，以避免空间误差影响实验结果。记分方式为选中攻击性词记 1 分，选中其他词记 0 分，计算出每名被试得分的均值，分数越高则表明内隐攻击性越强。情境类型与归因类型条件下的内隐攻击描述性统计结果如表 4-19 所示。

表 4-19　情境类型与归因类型的内隐攻击描述性统计

归因类型	排斥情境		接纳情境	
	M	SD	M	SD
意图归因	12.10	1.17	10.90	2.85
能力归因	11.33	3.01	5.65	3.09
综合归因	11.81	2.86	8.76	3.00

对不同实验条件下的被试进行 2（情境类型：排斥、接纳）×3（归因类型：意图归因、能力归因、综合归因）的被试间两因素方差分析，分析结果如表 4-20 所示。

表 4-20　不同实验条件下对内隐攻击的方差分析结果

变异源	SS	df	MS	F
情境类型	188.89	1	188.89	23.22**
归因类型	92.53	2	46.27	5.69**
情境类型×归因类型	51.21	2	25.61	3.15*

结果表明，情境类型的主效应显著，$F(1,76)=23.22$，$p<0.01$，且排斥情境组的内隐攻击得分显著高于接纳情境组；归因类型的主效应显著，$F(2,76)=5.69$，$p<0.01$，经过事后检验结果可知，能力归因与意图归因的内隐攻击差异显著，且意图归因在内隐攻击上的得分显著高于能力归因；能力归因与综合归因的内隐攻击差异也显著，能力归因在内隐攻击上的得分显著低于综合归因。情境类型与归因类型的交互作用显著，$F(2,76)=3.15$，$p<0.05$，如图4-9所示。

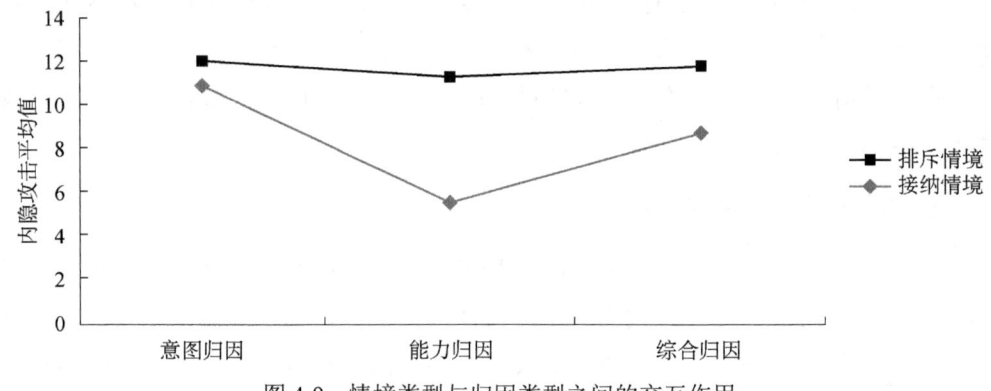

图 4-9　情境类型与归因类型之间的交互作用

对归因类型在情境类型的各个水平上进行简单效应分析，结果显示，当个体进行意图归因时，两种情境类型不存在显著差异；当个体进行能力归因时，两种情境类型的差异显著，且排斥情境组在内隐攻击上的得分显著高于接纳情境组；当个体进行综合归因时，两种情境类型的差异显著，且排斥情境组在内隐攻击上的得分显著高于接纳情境组。

2. 身体内隐攻击相关的统计结果

不同实验条件下，身体内隐攻击的描述性统计结果如表4-21所示。

表 4-21　不同实验条件下身体内隐攻击描述性统计（$N=82$）

归因类型	排斥情境		接纳情境	
	M	SD	M	SD
意图归因	5.86	1.14	4.90	1.35
能力归因	6.11	2.21	2.54	1.78
综合归因	6.09	2.10	4.13	2.14

对不同实验条件下的被试进行 2（情境类型：排斥、接纳）×3（归因类型：

意图归因、能力归因、综合归因）的被试间两因素方差分析，分析结果如表 4-22 所示。

表 4-22　不同实验条件下对身体内隐攻击的方差分析结果

变异源	SS	df	MS	F
情境类型	80.43	1	80.43	21.76**
归因类型	12.97	2	6.48	1.75
情境类型×归因类型	17.69	2	8.84	2.39

结果表明，情境类型主效应显著，$F(1,76)=21.76$，$p<0.01$，且排斥情境组的内隐攻击得分显著高于接纳情境组；归因类型的主效应不显著，$F(2,76)=1.75$，$p>0.05$；情境类型与归因类型的交互作用不显著，$F(2,76)=2.39$，$p>0.05$。

3. 言语内隐攻击的统计结果

不同情境类型与归因类型条件下被试言语内隐攻击的描述性统计结果如表 4-23 所示。

表 4-23　不同实验条件下言语内隐攻击的描述性统计

归因类型	排斥情境		接纳情境	
	M	SD	M	SD
意图归因	6.24	0.78	6.00	1.81
能力归因	5.19	2.36	3.10	1.80
综合归因	5.72	1.65	4.58	1.58

对不同实验条件下的被试进行 2（情境类型：排斥、接纳）×3（归因类型：意图归因、能力归因、综合归因）的两因素被试间方差分析，分析结果如表 4-24 所示。

表 4-24　不同实验条件下对言语内隐攻击的方差分析结果

变异源	平方和	df	均方	F
情境类型	22.90	1	22.90	7.70**
归因类型	38.07	2	19.04	6.40**
情境类型×归因类型	8.30	2	4.15	1.39

分析结果显示，情境类型主效应显著，$F(1, 76)=7.70$，$p<0.01$，且排斥情境组的内隐攻击得分显著高于接纳情境组。归因类型的主效应显著，$F(2, 76)=6.40$，$p<0.01$，经事后检验可知，意图归因与能力归因的言语内隐攻击差异显著，且意图归因在言语内隐攻击上的得分显著高于能力归因；能力归因与综合归因的言语内隐攻击差异显著，且能力归因在言语内隐攻击上的得分显著低于综合归因；情境类型与归因类型的交互作用不显著，$F(2, 76)=1.39$，$p>0.05$。

（三）基于 IAT 的研究（实验三）

我们用 SPSS16.0 对数据进行了两因素方差分析，分析的对象是不同实验条件下的被试在 IAT 中的内隐攻击强度。

1. 描述性统计结果

实验数据统计的主要步骤为：①删除错误率超过 20% 的被试，以及不同情境启动中均有效启动（即排斥情境中的接球概率为 10%～20%，或接纳情境中的接球概率为 50% 以上）的被试，最后有效数据为 90 人，数据有效率为 95.7%；②将其所属联合部分的平均反应时加上 600ms 替代错误的反应时；③计算所有数据的标准差；④计算不相容部分和相容部分的反应时均值之差；⑤用均值之差比所有数据的标准差得出 D 值。

不同情境与不同归因类型条件下内隐攻击的描述性统计结果如表 4-25 所示。

表 4-25　不同情境与不同归因类型条件下内隐攻击的描述性统计（$N=90$）

归因类型	排斥情境		接纳情境	
	M	SD	M	SD
意图归因	1.18	0.77	0.27	0.27
能力归因	0.44	0.24	0.36	0.32
综合归因	0.72	0.65	0.40	0.27

2. 方差分析结果

对不同实验条件下的被试进行 2（情境类型：排斥、接纳）×3（归因类型：意图归因、能力归因、综合归因）的两因素被试间方差分析，分析结果如表 4-26 所示。

表 4-26　不同实验条件下内隐攻击的方差分析结果

变异源	SS	df	MS	F
情境类型	4.05	1	4.05	16.49**
归因类型	1.52	2	0.76	3.10*
情境类型×归因类型	2.78	2	1.39	5.67**

结果表明，情境类型的主效应显著，$F(1, 84)=16.49$，$p<0.01$，且排斥情境组的内隐攻击得分显著高于接纳情境组；归因类型的主效应显著，$F(2, 84)=3.10$，$p<0.05$，经过事后检验可知，意图归因与能力归因之间的差异显著，且意图归因的内隐攻击程度显著高于能力归因；情境类型与归因类型的交互作用显著，$F(2, 84)=5.67$，$p<0.01$，如图 4-10 所示。

对归因类型在情境类型各个水平上进行简单效应分析，结果显示，当个体进行能力归因时，两种情境类型的差异不显著，$F<1$；当个体进行意图归因时，两种情境类型的差异显著，且排斥情境组的内隐攻击程度显著强于接纳情境组；当个体进行综合归因时，两种情境类型的差异不显著。

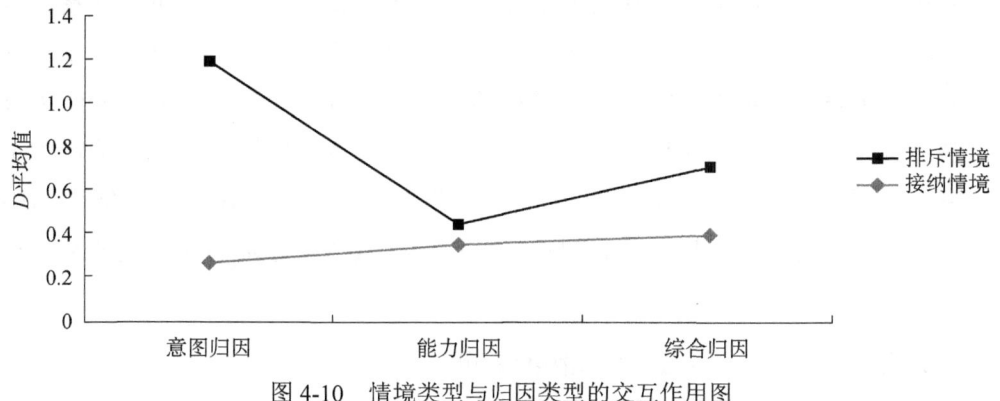

图 4-10　情境类型与归因类型的交互作用图

五、社会排斥归因对内隐攻击影响的分析讨论

（一）综合讨论

1. 语词偏好测量中社会排斥归因的影响

实验一的结果表明，通过不同情境与归因类型条件下被试的内隐攻击描述性

统计结果可知，排斥情境下进行意图归因的被试的内隐攻击得分高于进行能力归因与综合归因的被试，表明排斥情境下被试进行意图归因会导致更高水平的内隐攻击；接纳情境下进行能力归因的被试的内隐攻击均值低于进行意图归因与综合归因的被试，表明在接纳情境下被试进行能力意图归因使得内隐攻击降低。所以，排斥情境中被试的内隐攻击程度受到对方意图的影响，与被试本身的能力无关，而接纳情境中被试的内隐攻击程度与自身的能力相关。

本次研究的结果还显示，排斥情境与接纳情境下被试的内隐攻击差异显著，且排斥情境下被试的内隐攻击得分显著高于接纳情境下的被试，表明被试倾向在排斥情境下有更高的内隐攻击。已有研究已证实，社会排斥与攻击性之间直接相关，且社会排斥会增强个体的攻击行为。本次研究在此基础上进一步证明了社会排斥显著增强了个体的内隐攻击。即使是很细微的排斥线索也会导致被试感到基本需要受到威胁，以及感受到生理疼痛或情绪痛苦等负性反应。

De Wall等（2009）的实验研究发现，被排斥者容易将中性词汇知觉为攻击性词，或将他人的模棱两可行为看成是敌意的。所以被试在受到排斥后进行词汇偏好判断时，会更偏好选择诸如搏斗、报仇等攻击性词汇，也可能将诸如地板、水果等知觉为具有攻击性。相对于接纳情境，排斥情境下被试的内隐攻击更强。本次研究的结果表明，归因类型的主效应边缘显著，但事后检验结果显示三种归因类型之间无显著差异，所以归因类型的主效应不显著。但情境类型与归因类型有显著的交互作用，简单效应分析后结果显示被试进行能力归因时，情境类型的主效应显著，表明排斥情境下被试的内隐攻击比接纳情境下被试的内隐攻击更强。

2. 词干补笔测量中社会排斥归因的影响

De Wall等（2009）的实验研究认为，被排斥者容易将中性词知觉为攻击性词，或将他人的模棱两可行为看成是敌意的。在受到排斥后进行词干补笔测试时，个体倾向从目标词组中选择一个字与探测字组成具有攻击性的词汇，所以排斥情境下被试的内隐攻击比接纳情境下的内隐攻击更强。实验二的结果表明，归因类型的主效应显著，由事后检验结果可知，能力归因与意图归因的内隐攻击差异显著，能力归因与综合归因的内隐攻击差异也显著，且进行能力归因被试的内隐攻击得分均值显著低于进行意图归因被试的内隐攻击得分，同时进行能力归因被试的内隐攻击得分显著低于综合归因被试的内隐攻击得分。

本次研究结果还表明，当个体将行为结果归因于自身的能力时，内隐攻击的强度反而降低；当个体将行为结果归因于他人的意图时，个体的内隐攻击强度随之增强。Brown 和 Ryan（2012）提出，当具有自主控制能力时，个体的反社会性会减弱。Wesselmann 和 Williams（2010）的研究认为，个体被社会排斥后失去控制感，会增强其攻击性；当个体控制感得到满足后，会降低攻击性。所以，本次研究中，被试将排斥归因于能力时，个体的可控需求得到了满足，则其内隐攻击随之降低。Zadro 等（2004）认为，真实人对被试的排斥是故意的，电脑程序自动生成的排斥是无意的，无意排斥比有意排斥增强了被试的愤怒，更有可能造成负性行为。被试将排斥归因于意图时会提高内隐攻击，使得能力归因与意图归因的差异显著，这与实验结果相一致。实验中除了单一归因外，还有一部分被试认为社会排斥不仅受到自身能力的影响，还取决于他人的意图，这表明了个体进行归因时倾向考虑多方面因素的影响。

本次研究还探讨了不同实验条件下被试的身体攻击与言语攻击，结果显示，言语攻击词的均值显著高于身体攻击词的均值，表明个体更偏好言语攻击词，原因可能是随着年龄的增长以及社会规范的要求，人们解决冲突问题时倾向使用言语攻击，而不是使用武力解决问题，所以对身体攻击词汇的使用逐渐减少。不同实验条件下被试对身体内隐攻击的方差分析结果显示，情境类型的主效应显著，且排斥情境下被试的身体攻击高于接纳情境下的身体攻击。不同实验条件下个体对言语内隐攻击的方差分析结果显示，情境类型的主效应显著，归因类型的主效应也显著，且意图归因与能力归因在言语攻击上的差异显著，能力归因与综合归因在言语攻击上的差异也显著。

3. IAT 中社会排斥归因的影响

实验三基于 IAT 研究的方差分析结果显示，情境类型的主效应显著，这与实验一、实验二的结果相同，且排斥情境下被试的内隐攻击程度显著高于接纳情境，表明被试倾向在排斥情境下有更高的内隐攻击。De Wall 等（2009）认为，被排斥者容易将中性词汇知觉为攻击性词，所以这些存在于头脑中的负性认知会使被试对攻击性词汇与自我联结的反应更快，即形成相容任务；反之，则对不相容任务的反应时更长，而不相容任务与相容任务之差越大，内隐攻击倾向也随之越强，结果导致被排斥被试的内隐攻击显著高于被接纳被试的内隐攻击。

本次研究结果还显示，归因类型的主效应显著，意图归因与能力归因的内隐攻击差异显著。Wirth 等（2010）的研究认为，个体被社会排斥后失去控制感会增强其攻击性，但当控制需要得到满足后，攻击性会降低。所以，当个体将排斥归因于能力时，个体的这种基本需要得到了满足，则其内隐攻击随之降低。对于本次实验中的被试，他们更多将受到排斥或接纳的结果归因于自己无法控制的他人意图，则控制感成为首要满足的基本需要，而控制感需要没有得到满足时，被试的内隐攻击达到了最高值。所以，意图归因与能力归因的内隐攻击差异显著，且相对于能力归因，个体的意图归因的内隐攻击性更强。

统计结果还表明，情境类型与归因类型的交互作用显著，且当个体进行意图归因时，情境类型的主效应依然显著，排斥情境下个体的内隐攻击显著高于接纳情境下的内隐攻击。这与实验一、实验二的结果不同，主要是因为接纳情境下被试进行能力归因后的内隐攻击比进行意图归因后的内隐攻击高，导致进行能力归因的被试在两种情境下的内隐攻击差异减小，而进行意图归因的被试在两种情境下的内隐攻击差异增大，所以最终使得进行意图归因被试的内隐攻击显著高于接纳情境。

4. 研究结果的综合分析

本次研究在实验开始之前进行了简单的能力测试，给予被试明确的启动能力线索，旨在使被试首先启动与能力有关的认知与态度，实验中进行能力归因的被试在接纳情境中的内隐攻击均值较低，说明被试倾向将接纳与自身的能力相联系。对于意图线索，实验中则没有明确使用问卷或其他方式进行启动，但在排斥情境下被试倾向进行意图归因，因为被试往往倾向通过自己的主观认知来进行判断，认为排斥情境中得到球的数量是由对方决定的，而自己无法控制，被试的控制感被抑制，导致用反社会的方式来满足自我控制感。

对于情境类型对内隐攻击的影响，3 个实验结果都显示，在排斥情境与接纳情境下，个体的内隐攻击有显著差异，且个体倾向在排斥情境下有更高的内隐攻击水平，而且情境类型对身体和言语攻击都有显著影响。De Wall 等（2009）的研究发现，被排斥者容易将中性词知觉为攻击性词，或将他人的模棱两可行为看成是敌意的。因此被试在受到排斥后进行词汇偏好判断时，会更偏好选择诸如搏斗、报仇等攻击性词，也可能将诸如地板、水果等知觉为具有攻击性的，那么相对于接纳情境，排斥情境下被试的内隐攻击更强；被试也可能倾向选择具有攻击性的词组，而头脑中的负性认知也会使被试对攻击性词汇与自我联结的反应更快，平和词汇与他人联结的反应时更长，结果导致被排斥被试的内隐攻击得分显著高于被接纳被试的内隐攻击得分。

对于情境类型与归因类型的交互作用，实验一的结果显示，情境类型与归因类型有显著的交互作用，简单效应分析结果显示，被试进行能力归因时，情境类型的主效应显著，表明排斥情境下被试的内隐攻击比接纳情境下更强。实验二的结果显示，情境类型与归因类型有显著的交互作用，且被试进行能力归因与综合归因时，情境类型的主效应都显著。实验三中情境类型与归因类型有显著的交互作用，且被试进行意图归因时，情境类型的主效应显著。通过三个实验研究结果可知，情境类型与归因类型都有显著的交互作用。实验一与实验二中对内隐攻击的测量均使用词汇评估得分，它们均有相同的归因类型，即当被试进行能力归因时，情境类型的主效应显著。实验三中涉及了被试的反应时，容易受到被试自身反应快慢的影响。

虽然国内外对社会排斥进行了大量的实验研究，但多集中于探讨社会排斥造成的情绪、行为后果上，对排斥归因的研究很少。目前，对于社会排斥归因的研究主要还是沿用外归因与内归因的分类，将来有必要结合归因研究的最新成果进行研究。在研究方法上，虽然已有研究证明了几种不同的范式都可以启动社会排斥，但对于排斥归因的操作仍然停留在问卷测试方式上，而这种自变量的单一操作也可能会影响实验结果，将来有必要开展社会排斥归因的纵向研究。

（二）本次研究的结论

本次研究采取三种归因类型：意图归因、能力归因与综合归因，通过使用词汇偏好判断、词干补笔以及 IAT 的内隐攻击研究范式，来探讨不同情境下归因类型对内隐攻击的影响，得出以下结论。

1）不同情境类型对个体的内隐攻击程度有显著的影响，相对于社会接纳情境，社会排斥情境中的内隐攻击程度更强。

2）不同归因类型对个体的内隐攻击程度有显著的影响，意图归因的内隐攻击程度显著高于能力归因。

3）情境类型与归因类型的交互作用显著，且当个体进行能力归因和意图归因时，相对于社会接纳情境，社会排斥情境中的内隐攻击程度均更强。

第三节 社会排斥、自我价值肯定与执行功能

人是一种社会性动物，必须依靠群体才能获得更好的生存、繁衍及发展机会，如果遭到社会排斥，其生活就会受到严重的威胁。在社会互动中，沟通的缺乏会导致免疫系统功能障碍、睡眠质量变差（Cacioppo et al.，2003）。在复杂任务中，在解决逻辑问题和推理问题时，社会排斥会导致个体的思维能力下降（Baumeister et al.，2002）；受到社会排斥的个体会表现出更多负性情绪反应，其威胁能够激活与生理疼痛相同的监控和管理机制（De Wall & Baumeister, 2006）。被社会排斥的个体会产生更多的反社会和冒险行为（Baumeister et al., 2009）。近年来，社会排斥对个体执行功能的影响开始受到关注，研究发现，在社会排斥后的即时测量中，被试的单词搜索效率会明显下降（Lustenberger & Jagacinski, 2010），社会排斥会导致女性的注意和工作记忆表现更差（Hawes et al., 2012）。同时，因为自我价值构建会影响心理距离和个体的自我控制，其中介和调节作用也受到了研究者的重视。

一、国内外研究概况

（一）自我价值肯定对社会排斥的影响

自我价值肯定理论源于认知失调理论，早期的发现表明，人们会通过肯定他们重视的价值观来合理化自己的决定（Sherman, 2013）。当个体面对被社会排斥的威胁时，往往会启动防御机制来保护自我的完整性，甚至不惜扭曲信息或错误地理解信息，而防御的代价就是失去潜在的成长和发展机会。反之，如果个体在

排斥情境下持非防御的态度，在威胁信息中适应生存，长期而言对个体的成长是有益处的。

自我价值肯定最常见的操作方法是写下对个体重要的价值观，个体重视的价值观通常是他们衡量自我价值的内在原则，写下重要的价值观有利于其应对威胁自我的信息，恢复自我形象或者是重新找到自我价值（Cohen & Sherman，2014）。Creswell 等（2005）在实验中让参与者将五个不同的价值观依照重要程度高低排序，实验组针对排序第一的重要价值观回答相关的问题，控制组针对最不重要的价值观回答问题，之后所有参与者都参加充满压力的社会评价活动。实验结果表明，自我价值肯定组参加完高压活动后的生理反应与心理压力反应都显著低于控制组。同时，自我价值肯定还可以降低个体对威胁信息产生的防御性反应，从而减少自我受到的威胁。例如，有研究指出，写下个人重要的价值观，可以明显地减少吸烟者对于吸烟引发健康问题的防御（Crocker et al.，2008）。

自我价值肯定可以分为两类：一类是自我增强（self-enhancement），它是维持或者提升个体的社会地位，维护积极自我以及良好形象的动机，是一种维持积极形象的自我需求；另一类是自我超越（self-transcendence），它与他人的支持和社会关系和谐相关，有益于缓冲自我威胁，导致对自我形象的关注度降低。在个体面对威胁信息的时候，这些超越自我的价值观可以起到缓冲作用，让个体降低自我形象的重要性，将关注点从关注自我转移到自我以外更开阔的视野（Burson et al.，2012）。

建构水平理论（construal level theory）认为，高水平的建构（high-level construal）表现为抽象概念，侧重个体特征的抽象构建，它更多地与自我超越过程有关；低水平建构（low-level construal）关注的目标更具体、明确，更多指向对象的从属特点，更多地与自我增强过程有关。决定建构水平的主要因素是心理距离，近的心理距离会导致细节、具体的认知加工；远的心理距离会导致抽象的思考。遭遇社会排斥后，个体多处于消极痛苦状态，低水平建构会拉近个体同社会排斥事件的心理距离，导致个体在社会排斥的痛苦中无法自拔；高水平建构则能促进自我控制，拉大个体同排斥事件的心理距离，使个体的建构水平从具体事件转向抽象概念，这有利于个体在面对社会排斥的时候仍能保持良好的自我状态（Schmeichel & Kathleen，2009）。

(二) 社会排斥的测量方法

虚拟投球范式是目前研究社会排斥应用最为广泛的研究方法。该范式在初期应用时是真实的人与人之间的传球游戏，后来被改进的实验范式通过电脑单机游戏进行传球，告诉被试他们与其他被试在线玩投球游戏。在社会排斥组，被试只在开始的时候能接到两次球，以后就再也没有接到传球。相对于社会排斥组，社会接纳组被试接到球的概率与其他两个玩家一样。实际上，其他玩家是并不存在的，玩家投球的操作是事先设定好的电脑单机模式（Williams & Jarvis, 2006）。许多相关研究表明，虚拟投球范式可以使被试产生短暂、强烈的社会排斥感，也会引发情绪困扰。例如，产生消极的情绪情感体验、降低自尊和归属感等。

问卷反馈范式又称为孤独终老范式，其操作流程是实验开始时先让参与者做艾森克人格问卷，向他们反馈真实的得分情况，提高其对测验结果的信任程度，然后将参与者随机分配到未来归属组、未来孤单组和未来不幸控制组。未来归属组的参与者给出的反馈是："未来会有一段有助于你发展的人际关系，会有一段长期并且稳定、幸福美满的婚姻和友谊，你将会得到朋友的关心和关爱"；未来孤单组得到的反馈是："未来你将会孤独地度过，你可能现在会有朋友，但是当你在 30 岁左右的时候，这些朋友都会逐渐散去，你可能会有一段或者是几段不幸福的婚姻，都很短暂，而且你的人际关系也会出现问题，随着年龄的增长，朋友越来越少，最后你孤独终老的可能性会越来越大"；未来不幸控制组被试被告知以后会发生不幸的事情并且容易受到各种伤害（Twenge et al., 2001）。设置未来不幸控制组的目的在于区别社会排斥带来的消极影响和其他消极事件的影响之间的差异。问卷反馈范式带来的排斥感虽更强，但其不足会导致长期的排斥感，可能会诱发情感麻木。

真实情境拒绝范式是让被试在一项合作任务中得到他人拒绝或者其合作的反馈，其特点是被试明确知道自己受到排斥的状况。最常用的是面对面拒绝范式和相互认识范式。研究人员指出，让被试独自坐在配备台式电脑的小房间里，填写个人信息，包括名字、年龄、性别、家乡的城市、主要运动或爱好。每个被试完成相同的两张表，用于和其他两个人交换信息，让被试相信在实验室中还存在两个人与自己共同合作完成实验。但是其他两个人必须在单独的房间，目的是防止他们在一起发生交互作用。同样，给被试提供另外两个人的信息表，让被试选择想合作的伙伴。被试做好选择后，主试离开，表面上是通知其他被试的选择情况。不久，主试返回实验室，反馈给被试信息："在排斥的条件下，告诉被试，下一项任务只需要一个合作伙伴，而其他人将会合作完成其他任务，你将会独自一个人做不同的任务，因为你不是他们选择要合作的伙伴。"

在相互认识范式中，先让被试和其他人交流 15min，在短时间内熟悉起来。交流结束后，将被试安排到独立的实验房间，要求他们在刚才参与讨论的参与者中选出两位作为自己的搭档完成接下来的实验任务，随后给被试虚假的反馈，在排斥的条件下，告知被试没人选他们；接受组被试被告知所有人都选了他们。面对面实验范式更加直接、明确，更接近真实的生活情境，生态效度较高（Twenge et al., 2001）。

（三）社会排斥对执行功能的影响

执行功能（executive functioning）是个体完成复杂行为和认知的前提，是复杂认知系统的重要组成部分，属于高级认知过程。执行功能由三个最基本的成分构成：工作记忆表征、心理定势转换以及反应抑制。Buelow 等（2015）的研究通过工作记忆、持久性任务和决策证明了社会排斥后个体执行功能的受损。其中，测量反应抑制典型的任务就是 Stroop 任务，任务当中一些刺激不符合自动化的反应，那么认知就受到抑制；对于工作记忆表征，可以通过韦氏智力量表中的记忆广度分量表来测量；爱荷华博弈任务决策与工作记忆也存在密切的关系，因为该任务给出了极其复杂的信息，个体在完成任务的过程中，必须通过工作记忆来记住纸牌的惩罚数量和即时奖励金额，以及惩罚的分布情况。

完整的执行功能对许多日常活动的完成很重要，并且与额叶功能相关。同样，在社会排斥的研究中，也存在额叶功能受损的情况。有学者用功能性磁共振成像扫描玩虚拟投球游戏的参与者的大脑，让参与者相信还有玩投球的其他两名玩家也在接受功能性磁共振技术的扫描。参与者在玩虚拟投球游戏的时候，分为排斥组和非排斥组。研究结果显示，排斥组负责加工负性情绪的右腹侧前额叶皮层、前扣带皮层、内侧额叶皮层、前脑岛更活跃（Eisenberger et al., 2003）。

社会排斥会导致个体的基本需要受到损害，使自我调节朝着有利于满足自己归属需要的方向发展。Buelow 等（2015）在实验中指出，社会排斥的消极后果会持续一段时间，这会影响个体的执行功能，例如，工作记忆、计划、组织和决策。被社会排斥的个体激活的脑区和执行功能激活的脑区相关，执行功能是最基本的认知过程，完整的执行功能对许多日常活动的完成很重要，并且与额叶功能相关。在自我控制和努力程度方面，被排斥的个体不愿意在自我控制方面花费更多的时间和资源，在 Stroop 任务失败面前难以保持速度和准确性的最佳平衡点，这些都是对执行功能的影响（Buelow et al., 2015）。

二、社会排斥和自我价值肯定影响执行功能的研究意义

自我价值肯定可以有效地调节社会排斥后的认知反应。由于社会排斥后会产生痛苦的情绪，人们又多通过压抑情绪来减少痛苦，这会占用认知资源，从而影响执行功能。有研究者指出，社会排斥引起情绪压抑管理和其他执行功能的控制，可能应用了相同的认知资源，它对于认知资源的占用抑制了认知加工。研究还发现，越是自动化的认知过程受到的影响越小，越需要认知资源控制的过程受到的影响越明显（Baumeister et al., 2002）。另外，社会排斥和自我控制之间存在契约关系。自我和社会之间是内在的契约，人们可以控制欲望来赢得社会认可，但是社会排斥打破了这种内在的契约关系，被排斥的个体认为控制被排斥后的冲动得不到应得的利益，所以不愿意进行自我控制，进而影响了认知表现（Baumeister et al., 2005）。

尽管社会排斥后个体的自我控制受到损害，但是通过自我增强和自我超越两种自我价值肯定策略可以恢复自我控制。尤其是自我超越强调他人的支持及社会和谐的价值，重视自我与社会之间的关系以及重新建立内在契约关系的重要性。Burson 等（2012）在研究中指出，社会排斥对自我造成了威胁，导致自我控制水平下降，表现在被试选择美味但不健康饼干的数量增多。通过自我超越的干预，被试选择美味但不健康饼干的数量会减少，以达到改善自我控制的目的。

尽管自我价值肯定的观点已经被引入了社会排斥的研究中，但是相关研究还存在许多不足。首先，因为社会排斥对认知的影响广泛，该调节策略没有拓展到其他认知领域，例如，工作记忆、决策行为、自我调节等方面。其次，在关于自我价值肯定对执行功能的影响研究中，采用的社会排斥启动范式非常单一，应该更多地采用启动范式来确保其有效性。本次研究尝试采用 3 种启动范式，检验社会排斥对执行功能的影响及其同自我价值肯定的交互作用，研究假设如下：

在虚拟投球社会排斥情境下，通过启动自我增强和自我超越两种价值肯定策略，可能会对个体执行功能的恢复产生不同的影响。在被社会排斥组中，自我增强和自我超越组对于执行功能的影响存在差异，自我超越组和自我增强组顺背的工作记忆不存在差异，倒背的工作记忆广度大于自我增强组。在决策实验中，自我超越组更多地选择长期效益。在自我控制任务中，被试能很好地执行任务，达到速度和准确性的平衡。

在孤独终老的条件下，被排斥个体的执行功能受损，通过自我超越的调节策略可以补偿受损的工作记忆、决策和自我控制；而在自我增强的调节策略中，被社会排斥的个体不能补偿受损的执行功能，二者存在差异。在真实社会排斥情境下，被社会排斥者的参与性更强，有强烈的被排斥感，个体的执行功能受损更为明显，通过自我超越策略调节后的效果更加显著。在自我超越的条件下，被排斥的被试在倒背数字广度任务中的表现更好；在决策任务中，更多选择长期受益选项；能够准确和快速地判断自我控制任务。

三、社会排斥和自我价值肯定对执行功能影响的数据收集

（一）基于虚拟投球排斥的研究（实验一）

1. 研究设计

本次研究通过对工作记忆中数字广度、决策和自我调节的测量，探讨了个体遭遇社会排斥后，其自我价值肯定对执行功能的影响。通过校园论坛、QQ 群和微信群招募某大学在校生 120 名，平均年龄为 21.67 岁，标准差为 1.49。理科专业 48 人，文科专业 72 人；男生 54 人，女生 66 人。无色弱或色盲，以前未参与过类似的心理学实验。研究采用 2（情境类型：社会排斥、社会接纳）×2（自我价值肯定类型：自我增强、自我超越）的被试间设计。因变量为工作记忆顺背和倒背的数字广度，选择 A、B 牌的数量以及自我调节任务中的反应时。

2. 实验材料

（1）社会排斥操作

社会排斥操作采用虚拟投球游戏范式。主试告诉被试："我们要在后面的实

验中进行测量心理视觉效应的任务。因此，我们需要你先练习心理视觉能力。我们发现练习心理视觉能力的最好方法是与其他人进行投球游戏。在接下来的时间里，你会与其他被试进行在线的网络投球游戏。这个游戏非常简单，当球扔给你后，你想要把球扔给哪个游戏者，就点击那个游戏者的名字。游戏结束后，主试会给你其他的指示。在游戏中，重要的不是你的投球表现，而是你的整个投球过程。要去想象：其他游戏者长什么样子？他们是什么类型的人？你在哪里进行游戏？天气是温暖、晴朗的，还是寒冷、阴沉的？在你的头脑中建立一个你在真实生活中玩投球游戏时会发生的事情的完整画面。"实际上，其他3名被试是事先设定好的电脑操纵单机程序。被试被随机分配到排斥或者接纳条件下。在排斥条件下，被试在最开始的时候接到2次球，之后再也接不到其他玩家的传球。在接受条件下，被试与其他玩家接到球的概率是相等的。两种条件下总共投球30次，大约2min。在虚拟网络投球游戏主要界面中，4名游戏参与者的头像分别用QQ头像来代替。

（2）需求威胁的测量

采用需求威胁测量问卷，该问卷用于测量虚拟投球游戏之后参与者的感受，同时还可以检验参与者是否真正地感受到了来自其他参与者的排斥或者接受。该量表为5点评分，从"完全没有"到"完全符合"。主要测量被试的4种基本的需要——归属需要、自尊需要、控制需要和存在的需要，各包括3个题目。

（3）执行功能测量工具

工作记忆广度是用韦氏智力量表中的数字广度来测量。所有参与者必须都从第一项开始，每项有两次测试，两次测试都失败必须停止。每秒一位数，全部通过可加位。按通过的数字位数记分，顺背最高得分为12分，倒背最高得分为10分。参与者重复越来越多的冗长的字符串，通过顺背和倒背重复出数字（Wechsler，2008）。

决策实验是由美国的爱荷华大学设计的。标准的爱荷华博弈任务（Iowa gambling task，IGT）有100个实验组块，有4组外观相同的纸牌（A、B、C、D）。参与者选择纸牌，每一次选择可能赢钱也可能输钱。A和B纸牌具有高额的奖励，但是同时也伴有高额的损失，最终会导致损失大于盈利，即有短暂高的收益，但是长期看来有消极的结果，为损失牌。C和D纸牌具有低额奖励，同时伴有低额的损失，最终的结果是盈利大于损失，即时的收益是短暂的，但是长远看来会有积极的结果，为盈利牌。另外，选择的前 40 次是模糊决策，后 60 次是风险决策。在实验开始时，参与者不知道纸牌中的盈利规则，只有通过反馈的结果和学习才可以找到这些规则。

自我控制任务主要是 Stroop 色词实验范式。用 E-prime 编制 Stroop 色词实验范式程序。该实验设计要求参与者对汉字的颜色和汉字的名称是否一致进行判断，一致按"F"，不一致按"J"。呈现刺激的屏幕背景颜色为黑色，刺激呈现为蓝、绿、黄、红四种基础颜色的中文文字。字体为 80 号宋体，加粗。首先，屏幕上呈现 500ms 的"+"，然后出现"红"字，但是字体的颜色是蓝色。被试判断字的意义和字体的颜色是否一致，呈现时间为 1500ms，刺激之间的呈现间隔为 1000ms。实验共设计了 108 个试次的程序，其中名称和颜色相匹配为 72 次，不匹配次数为 36 次，随机呈现刺激。

（4）价值肯定分类工具

自我价值肯定策略的启动采用问卷，在自我增强的条件下，让被试给 6 种价值进行排序并且回答两个问题：上述列表中对你最重要的价值是什么？为什么你选择的这个价值对你来说很重要？请举例说明在过去的生活中，这个价值对于你的意义，它是如何影响你的生活的。给被试 8min 时间进行考虑和作答。在自我超越的条件下，同样让被试给 6 种价值观进行排序，并有 8min 时间回答自我增强条件下的两个问题。

3. 实验程序

对于社会排斥，采用虚拟投球范式。首先，将参与者带到实验室，告知他将要与其他 3 名参与者进行网络投球游戏，向被试解释实验的指导语。紧接着是操作有效性的测量，让被试回答自我价值肯定类型的问卷。然后，对被试进行基本需要的测量。

在自我调节任务中，让被试按照指导语进行操作。首先，屏幕中央会出现注视点"+"（Times New Roman，48 号字体），持续时间为 500ms，然后在注视点消失的位置呈现"红"字，要求被试判断字的颜色和字义是否相同，一致按"F"键，不一致按"S"键。每个被试有 16 次练习机会，整个过程持续约 10min。

在工作记忆任务中，为被试读数字，一秒一个数字。然后，被试按顺序口头报告，如果被试两次都不能重复数字，实验即停止。

决策任务的实验指导语是：

屏幕上有四张扑克牌，每张牌面既有奖励也有惩罚。用鼠标点击扑克牌后，就会出现您获得惩罚或奖励的结果，屏幕下方有两条计数条，红色计数条代表着您初始钱数（您有2000元的本金），绿色计数条代表着您的每次翻拍后所积累的钱数。请用鼠标点击扑克牌，获得最多的奖励。牌面的奖惩不是随机的，您可以通过点击扑克牌找到规律，以获得更多的奖励。

（二）基于问卷反馈排斥的研究（实验二）

1. 研究设计

研究者曾指出，社会排斥的情境不同，对实验结果的影响也存在差异。因此，实验二启用了不同的社会排斥情境，采用问卷反馈的社会排斥情境进行实验。同时，为了证明自我价值肯定的有效性，加入情绪反馈问卷。通过校园论坛、QQ群和微信群招募某大学在校生120名，平均年龄为21.41岁，标准差为1.48。理科专业56人，文科专业64人；男生49人，女生71人。其无色弱或色盲，以前未参与过类似的心理学实验。研究采用2（情境类型：未来孤单组、未来归属组）×2（自我价值肯定类型：自我增强、自我超越）的被试间设计。因变量为工作记忆顺背和倒背的数字广度，IGT决策任务中选择A、B牌的数量以及自我调节任务中的反应时。

2. 实验材料

社会排斥的启动采用问卷反馈范式，包含艾森克人格问卷、反馈材料以及情绪反馈问卷等。给未来归属组的反馈是："未来会有一段有助于你发展的人际关系，会有一段长期并且稳定、幸福、美满的婚姻和友谊，你将会得到朋友的关心和关爱。"给未来孤单组的反馈是："未来你将会孤独地度过，你可能现在会有朋友，但是当你在30岁左右的时候，可能这些朋友都会逐渐散去，你可能会有一段或者是有几段不幸福的婚姻，都很短暂，而且你的人际关系也会出现问题。随着年龄的增长，朋友越来越少，最后你孤独终老的可能性会越来越大。"

情绪反馈问卷是Crocke等（2008）的研究中使用过的量表，该量表共有18种情绪，采用利克特5点评分。这18种情绪为有爱的、互相联系的、骄傲的、坚强的、可敬的、强有力的、受控制的、谦虚的、同情的、易受伤的、高傲的、易犯错误的、忧伤的、脆弱的、失控的、羞愧的、迷茫的、自卑的。执行功能测验材料与实验一相同。

3. 实验程序

首先，让被试做标准的艾森克人格问卷，然后给被试反馈信息，将被试随机分配到未来归属组和未来孤单组。紧接着让被试回答自我价值肯定类型的问卷，并做情绪反馈问卷，也是将被试随机分配到自我超越组和自我增强组中。被试需要完成自我调节任务、工作记忆任务、IGT决策任务。实验内容和实验过程与实验一相同。最后，向被试解释艾森克人格问卷的虚假反馈。

（三）基于真实社会排斥的研究（实验三）

1. 研究设计

为了提高研究的生态效度，实验三引进真实情境拒绝范式。范式中存在的真实排斥情境可以引发被试更强烈的排斥感。通过校园论坛、QQ群和微信群招募某大学112名在校生来参与实验，平均年龄为22.03岁，标准差为1.66。男生51人，女生61人；理科生48，文科生64人。其无色弱或色盲，以前未参与过类似的心理学实验。研究采用2（情境类型：社会排斥、社会接纳）×2（自我价值肯定类型：自我增强、自我超越）的被试间设计。因变量为工作记忆顺背和倒背的数字广度，IGT决策任务中选择A、B牌的数量以及自我调节任务中的反应时。

2. 实验材料

除社会排斥情境操作用真实情境拒绝中的相互认识范式外，自我调节任务、IGT决策和工作记忆数字广度与实验一相同。

3. 实验程序

主试将被试带到实验室，实验室中有先来的两名"被试"。让3名被试相互交流5~10min，然后开始正式实验，让被试到单独的房间，告知被试实验需要与其他人合作，要从刚才交流的"被试"中选择一个人，被试选择后，主试出门和被选择的"被试"商量是否愿意与其合作。被试得到主试的反馈，其他"被试"不愿意与其合作。事实上，两名"被试"是事先安排好的。被拒绝和接受是随机分组的。紧接着，告知被试只有他自己一个人独自完成实验。给被试做操作有效性的问卷和自我价值肯定问卷，自我超越和自我增强的分组是随机的。被试需要完成自我调节任务、工作记忆任务、IGT 决策任务。实验内容和实验过程与实验一相同。最后，向被试解释合作的反馈是虚假的，两名"被试"是主试提前安排好的，他们并没有拒绝他的合作请求。

四、社会排斥和自我价值肯定对执行功能影响的数据分析

（一）基于虚拟投球排斥的研究（实验一）

实验选用统计软件 SPSS16.0 对数据进行分析。分析的对象是社会排斥操作有效性测量、自我价值肯定后需要威胁测量、工作记忆数字广度、Stroop 色词辨析的反应时以及 IGT 决策实验损失牌和盈利牌的选择。进一步分析社会排斥后自我价值肯定类型对个体执行功能的影响。

在社会排斥情境，有 83% 的被试指出，只收到 2 次投球。17% 的被试认为收到球的次数在两次以上。单因素方差分析显示，对于操作性检验的两个问题，社会排斥情境下的操作与社会接纳情境下的操作的差异显著，表明社会排斥启动有效。

1. 社会排斥和自我价值肯定测量结果

虚拟投球的社会排斥情境和自我价值肯定类型条件下的描述性统计结果如表 4-27 所示。

表 4-27　被试需要反应的描述性统计结果

情境类型	自我价值肯定类型	归属需要		自尊需要		存在需要		控制需要	
		M	SD	M	SD	M	SD	M	SD
社会接纳组	自我增强	2.94	0.84	3.41	0.81	2.63	0.92	3.24	0.69
	自我超越	2.07	0.68	4.14	0.57	2.74	0.99	3.42	0.99
社会排斥组	自我增强	4.42	0.50	2.95	0.61	4.08	0.64	3.12	0.80
	自我超越	4.05	0.59	3.04	1.10	3.30	0.84	3.63	1.08

进行被试间设计多因素方差分析，结果显示，在对被试归属需要的测量中，情境类型主效应显著，$F(1, 119)=201.33$，$p<0.001$；自我价值肯定类型主效应显著，$F(1, 119)=26.26$，$p<0.001$；两者的交互作用显著，$F(1, 119)=4.07$，$p<0.05$。

在对被试的自尊需要的测量中，情境类型主效应显著，$F(1, 119)=28.72$，$p<0.001$；自我价值肯定类型主效应显著，$F(1, 119)=8.21$，$p<0.01$；两者的交互作用显著，$F(1, 119)=4.69$，$p<0.05$。

在对被试的存在需要的测量中，情境类型主效应显著，$F(1, 119)=41.00$，$p<0.001$；自我价值肯定类型主效应显著，$F(1, 119)=4.56$，$p<0.05$；两者的交互作用显著，$F(1, 119)=8.11$，$p<0.01$。

在对被试的控制需要的测量中，情境类型主效应不显著；自我价值肯定类型主效应显著，$F(1, 119)=4.26$，$p<0.05$；两者的交互作用不显著。

2. IGT 决策实验结果

虚拟投球的社会排斥情境类型和自我价值肯定类型对决策影响的描述性统计结果如表 4-28 所示。

表 4-28　IGT 决策的描述性统计

情境类型	自我价值肯定类型	A 模糊决策		B 模糊决策		A 风险决策		B 风险决策	
		M	SD	M	SD	M	SD	M	SD
社会接纳组	自我增强	11.10	3.22	12.80	3.51	9.53	4.37	20.0	5.05
	自我超越	8.90	5.35	11.77	3.43	6.90	5.35	13.3	9.32
社会排斥组	自我增强	17.27	5.38	14.43	3.49	10.93	3.36	29.2	6.87
	自我超越	10.20	4.68	13.50	3.35	8.33	4.74	14.1	4.52

注：A 模糊决策和 B 模糊决策代表前 40 次对于 A 牌和 B 牌的选择；A 风险决策和 B 风险决策代表后 60 次对于 A 牌和 B 牌的选择。

进行多因素方差分析，结果显示，在 A 模糊决策试次中，情境类型的主效应显著，$F(1, 119)=18.63$，$p<0.001$；自我价值肯定类型的主效应显著，$F(1, 119)=7.16$，$p<0.01$；两者的交互作用显著，$F(1, 119)=7.91$，$p<0.01$。

在 B 模糊决策试次中，情境类型的主效应显著，$F(1, 119)=7.16$，

$p<0.01$；自我价值肯定类型的主效应不显著，$F(1, 119)=2.44$；两者不存在交互作用，$F(1, 119)=0.006$。

在 A 风险决策试次中，情境类型的主效应不显著，$F(1, 119)=2.96$；自我价值肯定类型的主效应显著，$F(1, 119)=10.09$，$p<0.01$；两者的交互作用不显著，$F(1, 119)=0.000$。

在 B 风险决策试次中，情境类型的主效应显著，$F(1, 119)=17.00$，$p<0.001$；自我价值肯定类型的主效应显著，$F(1, 119)=78.95$，$p<0.001$；两者的交互作用显著，$F(1, 119)=11.85$，$p<0.01$。

3. 工作记忆广度和 Stroop 反应时

在不同情境类型和自我价值肯定类型条件下，工作记忆广度和 Stroop 反应时的描述性统计结果如表 4-29 所示。

表 4-29　工作记忆广度和 Stroop 反应时结果

情境类型	自我价值肯定类型	工作记忆顺背		工作记忆倒背		Stroop 反应时/ms	
		M	SD	M	SD	M	SD
社会接纳组	自我增强	7.83	0.70	5.17	0.75	747.62	92.02
	自我超越	8.07	0.64	6.27	1.01	683.84	81.68
社会排斥组	自我增强	7.80	0.55	5.03	0.93	888.40	72.74
	自我超越	8.13	0.68	5.40	0.72	699.37	77.64

进行被试间设计多因素方差分析，结果显示，在工作记忆顺背条件下，情境类型的主效应不显著，$F(1, 119)=0.02$；自我价值肯定类型的主效应显著，$F(1, 119)=2.41$，$p<0.05$；两者的交互作用不显著，$F(1, 119)=0.18$。

在工作记忆倒背条件下，情境类型的主效应显著，$F(1, 119)=10.09$，$p<0.01$；自我价值肯定类型的主效应显著，$F(1, 119)=21.71$，$p<0.05$；两者的交互作用显著，$F(1, 119)=5.43$，$p<0.05$。

在 Stroop 色词辨析任务中，情境类型的主效应显著，$F(1, 119)=27.71$，$p<0.001$；自我价值肯定类型的主效应显著，$F(1, 119)=72.47$，$p<0.001$；两者的交互作用显著，$F(1, 119)=17.79$，$p<0.001$。

(二)基于问卷反馈排斥的研究(实验二)

1. 操作有效性检验

价值肯定的操作结果有效性检验如下:在情绪测验 18 个问题中,价值肯定策略在有爱的、互相联系的、骄傲的、坚强的、可敬的、强有力的、受控制的、谦虚的、同情的、易受伤的、高傲的、易犯错误的、忧伤的、脆弱的、失控的、羞愧的、迷茫的测量结果中差异显著,在自卑的测量结果中差异不显著,说明启动有效。

2. IGT 决策实验结果

在问卷反馈的社会排斥情境和自我价值肯定类型条件下,IGT 决策的描述性统计结果如表 4-30 所示。

表 4-30 IGT 决策的描述性统计结果

情境类型	自我价值肯定类型	A 模糊决策		B 模糊决策		A 风险决策		B 风险决策	
		M	SD	M	SD	M	SD	M	SD
未来归属组	自我增强	10.4	3.07	16.63	3.30	7.20	2.78	22.6	3.94
	自我超越	10.1	3.47	11.93	5.08	6.50	2.96	17.9	2.95
未来孤单组	自我增强	13.9	3.55	14.70	3.66	8.47	5.63	26.8	4.59
	自我超越	10.3	2.56	12.77	2.96	7.27	4.23	18.5	5.16

注:A 模糊决策和 B 模糊决策代表前 40 次对于 A 牌和 B 牌的选择;A 风险决策和 B 风险决策代表后 60 次对于 A 牌和 B 牌的选择

进行被试间设计多因素方差分析,结果显示,在 A 模糊决策试次中,情境类型的主效应显著,$F(1, 119)=9.73$,$p<0.01$;自我价值肯定类型的主效应显著,$F(1, 119)=11.21$,$p<0.01$;两者的交互作用显著,$F(1, 119)=8.02$,$p<0.01$。进一步简单效应分析显示,在未来孤单组中,自我超越和自我增强条件下的 A 模糊决策差异显著,表明自我超越组的被试选择风险牌的数量要低于自我增强组。

在 B 模糊决策试次中,情境类型的主效应不显著,$F(1, 119)=0.62$;自我价值肯定类型的主效应显著,$F(1, 119)=22.46$,$p<0.001$;两者不存在交互作

用，$F(1, 119)=3.91$。

在 A 风险决策试次中，情境类型的主效应不显著，$F(1, 119)=1.88$；自我价值肯定类型的主效应不显著，$F(1, 119)=1.64$；两者的交互作用不显著，$F(1, 119)=0.11$。

在 B 风险决策试次中，情境类型的主效应显著，$F(1, 119)=9.48$，$p<0.01$；自我价值肯定类型的主效应显著，$F(1, 119)=71.59$，$p<0.001$。在后 60 次的实验中自我增强组，两者的交互作用显著，$F(1, 119)=5.51$，$p<0.05$。进一步简单效应分析显示，未来孤单组的被试在后 60 次的决策中，在自我增强和自我超越条件下的表现差异显著，表明自我增强组更多地选择了风险比较大的 B 牌。

3. 工作记忆广度和 Stroop 反应时

问卷反馈情境类型和自我价值肯定类型条件下工作记忆广度和 Stroop 反应时的描述性统计结果如表 4-31 所示。

表 4-31 工作记忆广度和 Stroop 反应时结果

情境类型	自我价值肯定类型	工作记忆顺背		工作记忆倒背		Stroop 反应时/ms	
		M	SD	M	SD	M	SD
未来归属组	自我增强	7.60	1.04	5.23	0.86	705.33	70.32
	自我超越	7.30	1.42	6.77	0.77	670.21	67.45
未来孤单组	自我增强	7.77	1.01	5.27	0.58	896.10	99.73
	自我超越	7.50	0.82	5.67	0.71	791.39	54.28

进行被试间设计多因素方差分析，结果显示，在工作记忆顺背情况下，情境类型的主效应不显著，$F(1, 119)=0.84$；自我价值肯定类型的主效应不显著，$F(1, 119)=2.02$；两者的交互作用不显著，$F(1, 119)=0.007$。

在工作记忆倒背情况下，情境类型的主效应显著，$F(1, 119)=15.65$，$p<0.05$；自我价值肯定类型的主效应显著，$F(1, 119)=51.40$，$p<0.001$；两者的交互作用显著，$F(1, 119)=17.67$，$p<0.001$。进一步简单效应分析显示，未来归属组被试在自我增强和自我超越条件下的差异显著。

在 Stroop 色词辨析任务中，情境类型的主效应显著，$F(1, 119)=130.41$，

$p<0.001$；自我价值肯定类型的主效应显著，$F(1, 119)=26.20$，$p<0.001$；两者的交互作用显著，$F(1, 119)=6.49$，$p<0.05$。进一步简单效应分析显示，未来孤单组被试在自我增强和自我超越条件下存在差异，表明自我增强组的被试在执行 Stroop 色词启动任务中的反应时短于自我超越组。

（三）基于真实社会排斥的研究（实验三）

1. 操作有效性检验

价值肯定的操作结果有效性检验如下：表示在情绪测验 18 个问题中价值肯定策略在有爱的、互相联系的、骄傲的、坚强的、可敬的、强有力的、受控制的、谦虚的、易受伤的、忧伤的、脆弱的、失控的、羞愧的中的差异显著，在同情的、高傲的、易犯错误的、自卑的、迷茫的测量结果中的差异都不显著，启动有效。

2. IGT 决策实验结果

排斥类型和自我价值肯定类型对决策影响的描述性统计结果如表 4-32 所示。

表 4-32　IGT 决策的描述性统计结果

情境类型	自我价值肯定类型	A 模糊决策		B 模糊决策		A 风险决策		B 风险决策	
		M	SD	M	SD	M	SD	M	SD
社会接纳组	自我增强	13.25	4.47	10.04	2.06	9.07	3.97	22.3	5.03
	自我超越	7.68	1.56	9.32	1.41	8.32	1.98	12.3	2.28
社会排斥组	自我增强	18.79	2.58	12.28	3.61	9.69	5.59	29.1	7.82
	自我超越	10.81	3.19	10.22	1.58	7.81	2.22	14.8	3.71

注：A 模糊决策和 B 模糊决策代表前 40 次对于 A 牌和 B 牌的选择；A 风险决策和 B 风险决策代表后 60 次对于 A 牌和 B 牌的选择。

进行被试间多因素方差分析，结果显示，在 A 模糊决策试次中，情境类型的主效应显著，$F(1, 111)=53.89$，$p<0.001$；自我价值肯定类型的主效应显著，$F(1, 111)=131.33$，$p<0.001$；两者的交互作用显著，$F(1, 111)=4.14$，$p<0.05$。进一步简单效应分析显示，在社会排斥条件下，自我超越和自我增强价

值肯定组对于风险牌 A 的选择差异显著，表明自我增强组的被试比自我超越组更愿意选择风险牌。

在 B 模糊决策试次中，情境类型的主效应显著，$F(1, 111)=12.43$，$p<0.01$；自我价值肯定类型的主效应显著，$F(1, 111)=9.66$，$p<0.01$；二者不存在交互作用，$F(1, 111)=2.26$。

在 A 风险决策试次中，情境类型的主效应不显著，$F(1, 111)=0.006$；自我价值肯定类型的主效应不显著 $F(1, 111)=3.39$；二者之间的交互作用不显著，$F(1, 111)=0.62$。

在 B 风险决策试次中，情境类型的主效应显著，$F(1, 111)=22.63$，$p<0.001$；自我价值肯定类型的主效应显著，$F(1, 111)=152.56$，$p<0.001$；两者的交互作用显著，$F(1, 111)=4.87$，$p<0.05$。进一步的简单效应分析显示，在社会排斥条件下，自我超越组和自我增强组对于 B 牌的选择差异显著，表明在后 60 次的决策中，被社会排斥的个体中自我增强组更多地选择了风险比较大的 B 牌，有忽视长期利益、追逐短期收益的倾向。

3. 工作记忆广度和 Stroop 反应时

在真实排斥情境和自我价值肯定类型条件下，工作记忆广度和 Stroop 反应时的描述性统计结果如表 4-33 所示。

表 4-33 工作记忆广度和 Stroop 反应时结果

情境类型	自我价值肯定类型	工作记忆顺背		工作记忆倒背		Stroop 反应时/ms	
		M	SD	M	SD	M	SD
社会接纳组	自我增强	7.50	0.58	5.17	0.67	799.74	91.83
	自我超越	7.46	0.69	6.64	0.73	729.57	98.41
社会排斥组	自我增强	7.34	0.72	5.07	0.65	891.93	70.90
	自我超越	7.59	0.57	5.63	0.74	737.86	59.31

进行被试间设计多因素方差分析，结果显示，在工作记忆顺背情况下，情境类型的主效应不显著，$F(1, 111)=0.01$；自我价值肯定类型的主效应不显著，$F(1, 111)=0.75$，$p>0.05$；二者的交互作用不显著，$F(1, 111)=1.35$，$p>0.05$。

在工作记忆倒背任务中，情境类型的主效应显著，$F(1, 111)=18.08$，$p<0.001$；自我价值肯定类型的主效应显著，$F(1, 111)=58.79$，$p<0.001$；两者的交互作用显著，$F(1, 111)=11.71$，$p<0.01$。进一步的简单效应分析表明，在社会排斥条件下，自我增强组和自我超越组的被试在工作记忆广度倒背任务中的差异显著，表明在数字广度任务中，自我超越组的被试工作记忆倒背的范围更广。

在 Stroop 色词辨析任务中，情境类型的主效应显著，$F(1, 111)=10.57$，$p<0.01$；自我价值肯定类型的主效应显著，$F(1, 111)=52.66$，$p<0.001$；两者的交互作用显著，$F(1, 111)=7.37$，$p<0.01$。进一步的简单效应分析表明，在社会排斥的情境下，自我超越组和自我增强组被试在 Stroop 任务中的反应时差异显著，自我超越组被试在 Stroop 任务中的反应时短于自我增强组。

五、社会排斥和自我价值肯定对执行功能影响的分析讨论

（一）综合讨论

实验一的结果表明：首先，社会排斥的启动范式有效，表现在四项基本需要的测量，即被排斥后个体的归属需要缺乏，自尊下降，存在感缺失，失去控制意义。通过自我价值肯定的调节，四项基本需要有所恢复。其次，社会排斥同时影响个体的执行功能，导致工作记忆倒背的数字广度减小，决策冲动，更倾向冒险选择；在自我调节的 Stroop 任务中，反应时更长。加入自我价值肯定后的结果显示，在社会排斥条件下，自我超越组的被试比自我增强组个体在执行功能方面的表现更好，自我增强组在选择决策的时候，更多地关注最高的、短时间的利益获得，而忽视了长期消极的后果。Buelow 等（2015）的研究指出，在明显的风险过后，即后 60 次的选择，被排斥的个体仍会继续选择有风险的决策，更多地选择 B 牌，追求短期的利益，忽视了长期的利益损失。

自我超越组工作记忆广度大于自我增强组。在 Stroop 任务中，自我超越组的反应时短于自我增强组。社会排斥后的自我价值肯定可以缓解排斥威胁，增强自我价值和自我完整性。因此，被排斥的自我超越价值参与者的自我管理要优于自我增强者，类似于没有被排斥的参与者。Crocker 和 Mischkowski（2008）指出，当人们的关心突破了自我或者自我形象的防御性，能够认识到有更大的价值目标

追求时，他们就可以超越狭隘的自我利益。本次研究中，自我超越组中超过50%的被试会选择一段相互支持的人际关系，重视与他人之间关系的重要性，这可以降低个体对威胁信息的防御。

实验二的研究结果表明：在问卷反馈社会排斥的情境下，执行功能受到了影响，表现为在倒背时，未来孤单组工作记忆广度小于未来归属组；进行IGT决策时，在模糊决策中，即1~40次的选择中，未来孤单组的个体更多地选择风险牌A；在Stroop色词的辨析任务中，未来孤单组被试的反应时要长于未来归属组被试。这与Baumeister等（2002）的研究结果相同，他们指出，社会排斥后会产生消极的情绪，导致认知资源被占用，从而影响了个体的认知过程，而且自动化认知加工不受影响，因为它们不占用认知资源。本次研究还表明，自我超越和自我增强可以缓解这些反应，表现在自我超越条件下的执行功能优于自我增强条件。自我超越肯定了自我本身以外的价值观，超越自我来看待事物，提高了个体思维的解释水平和自我控制能力，有益于被试以更广阔的视角来看待和审视排斥，抽离问题本身，从而减少了威胁。

实验三的结果表明：社会排斥导致认知方面的损害表现在决策、工作记忆和自我调节等方面。自我超越和自我增强能够对威胁信息的损害有所缓解，能够在一定程度上补偿社会排斥后的认知损害。具体表现为：在决策方面，自我超越组的被试对于风险牌的选择减少，他们更多地选择规避风险并有长期效益的牌；在工作记忆数字广度的任务中，自我超越组的倒背数字广度优于自我增强组。在Stroop色词辨析任务中，自我超越组被试的反应时要短于自我增强组，正确率也比自我增强组高。Burson等（2012）的研究结果也表明，自我超越和自我增强都减少了社会排斥后自我控制能力的下降，但是自我超越要比自我增强的效果明显。根据解释水平的理论，高水平解释是抽象的，专注核心和大局，而低水平的解释相对而言更注重具体的和非结构化的细节，倾向关注对象或者事件的从属特点。

Williams和Jarvis（2006）认为，社会排斥带来的反应就如同进化性的适应反应，基本需要的缺失使个体将注意力转移到社会排斥的意义和重要性等方面，在这种痛苦的条件反应结束后，个体才能进入认知阶段。如果认知资源被先前的体验占用，就会在之后的认知任务中表现出缺陷。实验一的启动范式存在着时间持续短暂、额外变量多的问题。实验二的问卷反馈范式带来的排斥感更强，会导致长期的排斥感,但可能会诱发情感的麻木。为了提高生态效度,实验三又采用了真实的社会排斥情境,这种社会排斥情境是在生活中发生的,它可以更加直接、明确地接近真实生活情境,生态效度高。

本次研究通过3个实验证明,自我价值肯定对个体的执行功能有影响。在社会排斥的条件下,自我超越价值组的表现要优于自我增强组。具体表现为自我超越价值组的工作记忆倒背数字广度大于自我增强组。在 Stroop 色词判断方面,自我超越组的反应时要短于自我增强组。IGT 决策中被试更愿意选择规避风险,选择能带来长远利益的牌。根据自我肯定理论,社会排斥后自我肯定的操作可以在个体面对威胁时维持良好的自我完整性。自我价值肯定不仅可以缓解社会排斥威胁带来的压力、降低个体对威胁产生的防御反应,也可以有效地降低自我认同带来的负面影响,自我肯定的效果更是一种催化剂,可以促使个体直面威胁。相关研究表明,自我肯定的效果不仅能发挥短期的功效,也能维持长期的效果,有一些自我价值肯定的操作方法甚至能使个体适应或缓解威胁的效果越来越好,可以带来长期的进步(Cohen & Sherman,2014)。

本次研究仍然存在一些不足。首先,本次研究只采用了行为手段进行测量,研究测量的都是即时效果,没有进行后续追踪。今后还需要采取追踪等更具有生态性的方法(Stenseng et al.,2014)。其次,在测量方法上,未进行生理指标测量,应该增加生理指标的测量。Eisenberger 等(2003)基于神经生理基础进行了社会排斥的功能性磁共振成像技术研究,确定社会痛苦激活的区域类似于身体疼痛时激活的脑区。社会排斥触发并激活了前扣带回皮层,这种触发将激活副交感神经系统和导致心率减慢,将来可以通过测量心率的快慢来反映排斥后调节的恢复。最后,本次研究只针对大学生这样的正常人群体,忽视了一些特殊群体,将来应该考虑到对那些相对缺乏归属需要的群体的研究。例如,患有孤独症障碍的人存在明显的社会交往障碍,其对社会排斥的反应可能与普通个体不同。

(二)本次研究的结论

本次研究探讨了不同社会排斥情境下自我价值肯定对个体执行功能的影响,主要结论如下。

1)在虚拟投球社会排斥情境下,自我增强组比自我超越组被试在执行功能方面的表现差,自我增强组在选择决策时,更多关注短期的利益,忽视了长期消极的后果，对 Stroop 色词的辨别反应时更长，倒背数字广度更小。

2）在问卷反馈社会排斥的情境下，未来孤单组的被试在倒背、Stroop 色词辨别以及 IGT 决策任务中比未来归属组被试的表现差。在自我价值肯定条件下，自我超越组的被试倒背的数字广度扩大，更倾向保守规避的风险决策选择，在 Stroop 任务中反应时更短。

3）在真实社会排斥条件下，自我超越和自我增强可以补偿社会排斥后的认知损伤，具体表现为在 Stroop 色词辨别任务中，自我超越组被试的反应时要短于自我增强组；在决策方面的表现，自我超越组的被试对风险牌 B 的选择减少；在数字广度的任务中，倒背数字时，自我超越组的表现优于自我增强组。

第三篇 种族偏见：研究进展和实证探索

第五章
种族偏见的研究进展

第一节　内隐种族偏见的测量和干预

内隐偏见（implicit prejudice）是在个体经验、信息匮乏以及认知习惯等因素的影响下，形成的可自动表达的对他人或群体的片面甚至错误的看法。在种族、性别、性取向、社会阶级、宗教、残疾等相关的群际关系领域中，偏见的内隐性尤为突出。元分析结果表明，当触及道德、公正等社会规范时，外显偏见与内隐偏见常会分离，对老人和残疾人的外显及内隐偏见相关较低（$rs<0.15$），而对种族、性取向的外显与内隐偏见相关较高（$rs>0.45$）（Nosek & Smyth，2007）。这是因为社会规范反对歧视老人和残疾人，限制了外显偏见的表达，而对种族和性取向的偏见则比较常见，这是由社会规范的约束力较弱造成的。

一、内隐种族偏见的测量

（一）IAT

IAT 是一种基于反应时的测量方法，考察的是目标概念与属性概念之间自动化联结的强度。实验中，被试需对两个目标概念和具有积极或消极效价的属性概念进行匹配，目标概念与属性概念的匹配符合客观评价时称为相容任务，如当目标概念为黑人、属性概念为消极词或图片时即为相容任务；反之，当目标概念为黑人、属性概念为积极词或图片时则为不相容任务。被试对一种配对做出判断的反应时越短，表明该配对的自动化联结越强（Olson & Fazio，2006）。

IAT 主要存在两方面的局限：首先，在 IAT 的操作过程中，一般缺乏对正确率的考察，因此存在速度与正确率的权衡问题，故仅以反应时作为被试内隐态度的衡量指标会受到一定的质疑。其次，IAT 只能测量被试对两个概念的内隐态度，如黑人和白人、男性和女性等，因此无法确定由 IAT 测得的内隐偏见是由于被试喜欢某一群体、讨厌另一群体或二者共同作用引起的。

（二）反应/不反应联想测验

反应/不反应联想测验（go/no-go association task，GNAT）是一种基于正确率的测量方法。与 IAT 相似，GNAT 考察的也是目标概念与属性概念之间自动化联结的强度，区别在于 IAT 是对两个目标概念的相对评价，而 GNAT 则是对单一目标概念的评价，因此更适用于测量个体对无对立概念，如宗教、民族，或具有两种特征的概念，如黑人女性、男同性恋者的内隐偏见（Nosek et al., 2002）。

GNAT 操作中包含一个目标概念和两个属性概念，通常还包含一个作为噪声的会对目标概念产生干扰的干扰概念。GNAT 在程序上分为 2 个区组，每个区组中有一个由目标概念和一个属性概念组成的目标类别，被试的任务是判断屏幕上呈现的词是否属于该目标类别，如果属于则需通过按键做出代表"go"的判断，如果不属于则通过不按键做出代表"no-go"的判断。例如，当目标类别是"女性+坚强"时，当屏幕上出现与女性或坚强有关的词时，被试需做出"go"的判断（Nosek et al., 2011）。

GNAT 弥补了 IAT 只能测量个体对两个对立概念内隐态度的不足。例如，如果采用 IAT 测量被试对黑人的内隐偏见，当另一目标概念为白人或黄种人时，被试对黑人的态度可能就会存在差异，即由 IAT 测得的被试对某概念的内隐态度是相对的，会受到所选用的另一概念的影响。GNAT 要求被试在由干扰概念建立的评价环境中，仅对一个目标概念的效价做出判断，避免了相对性的评价，因此对目标概念态度的测量将更加直接，且由于能通过干扰概念设定灵活的创建评价环境，使得 GNAT 的结果更具说服力。另外，GNAT 在计分时引入了辨别力指数，因此可以对准确率进行有效的考察，但是由于未对被试的反应速度加以控制，因此被试有意识的控制很可能会影响测量结果，即 GNAT 也未能解决速度与正确率的权衡问题。

（三）评价启动程序

评价启动程序（evaluative priming procedure）是另一种基于反应时的测量方法，其基本原理是启动效应，即先前呈现的特定刺激启动了个体记忆中的信息，使这些信息的提取和加工变得更容易，简而言之，与对被试内隐态度一致的信息的判断速度会快于不一致信息（Kawakami & Dovidio, 2001）。

评价启动程序的操作过程一般由三部分组成。首先，是目标刺激的判断。目标刺激通常为形容词，要求被试又快又准地对形容词的效价做出判断，获得被试评价反应的基线值。为了更好地向被试隐藏实验意图，以获得更可信的内隐认知测量结果，被试通常会在目标刺激判断后完成一个掩蔽任务。在测量种族内隐偏见的评价启动程序中，掩蔽任务通常为对不同种族的面孔识别任务。最后是启动任务。一般先呈现一个启动刺激，启动刺激可以是词或图片，如黑人名字或黑人面孔，还可以根据启动刺激的呈现时间分为阈上启动和阈下启动，短暂空屏后呈现目标刺激，要求被试判断目标刺激的效价，获得启动后的评价反应时。如果启动后的反应时小于基线值，则说明被试对启动刺激和目标刺激的评价相同，即如果被试在黑人面孔启动后对消极词的判断反应时小于基线值，则说明被试对黑人的评价偏向于消极。

Guinote 等（2010）以评价启动程序考察了主体权力对内隐种族偏见的影响。启动刺激为白人面孔和黑人面孔，目标刺激为积极词和消极词。程序的第一阶段要求被试对目标形容词做出"好"或"坏"的判断，获得评价基线值；第二阶段分别要求被试完成面孔学习和面孔识别任务，以掩蔽真实的实验目的；第三阶段要求被试在面孔启动后判断目标形容词的效价，获得黑人面孔启动后被试对消极词判断的反应时与基线值，以及白人面孔启动后被试对积极词判断的反应时与基线值。通过两者的比较发现，高权力组被试对黑人的评价更消极，而对白人的评价更积极，即主体权力能同时影响被试的外群体偏见和内群体偏好。能同时测量被试对两个群体的内隐态度也是评价启动程序较 IAT 和 GNAT 的优势所在。

（四）情感归因偏误程序

情感归因偏误程序（affect misattribution procedure，AMP）是一种以归因为基础的测量内隐偏见的方法。在社会交往中，个体会不断地对自己和他人的行为或态度的产生原因进行推断或评价，这种推断或评价的过程就是归因。Payne 等（2005）将归因偏误定义为将某一来源的效应误认为来自另一源头，一般认为，当被试不知道自己在对什么做出反应时，归因偏误就会发生，这说明在归因偏误的操作过程中，被试将难以掩藏自己的真实态度。

在 AMP 的操作程序中，首先，向被试呈现一个阈下的或时间极短的启动刺激,通常是图片或词语,然后,再向被试呈现一个中性刺激,通常是一个象形文字或抽象符号,被试的任务是判断这一中性刺激的效价。被试由启动刺激诱发的情感态度会被其错误地归因或投射于中性刺激,因此对中性刺激效价的判断比率可以间接地反映被试对启动刺激的态度。

以 Payne 等(2010)对 2008 年美国总统选举中的内隐种族偏见的研究为例,实验中屏幕上快速呈现一张白人或黑人面孔作为启动刺激,随后再呈现一种美国人普遍陌生的象形文字(汉字)作为中性刺激,且即使指导语要求被试在避免面孔图片影响的条件下判断汉字的效价,被试对黑人的消极态度仍能投射于其对汉字效价的判断中,即启动刺激激活了某些被试无法自主控制的评价,从而导致了归因偏误。因此,在归因偏误的操作中,被试将难以掩藏自己的真实态度,这使得 AMP 无论在信度还是效度上均具有较大的优越性。但是,AMP 程序采用非语词的刺激作为投射对象,因此只能粗略地测量被试对目标对象整体的积极或消极态度,而在 IAT 等任务中,研究者可以通过语词的设置考查被试对目标对象某些具体特点的态度。

(五)内隐种族偏见测量方法的比较

内隐种族态度测量范式的比较如表 5-1 所示。

表 5-1 内隐种族态度测量范式比较

测量范式	测量指标	优点	缺点
IAT	反应时	应用最为广泛,便于横向比较测量结果;可以灵活考察被试对目标对象不同特质的态度	缺乏对正确率的考察;只能考察被试对两个对立概念的内隐态度,结果具有相对性;需要启动掩蔽任务
GNAT	辨别力指标 d'	可以考察被试对单一目标的内隐态度,测量结果更为直接;可以灵活创建评价环境	缺乏对反应时的考察;需要启动掩蔽任务
评价启动程序	反应时或正确率	操作简便,能同时测量被试对两个群体的内隐态度	误差较大;需要启动掩蔽任务
AMP	将中性刺激判断为积极或消极的比率	能研究单一的态度对象;信、效度均较高;操作简便,且无须启动掩蔽任务	只能粗略地测量被试对目标的态度效价;尚不成熟

二、内隐种族偏见的干预策略

（一）形成阶段的干预策略

1. 建立评价性条件反射

内隐偏见反映的是概念与评价间的消极联结，改变这些消极联结最直接的方式是重新建立评价性条件反射（evaluative conditioning）（Bar-Anan et al., 2010）。评价性条件反射是指当某个刺激与另一个积极或消极刺激反复配对后，人们对原刺激的喜好程度发生改变的现象。评价性条件反射是一种习得性的选择偏好，具有不易消退的特点。例如，Olson 和 Fazio（2006）通过向被试呈现 24 组黑人形象与积极词的配对和 24 组白人形象与消极词的配对，有效降低了被试对黑人的内隐偏见，且该效应在两天后仍然存在。

另一种建立评价性条件反射的方法是训练并强化被试通过身体语言表达其对目标肯定或否定的态度。例如，Wennekers 等（2012）通过要求被试对典型的内、外群体名字做出点头或摇头的动作，显著改变了其内隐态度。另外，研究者还检验了评价性条件反射的建立是否与目标刺激和头部动作的顺序有关。结果表明，只有先呈现外群体名字再完成点头动作时，重复地点头反应才能有效地降低被试对外群体的内隐偏见，即新的评价性条件反射才得以建立。

还有研究发现，训练被试在屏幕呈现黑人面孔与反刻板词配对时做出的肯定反应，也能降低内隐种族偏见（Kawakami et al., 2000），与之相反，训练被试对黑人面孔与刻板词配对做出否定反应，则不能影响内隐种族偏见，这可能是由于在完成否定判断时，被试需要先建立联结，然后再使该联结无效，而使联结无效可能还需要其他难以在内隐条件下发生的加工过程（Gawronski et al., 2008）。

2. 增加群际接触

群际接触假说被提出以来，越来越多的研究证明，在满足平等地位、合作依存、共同目标、权威或法律支持等接触条件的情况下，群际接触可以通过群体间的依存关系、群际互动、情绪因素和认知因素等作用机制改善群际偏见，且越多地接触目标群体，就越可能提高对该群体的喜爱程度。例如，Lowery 等（2001）发现，与主试为白人的情况相比，当主试为黑人时，被试对黑人的内隐偏见水平更低。另外，Henry 和 Hardin（2006）还发现，社会地位会影响群际接触对内隐偏见的干预效果。研究者分别以具有较高社会地位的白人与基督教徒和具有较低社会地位的黑人与穆斯林为被试进行实验，结果表明，群际接触能显著降低地位低群体对外群体的内隐偏见，而高地位群体对外群体的内隐偏见水平并未受到群际接触的影响。

群际接触包括真实接触（actual contact）、延展接触（extended contact）和假想接触（imaged contact）（Turner et al., 2007）。真实接触只有在存在接触机会的环境中才可能实现，然而生活中却存在着很多难以直接接触的群体，例如，某些中国人可能也对黑人存在内隐偏见，但由于环境所限，通常难以通过与黑人发生真实接触来改善偏见。延展接触则依赖于个体社交网络中存在的某些间接联系而非个人经验，因此对于接触机会少的群体来说，延展接触可能是更有效的降低群际偏见的策略。例如，在给5～11岁的儿童讲述一个关于其同种族成员与外种族难民之间积极交往的故事后，儿童对外群体的态度会比控制组儿童表现得更积极（Cameron et al., 2006）。假想接触是一种与外群体成员进行社会交往的心理模拟，其基本思想是通过假想的积极交往经验，使个体建立与这类群体进行良好交往的积极联结，并通过这些积极联结降低群际焦虑，从而改善对外群体的消极态度（Crisp & Turner, 2009）。

3. 边界重建

社会认同理论指出，社会分类会加强个体对内群体的认同感，进而产生内群体偏好和外群体歧视。研究者用最简群体范式证明，即使是在随机划分的、群际成员间既没有真实互动，也没有任何文化重叠的两个群体中，只要被试单纯地知觉到群体分类，就会分给内群体更多的资源或给予更为正向的评价。在最简群体范式中，个体会选择性地加工内、外群体信息，在加工内群体信息时，人们会优先加工与偏见态度不相容的积极信息，而在加工外群体信息时，则会优先加工与偏见态度相容的消极信息（Koomen & Dijker, 1997）。因此，对内、外群体的重新划分会直接影响内隐消极联结的建立。

在最简群体范式中，研究者通常会采取4种具体策略干预内隐消极联结的建立，分别是取消（decategorization）分类、重新（recategorization）分类、交叉（crossed categorization）分类和整合（integration）分类。在取消分类的干预中，研究者会通过指导语强调被试的个体身份。例如，当指导语要求被试关注其自身的表现时,在随机形成的最简群体中,被试对内群体的偏好水平将更有可能降低(Bettencour et al., 1992)。在重新分类的干预中,研究者会通过座位、服装的颜色或共同奖赏等线索使被试相信外群体成员属于一个上位群体,由此被试可能会对内群体表现出较少的偏好,并增强与外群体的合作意识(Gaertner et al., 1999)。交叉分类干预的理论基础是,如果两个群体间存在交叉,那么同时属于两个群体的个体就会意识到其可以组成第三个群体,这将有利于降低这部分个体之间的群际偏见。在交叉分类干预的基础上,研究者又提出了整合分类,即在不同的群体间通过上位概念强调或构建一个新的群体,如"藏族人"和"汉族人"同属于"中国人"这一上位概念,或让两个群体在地位平等的条件下利用各自的专长共同完成任务(Hornsey & Hogg, 2000)。

4. 归因训练

在基本归因谬误中,个体倾向将他人的消极行为进行特质归因,而当"他人"属于外群体且做出的消极行为与其具有的刻板印象一致时,对行为进行消极特质归因的倾向将更加强烈,这一现象称为终极归因谬误(ultimate attribution error)。鉴于此,有研究者认为终极归因谬误是内隐偏见得以建立的核心要素之一。因此,如果能通过情境归因训练技术使观察者更倾向对外群体成员的消极刻板行为做出情境归因,则有可能阻断内隐种族偏见的建立。在 Stewart 等(2010)的归因训练中,要求白人被试按键选出对黑人的消极行为的情境性解释,不选择特质性解释。完成 40 种消极行为、480 组的情境归因训练后,研究者通过比较被试在刻板特质词和非刻板特质词启动后,对白人和黑人图片的分类速度,考察其内隐种族偏见自动激活的改善情况。结果表明,接受情境归因训练的被试比未接受训练的被试在种族归类任务中表现出了更少的内隐种族偏见。

5. 道德信念的引导

内隐种族偏见何以产生?基于社会交换理论的"经济人"假设提出,个体偏好追求自我利益的最大化,工具性动机极易诱发社会偏见。基于社会群体价值的"社会人"假设则强调,社会偏见是维护个体价值和自尊的重要途径,它主要源自社会认同需要。最近,"道德人"取向的研究则提出,社会判断是根据内心的价值体系在道德框架内做出的,它更多地依存于道德直觉而不是外部社会线索(Rupp & Bell, 2010)。道德信念分歧会显著影响彼此间的社会和心理距离,不仅不愿与持不同信念的人合作，甚至不惜动用歧视、双重标准等不公正方式对待他们。有研究让被试分配 10 张有价证券，当得知接受者与他具有道德分歧时，分配者自己会平均保留 8.5 张。然而，与接受者没有道德分歧的被试，则多选择平分奖券（Wright et al., 2008）。

个体道德信念所具有的普世性、非他律性和非容忍性可能是内隐偏见重要的诱发因素，因此引导公众对种族差异进行非道德归因，将有利于克服种族偏见。例如，Skitka 等（2012）的道德分歧跨文化研究表明，无论对于美国人还是中国人而言，道德信念分歧都会导致严重的非容忍。但如果是非道德信念分歧，中美被试则经常表现出不一致。当涉及敏感的政治意见而非道德信念分歧时，相对于中国被试，美国被试更能容忍分歧。此外，引导公众树立民族平等的道德信念也是克服种族歧视的重要策略。当民族平等观念深入人心甚至内化为个体的道德信念时，违反自我道德信念会使人感到自责和内疚，并通过道德清洗（moral cleansing）策略来保护自我认同；如果是他人违反道德信念，则会激发个体的道德义愤（Tetlock et al., 2000）。

（二）表达阶段的干预策略

研究者普遍认为，在与具有刻板印象的群体成员交往时，个体的刻板印象能自动被激活，无偏见者与偏见者的区别在于其是否抑制了刻板化思维并用更多的平等主义信念取代刻板化思维，且偏见者的刻板化思维是自动被激活的，而无偏见者会拒绝并抑制这种刻板化思维。因此，抑制刻板印象的激活是内隐偏见表达阶段的有效干预策略。

1. 反刻板印象榜样

反刻板印象是指具有刻板印象的群体在某方面的特征表现与其本该具有的刻板形象相反的现象。语义网络模型指出，刻板印象是由社会类别与特征概念相互联结组成的语义网络系统，Dijksterhuis 和 van Khippenberg（1996）在这一模型的基础上指出，刻板印象与其兼容概念存在正向联结的同时，还会与其不兼容概念存在负向联结，即刻板印象与反刻板印象是同时存在的。那么，当反刻板联结的强度大于刻板联结的强度时，刻板印象将会得到抑制。

当环境中存在反刻板印象榜样（counterstereotypical exemplars）时，即使只与这一榜样有着阈下水平的接触,也能降低接触者对刻板印象群体的内隐偏见。Columb 和 Plant(2011)在研究中先分别让两组被试对积极和消极黑人典范名字进行真假词的判断,用这种词汇决定任务分别启动被试对积极对象和消极对象的阈下接触,随后的种族 IAT 结果表明,与不接受启动的控制组相比,受积极黑人典范启动的被试对黑人的内隐偏见水平最低,而受消极黑人典范启动的被试对黑人的内隐偏见水平最高。

特定的环境线索有助于将目标者"塑造"成反刻板印象榜样,进而改变评价者的内隐偏见。例如,基于对黑人强壮但不聪明、黄种人聪明但不强壮的刻板印象,Barden 等(2004)在研究中采用评价启动程序,分别以白人、黄种人、黑人面孔作为启动刺激,以能暗示黑人强壮特征的篮球场环境和能暗示亚洲人聪明特征的教室环境作为启动刺激的背景图片,考察了两种环境线索下白人被试对黑人与黄种人的内隐态度。结果表明,在篮球场背景下,被试对黑人面孔与积极词的联结最强,即对黑人的内隐偏见水平最低;在教室背景下,被试对黄种人面孔与积极词的联结最强,即对黄种人的内隐偏见水平最低。

2. 模仿被歧视者

人类可以自动地将他人行为与自身认知相匹配,从而最大限度地获知其真实想法。虽然这种知觉动作耦合(perception-action-coupling)是自动发生的,但是在与外群体,特别是污名群体接触时却比较难以发生(Gutsell & Inzlicht, 2010)。因此,有研究者认为偏见水平的升高与个体知觉动作耦合程度的降低有关(Yabar et al., 2006)。

神经科学领域的研究表明,模仿能激活镜像神经系统,而正是镜像神经系统的激活才使个体在感知他人动作时得以激活大脑内部的相应表征,从而建立与他人共享的行为表征,即镜像神经系统的激活是保证个体知觉动作耦合得以发生的必要条件(Obhi & Hogeveen, 2010)。因此,模仿的实质在于促进了个体与外群体成员知觉动作耦合的发生,使得原本处于离散分类状态下的自我和他人关系以连续化的形式呈现,从而抑制了对外群体的偏见(Laurent & Myers, 2011)。

Inzlicht 等(2012)在实验中要求白人被试观看一段由 7 名男演员表演的"举杯—喝水—放杯"的录像,实验者对被试进行了三个水平的处理,分别为外群体模仿组、外群体观察组和内群体模仿组。外群体模仿组录像中的角色由黑人扮演,且要求被试在观看过程中利用桌上的水杯模仿演员的动作;外群体观察组与外群体模仿组的录像相同,但不要求被试模仿;内群体模仿组录像中的角色由白人扮演,且要求被试对演员的动作进行模仿。随后的种族 AMP 结果表明,只有外群体模仿组对黑人和白人的内隐偏好水平无显著差异,这说明模仿的确能降低内隐偏见。

3. 改善观点采择技能

观点采择有助于抑制外群体刻板印象以及由之产生的内隐偏见（Galinsky et al.,2008）。Todd 等（2011）通过指导语引导被试对录像中的受到不公待遇者进行观点采择,并采用种族 IAT 范式,以"诚实""喜爱"等积极词和"癌症""失败"等消极词为属性材料,考察了观点采择对白人被试和黄种人被试内隐种族偏见的影响。结果表明,与控制组相比,对受到不公待遇黑人进行观点采择的被试表现出了较低水平的内隐种族偏见。

虽然观点采择已经被证明是一种有效减少内隐种族偏见的策略,但其作用和效果仍具有局限性。例如,Vorauer 等（2009）发现,对于低偏见者来说,观点采择会使其对外群体的偏见升高,而对于高偏见者来说,观点采择策略对偏见态度则没有影响。类似地,有关冲突解决的研究也发现,对外群体进行观点采择反而会降低个体的宽容水平（Paluck,2010）。Skorinko 和 Sinclair（2013）的实验表明,观点采择的有效性与刻板印象的明确程度有关。当目标者是持有不明确刻板印象的老人时,观点采择能缓解被试对老年人的内隐偏见;当目标者是具有突出刻板印象的老人时,观点采择反而会提高被试的内隐偏见,因为个体可能倾向把目标者突出的刻板印象作为其观点采择的基础,这反而将会强化内隐偏见的产生。

4. 关注平等目标

研究表明,当个体实现平等目标后,会导致其平等关心下降、偏见水平升高。例如,Monin 和 Miller（2001）发现,当人们获得选择黑人作为合作伙伴的权利后,反而更愿意选择白人。又如,Kaiser 等（2009）发现,在支持奥巴马的总统候选资格后,人们更倾向认为种族偏见在美国并非一个突出的社会问题,且对政府旨在减少种族偏见决策的支持率下降,而且更倾向支持精英领导体制。这说明通过虚假的反馈程序干预被试的平等目标实现进程,使其相信其平等目标尚未实现，能保持其对平等的关心，进而降低内隐偏见。Mann 和 Kawakami（2012）通过一种虚假的目标进程反馈程序将被试分为平等目标实现组和未实现组，并通过测量白人被试自主选择的与黑人交往时座位间的真实距离评估其非言语的种族偏见行为，通过种族 IAT 测量其内隐种族偏见态度。结果表明，未实现平等目标的被试对黑人的内隐态度更积极。

在实现平等目标的过程中，个体会产生补偿性的认知或行为反应，以保证目标的实现，这种目标保护机制抑制了刻板印象的激活，因此在尚未完成目标前，个体的内隐偏见水平较低，而在实现目标后，目标保护停止，刻板印象的抑制被解除，故而内隐偏见水平升高（Moskowitz & Li，2011；Moskowitz et al.，2011）。在研究中，研究者通过记叙短文的方式启动被试未实现平等目标的认知，激活其目标保护机制，随后，让其从屏幕上呈现的 4 幅图片中挑选佩戴领结者。每次呈现的 4 幅图片中佩戴领结者均为白人，剩余 3 幅干扰图片或者都是白人，或者是 2 幅为白人图片，1 幅为黑人。结果表明，当干扰图片中存在黑人时，被试的判断时间更长，提示被试会花费更多的时间观察黑人图片，这说明此时黑人形象更倾向被视为一种利于实现平等目标的机会和线索而非消极刻板形象。

另外，个体的平等目标还易受环境的影响。在公开环境中，由于感受到公正压力，个体可能会产生一种有意识的、策略性的、使自己看上去是无偏见的动机，这种动机将有助于降低个体的内隐偏见。Castelli 和 Tomelleri（2008）在实验中将被试分为私密组和公开组，私密组在实验室中单独完成种族 IAT，公开组有 3 人，在实验室中同时完成种族 IAT。结果表明，公开组对黑人的内隐偏见水平更低。在后续实验中，实验者用词汇判断任务代替了种族内隐联想测验，结果表明，黑人面孔启动后，公开组对平等词的可及性提高，这说明公开组内隐种族偏见的降低可能是因为公开环境激活了其平等信念。

5. 诱发积极的情绪体验

研究表明，与消极体验相比，积极体验更容易激活个体对启发式判断和刻板印象等认知捷径的依赖（Lyubomirsky et al.，2005）。因此，对于个体体验状态的干预能影响刻板印象的激活，从而影响内隐偏见。Huntsinger 等（2009）分别用悲伤和快乐的音乐诱发被试的消极体验和积极体验，在实验一中的武器识别任务中，启动了消极体验的被试对黑人目标表现出更少的武器刻板化偏见；在实验二和实验三中，研究者采用 IAT 分别测查了被试的内隐种族偏见和女性被试对艺术与数学的内隐偏好程度，结果表明，消极体验能降低内隐种族偏见和女性被试对艺术学科的偏好。

然而，体验状态的干预效果并不稳定，对于具有平等目标的个体而言，积极体验反而能抑制其内隐偏见。有研究者在实验前强迫所有候选的男性被试对女性行为做出刻板化解释，并通过观察被试表现出的补偿行为判断其是否具有强烈、长期的平等主义目标。实验中，研究者先通过音乐启动被试的积极和消极体验，随后令其在男性或女性面孔启动后对女性刻板词和非刻板词做出真词或假词的判断，以此测量对女性刻板印象的激活水平。结果表明，积极体验能抑制长期平等主义者的性别刻板印象的激活。在后续实验中，研究者进一步通过词汇判断任务启动短暂的平等主义信念，结果表明，即便是启动短暂平等主义信念，积极体验对刻板印象的抑制作用仍然存在（Huntsinger et al., 2010）。

根据 Clore 和 Huntsinger（2007）提出的"积极情感促进可及联结、消极情感抑制可及联结"的观点来看，以上两个研究的结论并不矛盾。当个体认知中不存在可及的平等或反刻板思维时，消极体验能降低内隐偏见；当个体有着强烈的长期平等主义或被激活了短暂的平等主义信念时，平等思维的可及性增强，因此积极体验能促进其认知中黑人与平等间的联结，进而降低了对黑人的内隐偏见。

第二节　种族偏见相关的神经生理机制

早期种族偏见的 ERP 研究多集中在相对较晚的认知加工阶段，诸如评价过程、错误反馈过程、认知冲突、时间预期等。近来，研究者越来越认识到早期的认知加工是社会分类的起点，也是实现晚期认知功能的必经之路，相关研究尤其关注更具基础性的视觉加工相关 ERP 成分。不同于以前的 fMRI 研究，近年来种族偏见相关的研究开始采用多体素模式分析方法（multi-voxel pattern analysis,

MVPA），这种方法能够更好地预测不同种族态度所激活的神经网络效果的差异，而传统的数据分析方法则只能考察大脑的局部区域，相对来说数据结果参考较为单一。因此，方法的改进使研究可以集中在表征内容上，而不是某一个认知过程，增强了研究的整体性和客观性（Gilbert et al., 2012）。

一、种族偏见相关的神经生理指标

（一）种族偏见相关的 ERP 指标

1. P100

P100 是刺激呈现之后出现的第一个正成分，最大振幅出现在刺激呈现后的 100ms 左右，源定位于腹侧前纹状体皮层，它对视觉刺激的对比度、亮度和空间频率敏感。该成分反映了对视觉信息粗略的初始分类加工，外族面孔诱发 P100 的振幅大于本族面孔（He et al., 2009）。P100 不仅反映了基础的视觉刺激属性，还受到面孔结构等因素的调节。Cunningha 等（2012）的研究认为，基础的视觉加工过程并不完全是自下而上的、不可改变的，而是受到动机、注意及其他社会因素的影响。他们将动机类型作为自变量考察了种族信息加工的可塑性。实验人员将被试分成趋近黑人组、逃避黑人组、控制组。结果发现，在逃避条件下，黑人图片诱发的 P100 振幅要显著大于白人图片；但在趋近条件下，P100 上的种族差异效应没有出现，这说明自上而下的调节作用的确能够影响早期的神经活动。由于 P100 出现在形成完整知觉之前，因此，它能够更好地反映内隐种族效应的发生过程，是自上而下的高级认知和情绪对低级认知影响的重要指标。不过，由于 P100 不能直接反应态度、评价、语言相关的复杂认知过程，它在种族偏见研究中被使用得并不多。

2. N170

N170 的最大振幅出现在刺激呈现后大约 170ms，源定位在下颞叶回或梭状回，涉及面孔的结构性加工，对面孔的反应振幅要大于对物体的反应振幅。N170 能反映种族、性别等社会信息的加工过程，其振幅会受到注意、动机、情绪等因素的影响，并且它所反映的认知阶段不受意识的控制，是研究内隐种族偏见的常用指标（Jacques & Rossion，2007）。Senholzi 和 Ito（2013）的研究表明，N170 的振幅反映了面孔加工的深度，具有对任务操作环境敏感的特点。当要求白人被试注意面孔的种族信息时，本种族白人面孔比外种族黑人面孔诱发了更大的 N170 振幅，而当任务要求他们注意面孔的社会身份时，黑人面孔则比白人面孔诱发了更大的 N170 振幅。

在种族 IAT 任务中，被试的 N170 成分与种族评价之间关系密切。Ibanez 等（2010）采用 ERP 观测土著和非土著人在完成 IAT 任务时诱发的 N170 和顶正波（vertex positive potential，VPP）成分。结果发现，本族面孔积极词关联条件与消极词关联条件下的 N170 振幅的差异显著。但是这种差异在呈现外族面孔时没有出现，说明内外群体与效价的关联背景能够调节早期的神经加工过程，N170 振幅反应情绪、种族多种因素的混合效应这一特性能够为更多关于种族偏见的研究所借鉴。Ofan 等（2011）使用了序列评估启动任务进一步考察了白人被试对黑人面孔的自动消极评价和 N170 振幅之间的相关性。他们假设在被试不知道实验能够反映歧视水平的情况下，行为数据将会和内外种族面孔诱发的 N170 振幅的差异呈正相关，结果支持了此假设。不仅如此，他们还发现，当被试得知实验与歧视相关而控制自己的表现时，其控制分数与黑人面孔诱发的 N170 振幅呈负相关。

3. P200

P200 是在视觉刺激呈现后出现的第二个正波，一般出现在 200~250ms，头皮分布位置在两侧的枕颞叶区域。P200 对威胁性的信息更敏感，同时会受到种族类别的调节。研究表明，呈现黑人面孔图片时的 P200 振幅显著大于白人面孔，因为白人被试会将黑人面孔视作威胁信号（Ito & Urland，2005）。He 等（2009）也发现，黑人和白人面孔诱发的 P200 振幅差异程度与 IAT 任务分数之间存在正相关，说明白人被试对黑人的评价越消极，黑人面孔与白人面孔诱发的 P200 振幅的差异越大。

不过，在提倡种族平等的社会环境中，对这一结果的解释也会发生变化。当白人被试意识到任务能够反映种族歧视之后，他们会调动更多的认知资源努力做出无偏反应，这一控制过程本身也能引起更大的 P200 振幅。Amodio（2010）发现，平等动机会自上而下地影响白人被试在看到黑人面孔时产生的 P200 振幅。他们要求被试完成一项识别枪的任务，同时记录被试的 EEG 和行为数据。结果表明,黑人面孔启动条件下的左侧额叶偏侧化程度显著大于白人面孔条件。由于额叶偏侧化分数是衡量个体平等目标卷入程度的指标,这提示黑人面孔出现时,被试的确产生了更强的控制偏见的动机。研究还发现,任务反应中左侧额叶偏侧化程度越高,黑人和白人面孔诱发的 P200 振幅的差异也越大,这支持了动机对种族认知有调节作用的观点。

4. SPCN

后部对侧持续负波(sustained posterior contralateral negativity,SPCN)是一个与视觉短时记忆相关的 ERP 成分。在记忆任务中,首先会出现提示线索,告知被试需要记忆注视点左侧或右侧的项目,然后,呈现注视点,要求被试进行记忆,最后出现的是需要被试识别是否与记忆项目相同的判断项目。在项目判断和提取视觉工作记忆表征时,会在相关项目的对侧脑区出现 SPCN。该成分的振幅会受到视觉短时记忆载荷及任务难度的影响(Eimerand & Kiss,2010)。

为了考察种族偏见是否会影响视觉工作记忆的面孔表征,Sessa 等(2012)让黑人和白人记忆一张或两张面孔图片,并判断记忆序列中的面孔图片是否和识别序列中的相同。研究假设,反映视觉表征质量精细程度的 SPCN 成分将会受到个体对外种族成员的态度评价或情绪反应的影响。结果发现,在一个面孔的条件下,白人图片和黑人图片诱发的 SPCN 振幅没有差异,但要求被试记忆两张面孔的时候,白人和黑人之间的 SPCN 振幅的差异显著,并且差异程度和任务前完成的 IAT 分数相关显著。这一影响必然会波及长时记忆、社会学习过程等后续的认知加工,产生类似于多米诺骨牌的种族效应。

(二)种族信息加工的脑区

1. 杏仁核

同消极情感唤起过程中的杏仁核激活相一致,大量的研究发现,由外种族群体引起的杏仁核激活度要大于由内群体成员引起的杏仁核激活度。并且,对种族偏见反应间接的评估还发现,对黑人的消极反应态度和更大的杏仁核激活的程度显著相关,这些模式的发生在面孔知觉编码或社会分类过程中。这些反应保存了种族信息的自然凸显性,导致了歧视的激活。然而,这种激活会在一些因素的影响下减弱。例如,将注意从种族信息上转移出来,或者被试存在控制偏见的动机

（Cunningham et al., 2008）。

另外，对种族信息所产生的杏仁核激活会受到加工目的的调节。一项研究发现，被试对外群体面孔的反应，会比内群体产生更大的杏仁核激活，但它会在被试做出非社会判断或对人格特点进行判断时有所减弱（Phelps et al., 2000）。目标人群的特征也会影响种族反应的杏仁核激活。当图片面孔眼睛是直视被试的时候，一项研究发现，高加索人被试对黑人图片的杏仁核激活要大于高加索图片；当图片面孔的眼睛并没有直视或者闭上眼睛的时候，就没有出现这种效应，研究者认为，非直视或者闭上眼睛的图片给出的是一个相对低的潜在威胁，并且会减小杏仁核激活上的种族差异（Richeson et al., 2008）。

2. ACC 和 ERN

为了控制对人种信息的消极反应，当前研究重视自动消极评估与公平主义目标之间的冲突对外群体成员偏见表达的影响。有关认知控制方面的脑电和 fMRI 研究识别了一个包括前扣带回皮层和前额叶皮层（prefrontal cortex, PFC）的神经网络，前者主要负责冲突检测，后者主要负责调节性控制，这两个脑区在冲突条件下起到了调节作用（Kerns et al., 2004）。

有研究报告了一项高加索被试有强烈的控制歧视动机的案例，实验结果发现，当面孔呈现的时间非常短暂，甚至不被意识所察觉时，呈现黑人面孔条件比白人面孔条件杏仁核的激活程度更大（Amodio et al., 2003）。杏仁核激活反应的种族差异在面孔呈现 500ms 左右时可以被观察到，然而，随着呈现时间的延长，会引发 ACC 和右侧腹外侧前额叶皮层（ventrolateral prefrontal cortex, VLPFC）、背外侧前额皮层（dorsolateral prefrontal cortex, DLPFC）脑区更大的激活，这能够反映出对内隐消极评估控制活动的提升。其他研究同样也发现，在被试需要控制消极外群体联想反应时，被试的 ACC 和 DLPFC 会产生更大程度的激活（Beer et al., 2008）。

错误相关负波（error-related negativity, ERN）是一个发源于 ACC 的脑电成分，该成分的振幅反映了冲突检测或者错误检测的程度。在一项 ERN 相关的研究中，在呈现黑人图片条件下，被试错误地将一个工具判断成为一支枪时，引发的 ERN 的振幅要显著大于高加索面孔条件下的振幅，这个效应在被试有很强的动机要控制种族偏见时更加明显，动机因素影响了种族相关信息加工对行为控制的神经激活（Amodio et al.，2004）。不仅如此，这个基于种族偏见的ERN振幅还可以显著预测任务中的行为控制。有研究者要求被试完成一项go/stop范式的种族启动任务，被试需要对刻板印象一致或者不一致的试次进行反应或不进行反应。在任务反应的过程中记录被试的ERP成分，结果发现，在抑制刻板印象反应时所诱发的ERN会出现更大的振幅，说明在控制种族偏见反应的时候，需要更多认知资源来进行调节（Bartholow et al.，2006）。

二、种族信息加工过程的神经机制

（一）面孔加工过程中种族信息加工的神经机制

个体能够在复杂的社会环境中迅速完成面孔识别，除了可以优先加工威胁性表情信息外，还能在200ms内对内外群体成员的身份进行分类识别，这对人类具有重要的生存和适应意义。面孔加工的核心神经区域定位于枕叶视觉皮层（occipital visual cortex，OP）、枕叶面孔区（occipital face area，OFA）和梭状回（fusiform face area，FFA）。视觉刺激进入OP是视觉表征的第一步，然后通过OFA进行粗略的结构性编码，最后由FFA完成高水平、精细的社会身份识别（Nichols et al.，2010）。

Brosch等（2013）发现，种族态度能够显著地影响黑人和白人的种族面孔表征，高歧视被试的FFA激活模式在黑人和白人之间的差异显著大于低歧视者，FFA在面孔分类表征中的差异提示，该脑区神经元对分类信息可能有独特的记忆。然而，是长期的态度改进了认知分类的神经基础，还是神经生理机制的差异导致了偏见程度的不同呢？脑损伤的研究支持了前者。Knutson等（2011）发现，FFA受损病人仍然能在外显面孔识别能力缺失的情况下，出现和健康被试无差异的种族IAT分数。这可能是因为一些候选通路越过了需要激活FFA的意识识别和面孔整体加工过程。

（二）评价和调节过程中种族信息加工的神经机制

杏仁核是种族偏见研究中最早受到关注的脑区，它由前颞叶的一些核团组成，其功能涉及危险相关的内隐情绪学习和记忆过程。Phelps等（2000）研究了呈现陌生男性黑人和白人面孔图片时白人被试的杏仁核活动,并分别用 IAT 分数和行为反应作为测量内隐和外显态度的指标。结果发现,在呈现黑人图片时,杏仁核的激活程度和内隐态度相关显著,但与外显分数则没有相关性。不仅如此,杏仁核也是传递威胁信号、联系其他脑区进行交互活动的关键脑区。杏仁核损伤后,它和其他认知功能之间的神经回路也随之失去信息传递效能。临床研究表明,患有威廉斯综合征的儿童的杏仁核激活程度会明显降低,这会导致他们没有恐惧,对人过度友好,很少出现种族偏见、刻板印象和本民族偏好行为(Meyer-Lindenberg et al.,2005)。

完整的社会评价需要杏仁核和知觉加工系统及其他调控脑区共同完成,脑损伤破坏了杏仁核和 FFA、前额叶皮层等脑区之间的交互过程,患者在看到危险信息时,不能通过完整的神经回路进行信息整合(Santos et al.,2010)。Norton 等(2013)发现,人们在抑制刻板印象时会出现"种族麻痹"现象。他们让被试在两张种族面孔图片间选出一张与同时呈现的特征词更符合的图片。当两张图片都是黑人或白人时,被试能够很快做出选择,而当一张黑人和一张白人图片同时出现时,被试就很难做出判断。在没有做出任何选择的反应中,负责调控和抑制情绪相关脑区的激活水平显著提高,包括目标意图相关的背外侧前额叶皮层和冲突检测相关的前扣带回皮层。

(三)移情过程中种族信息加工的神经机制

当观察他人的情绪和行为时,人们会通过镜像系统激活大脑内部与自身情绪、行为发生时相同的神经表征,检验到对方的内在状态。Gutsell 和 Inzlicht(2010)在其研究中将 8～13Hz 频段震荡活动的下降程度作为个体观看他人肢体行为时自身运动神经系统表征活动的指标,此频段抑制程度越大,他们在观察外民族肢体动作时进行心理模仿时的神经活动就越弱。结果表明,种族偏见会影响被试对外民族肢体语言的理解,高种族偏见个体比低种族偏见个体对外民族的行为表征更困难。种族偏见还会减小对外民族疼痛的移情反应,在看到白人模特的疼痛图片时,白人被试的皮质脊髓系统出现了自己感觉痛苦时才会出现的抑制效应,表现出了移情反应。被试的种族偏见越高,他们对黑人的移情反应就越弱(Avenanti et al.,2010)。

另外，本民族偏爱能够提高移情反应。Mathur 等（2010）让美国黑人和白人被试在脑扫描过程中为出现的 4 组痛苦程度不同的图片打分，之后请被试回答他们愿意付出多少时间和金钱帮助图片中的人，作为衡量移情程度的行为指标。结果发现，被试的移情程度与 ACC 和脑岛激活程度相关。一般认为，ACC 和脑岛涉及移情的体验成分，而内侧前额叶（medial prefrontal cortex，MPFC）则涉及移情的认知成分。研究结果还表明，对本民族的移情不仅表现为情绪体验的共鸣，还表现为认知上的理解和认同；对外民族成员痛苦的移情反应更侧重于表面的感受，而不是认知层面的。

（四）信任决策过程中种族信息加工的神经机制

信任决策在群际交往的过程中起着重要的作用，人们是否相信他人会受到种族信息的影响。Stanley 等（2011）采用信任游戏研究了种族偏见对信任决策过程的影响。游戏中，白人被试需要决定拿出多少枚手中的美币，而黑人或白人搭档会得到他们付出的 4 倍，之后由搭档决定将所得的一半返还给被试还是全部留下不给被试。这样白人被试需要根据对搭档的信任程度来决定分出多少。结果发现，对黑人的偏见程度越高，他们分给黑人搭档的钱越少。

Stanley 等（2012）用 fMRI 技术进一步考察了种族态度影响信任决策的神经机制。研究者认为，纹状体是信任和声誉表征相关的脑区，该脑区接受来自杏仁核的危险信号，同时也接受来自涉及推理过程的 ACC，以及负责外显信任评估和社会信任预期的右侧颞上沟（right superior temporal sulcus，rSTS）的信号，并和这些脑区共同进行内部动机和外部信息的整合，以完成信任的决策过程。研究发现，被试对某一种族的整体信任度越低，在做出信任决策时，纹状体的血氧水平依赖响应值越高，即被试需要付出更多的努力来对不信任的搭档进行推测和判断。

三、种族信息神经加工过程的影响因素

（一）动机和焦虑

认知神经科学的观点认为，动态系统加工模型能更好地诠释人类信息加工的

过程,而不是双加工模型。根据动态系统模型,之前被广泛认为是不可避免的自动过程会受到自上而下加工过程的调节。ERP 研究发现,趋近动机和回避动机能够影响种族面孔的 P100 振幅(Cunningham et al.,2012)。动机对种族认知和行为控制具有调节作用,白人被试左侧前额叶皮层的激活程度能够预测呈现黑人图片时的 P200 反应振幅(Amodio,2010)。Ofan 等(2011)发现,高焦虑的被试有增加内隐偏见的倾向。另外,外种族的积极表情面孔能够缓和内隐种族偏见在 N170 上的实验效应,注意回避现象通常出现在威胁刺激诱发的情绪反应中,但是当呈现带有微笑表情的黑人面孔时,白人被试没有表现出中性黑人面孔条件下的注意回避现象(Richeson & Trawalter,2008)。这些研究结果说明,种族偏见的神经加工过程会受到情绪、动机、注意等多种心理因素的影响。

(二)群际接触

种族偏见不是与生俱来的,而是在社会化历程中逐渐形成的。Telzer 等(2013a)在 fMRI 脑扫描任务中,要求 4 岁和 16 岁的美国白人被试完成一项情绪匹配任务,显示屏上同时呈现 3 张外族和本族面孔的情绪表情图片,要求被试对其中的两张相同情绪图片进行匹配。研究发现,4 岁儿童的杏仁核反应没有出现民族差异,而 16 岁被试的杏仁核反应的种族差异显著。研究还发现,被试的种族多样性经验和杏仁核反应呈负相关,说明群际交流能够降低种族偏见。研究还发现,早期的种族经验对于种族相关情境的情绪调控有重要作用。Telzer 等(2013b)选择出生后被美国家庭领养的亚洲和东欧儿童作为被试,在 fMRI 扫描过程中,要求被试完成情绪匹配任务。结果显示,领养被试在看到愤怒的外种族面孔图片时的杏仁核活动要显著大于控制组,并且差异程度和领养儿童早期面孔剥夺时间长度呈显著正相关。这说明个体早期的外种族经验剥夺会导致情绪识别能力贫乏,以及杏仁核的高反应。

(三)内外群体

群际关系能够改变种族信息加工过程的偏向性。由于种族偏见的影响,白人被试对黑人和白人面孔在 FFA 上的加工深度和时间进程都有显著差异(Brosch et al.,2013)。不过,这种差异会受到内外群体身份的影响。van Bavel 等(2011)在一项 fMRI 研究中将被试分成两个竞争组,每个组的黑人和白人被试人数相等，给每个被试呈现自己组和竞争组成员的面孔图片。结果表明，不管图片中的面孔是什么种族，在呈现自己组成员图片时的 FFA 的激活程度都显著大于竞争组，而且这种差异主要源自内群体的面孔在 FFA 上加工深度的增加，而不是外群体面孔在加工深度上的减弱。此外，群际关系还能够通过外显动机自上而下地调节和控制初始的种族评价。Shkurko（2013）的研究发现，在外群体信息凸显时，杏仁核会对其做出选择性反应，此时 ACC 能够监控个体内部动机和自动加工过程之间的冲突，向额叶区域发出信号。

（四）文化和教育

人们通过学习形成对外界刺激的适应性反应，社会环境为学习提供了重要的实践基础，对种族偏见的形成和改变起到了至关重要的作用。在人类进化过程中，外群体成员被视为更具有威胁性。研究发现，美国白人个体对白人比对黑人的态度更加积极，然而，对于美国黑人来说，情况更加复杂。Lieberman 等（2005）发现，部分黑人被试在观看外民族面孔图片时的杏仁核反应要大于看到本民族面孔图片，而另一部分则相反。他们认为这和文化学习、社会共识的影响有关。在智利，马普利民族是当地人口最多的土著群体，同时，智利是一个非土著群体执政的社会。在长期的社会演变历程中，非土著居民对于土著居民有很多偏见。但是，Ibanez 等（2010）的研究发现，相比土著人，智利的非土著人对土著人表现出了更少的消极评价，这和文化教育方式的改变以及社会政治的进步不无关系。由于社会环境所形成的集体意识不是单独个体能够控制和改变的，它对人们知觉和判断的影响要远远超过其他因素。

四、种族偏见干预相关的神经生理研究

（一）产生阶段

在共同目标、权威认同、没有竞争的条件下，不同种族成员的交流能够降低他们之间的歧视和偏见。Telzer 等（2013b）等的 fMRI 研究发现，家庭周围有黑人邻居的白人美国儿童在看到黑人面孔图片时的杏仁核反应要显著弱于没有黑人邻居的白人美国儿童。同时，直接建立新的条件反射，也能够改变种族偏见。Phill 等（2011）认为，增加白人被试与黑人之间的联系能够使得白人被试对黑人

产生更多身份认同，并且假设在做出亲近行为之后个体能够形成对操作对象的积极评价，相反，做出远离行为则会导致消极评价。他们让被试先练习操作控制杆，当电脑屏幕呈现黑人面孔时，要做出推杆（远离行为）或者拉杆（亲近行为）的动作。结果表明，经过一段时间的训练后，亲近组被试的种族偏见显著低于远离组。另外，他们还用 ERP 记录了两组被试的 P300 成分，发现亲近组被试对黑人图片的 P300 振幅显著小于远离组和控制组。

（二）表达阶段

尽管种族偏见的产生过程相对自动、快速、不易被察觉，但是在受到外界情境约束或内部平等动机的驱动的情况下，个体仍然能够在检测到冲突之后运用认知策略、情绪调控等方式来避免种族偏见行为反应的发生。Richeson 等（2003）的研究表明，白人被试在和黑人交流之后的 Stroop 颜色命名测验中的成绩与呈现黑人面孔图片时的 DLPFC 和 ACC 的激活程度存在显著相关。研究者认为，这是由于在群际接触之后，抑制行为反应的执行控制过程损耗了一部分认知资源，损耗得越多，在 Stroop 任务中的成绩就越差。研究还发现，高 IAT 分数的白人被试在呈现黑人图片时的 DLPFC 和 ACC 的激活程度要显著大于低 IAT 分数的白人。虽然这一结果看似与人类本能反应不一致，但正是高偏见被试在特殊的情境下才会付出更多的努力来控制偏见的自动表达。

然而，DLPFC 和 ACC 的实验效应存在分离，DLPFC 激活程度能够调节白人被试的 IAT 分数与 Stroop 任务成绩之间的关系，在 ACC 上却没有出现这种效应。研究者认为，DLPFC 负责保持控制进程的持续，而 ACC 负责监控是否需要控制，说明群际接触过程所涉及的认知控制是由执行功能所导致的，而不是仅仅涉及冲突监控过程。在这一过程中，平等动机是控制偏见行为的内在动力。Amodio（2003）结合 ERP 技术考察了控偏动机、注意程度和行为控制三者之间的关系，发现在平等动机的驱动下，被试在识别枪的任务中会付出更多的认知努力对黑人图片做出正确的判断，而避免受到自动刻板印象的影响。可见，社会情境因素能够导致平等动机的增强，进而增加被试知觉注意程度和行为控制程度，最终减少偏见的表达。另外，改善观点采择能力、模仿被歧视者都能增加镜像系统对外民族行为活动和情绪状态神经活动的表征，从而提高理解他人情绪状态的能力（Olsson & Ochsner，2008）。

五、种族信息加工的理论模型

(一) 迭代再加工模型

Cunningham 等（2007）提出了态度的"迭代再加工模型"（iterative reprocessing model，IR 模型）。该模型认为，评价是多个过程在某一时刻整合之后的结果。从最初自动评价到最终评价之间是经过多次迭代的过程。动机、背景等信息都能够参与到迭代过程中，影响个体最初激活的态度。由于内隐与外显之间并没有绝对的界限，从自动加工到受控加工的过程是一个连续体，而不是"全或无"方式的两个完全不同的机制。使用"相对自动"和"相对受控"更能描述神经加工过程的实质。这个模型为种族偏见的神经机制的解释提供了新的视角。

一方面，根据 IR 模型，种族偏见的神经机制是一个动态、多水平的迭代交互过程。以神经加工过程为例，视觉、听觉信息经过丘脑传递至杏仁核，做出快速自动的初始评估，产生趋近或退避的动机倾向。这个过程受到其他脑区（海马）的反应和反射的调节，形成更加清晰的动机和刺激评估。初始迭代之后，杏仁核会给 OFC 等脑区的奖赏回路发送信息，在 OFC 将和即时的背景信息再一次进行整合，并进行分析，返回到杏仁核调节其激活水平。当刺激没有奖赏意义或冲突时，将激活 ACC 和两侧前额叶皮层的冲突检测和意识控制机能，检测自身态度是否适合社会规范，从而产生自上而下的调控。另一方面，IR 模型为种族偏见的可塑性提供了理论基础。双加工理论认为自动态度激活之后，行为在没有控制过程的抑制下是不能改变的。然而，IR 模型认为在动机的驱使下，内隐种族偏见不仅能够在认知控制过程中得到抑制，还能够通过动机、背景因素、时间限制等多个方面对偏见的自动产生过程进行调节。

(二) 多重记忆系统模型

和迭代再加工模型类似，多重记忆系统模型也认为神经加工系统并不像双加工模型那样将神经系统划分为两个分离的部分，而是多个相互联系、不可分割的子系统。如果说迭代再加工模型描述的是内隐种族偏见的动态表达过程，那么多重记忆模型阐述的则是其静态的存储机制。

Amodio 和 Ratner（2011）认为，内隐记忆包括多个子系统，如语义记忆、恐惧/奖励条件反射、程序记忆。存储于语义记忆网络中的消极种族信息在特定情境中表达为刻板印象；恐惧条件反射联结在遇到外种族刺激后将表达为消极内隐消极评价。但是该模型仅仅涉及三个有特定脑功能定位的记忆系统，没有对基础的视觉、听觉皮层存在的种族分类信息的记忆现象做出解释。不过，关于种族信息知觉的研究是有趣的，因为它强调了模型中所识别的神经过程的交互作用的程度，突出了社会认知几个理论上分离的方面在完成高阶段社会认知加工过程中共同发挥作用。该模型给出了一个和种族知觉相关的脑区分布模型。

第六章

种族偏见影响因素的实证探索

第一节 群际接触和种族面孔识别

快速、简捷地识别社会信息是大脑进化的优势,以分类方式作为存储和提取信息的策略是人类评估环境的捷径,不过这容易导致对特定群体持有固定不变的看法,忽视其个体性差异。尤其是在经验、信息匮乏以及认知习惯等因素的影响下,个体更容易形成对他人或群体的片面甚至错误的看法。近年来,种族偏见的神经生理机制研究渐成热点,主要是因为其带来的社会弊端日渐凸显。研究表明,美国黑人感受到的刻板印象威胁与心血管疾病发病率显著相关(Pascoe & Richman, 2009)。种族歧视是造成美国白人和黑人在教育、医疗方面分化的重要原因(Sawyer et al., 2012)。反对种族歧视、维护民族平等是全球性问题。本次研究尝试在前文对种族偏见相关神经生理研究进行梳理的基础上,探讨群际接触影响种族面孔识别的神经生理机制。

一、国内外研究概况

(一)群际接触对种族偏见的影响

1. 群际接触假设

Allport(1954)认为,群际接触只有在符合以下几种条件的情况下才能对群际关系的改善产生最佳的效果。第一,平等的地位。接触双方的群体成员必须要具有平等的地位,否则就难以达到接触的最佳效果,很多研究从不同角度验证了这个假设。第二,共同的目标。接触的双方需要有一致的、明确的目标,并且在积极的环境下进行。第三,群际合作。共同目标产生作用的前提是群体间存在合作关系而非竞争关系。第四,权威和法律的支持。群体双方更容易得到权威或法律认可的群际接触,这样的接触才更有成效。

群际接触和态度改变的影响是相互的，持有偏见的人更不愿意与外族人群进行交流，而持开放态度的人则更愿意与外族人群交流（Pettigrew，1998）。在群际接触与态度改变相互作用的过程中，可能存在很多中介变量。例如，群际接触只有通过行为改变才能实现态度改变，群际接触可以通过降低焦虑、积极地进行情绪调节来改善消极认知（Pettigrew，1997）。群际接触影响态度改变的中介机制可以分成两条主线：一个是情感线索，Mendes 等（2002）从生理反应和主观报告中发现，与黑人接触多的白人大学生；对黑人的消极态度要显著低于那些没有过接触的学生；另一个是认知线索，群际接触能够增加对外群体的认识，这将有助于接触双方进行认知调节。

2. 群际接触的类型

直接接触是指群体成员之间面对面以及通过通信手段等媒介的接触。Pettigrew 和 Tropp（2006）根据 Allport（1954）的 4 个假设进行了多项研究，发现直接群际接触能够减少接触成员之间的偏见，并且在不同环境下都存在此效应。直接接触能减少接触的焦虑，增加对外群体成员的信任，从而有效地促进群际关系的改善（Pettigrew et al.，2007））。但是，也有一些研究者提出了质疑，认为隔离才是降低群体冲突的有效方法，不少群际接触效应的研究存在额外变量。例如，那些选择群际接触的人的意识形态与那些没有选择群际接触的人的意识形态有可能完全不同。Pettigrew 和 Tropp（2008）在研究中还发现，直接接触固然是促进双方群体彼此了解的最有效、最快速的途径，但即使是 Allport 提出的条件都具备，接触也并不一定能够有效地降低偏见，在真实的社会背景下，长期矛盾的种族之间不太可能会发生直接的接触，这种措施可能更加适用于没有长期交往历史的群体。

直接接触的局限在于，这种方法只适用于有机会参加到群际接触情境中的成人。例如，在北爱尔兰的贝尔法斯特，天主教社区和新教社区很少在一起，只有 5%的儿童能够参加既有天主教又有新教的学校。在美国，拉美裔和白人之间的种族隔离也普遍存在，白人住户周围是黑人的概率还不到 10%。在这种环境下，直接接触是很难建立的（Tropp & Pettigrew，2005）。

间接的接触能够弥补直接接触在实施过程中的不足。根据拓展接触假设，某个内群体成员和一个外群体成员存在亲密关系，能够促进个体对外群体的态度的改变（Wright et al., 1997）。无论是儿童还是对成人，拓展接触都能够减少他们的刻板印象，增加积极的种族态度（Cameron et al., 2006）。拓展接触的效果以及可适用的环境都为群际接触的假设提供了新的视角。但是，它并不能完全取代直接的接触，如果没有一个内群体成员去接触外群体成员，那么拓展接触的概率也会大大降低。

（二）种族面孔加工的 ERP 研究

fMRI 能够揭示面孔加工过程中受种族信息影响的神经结构，ERP 的研究则可以阐明种族知觉和分类的机制和时间进程。有研究表明，要求被试观看黑人和高加索被试的图片，同时记录 ERP 数据，结果发现，种族信息的调节作用最早能够体现在 N100 成分上，在面孔呈现 122ms 之后达到峰值（Ito & Urland, 2003）。种族效应还可以通过 P200、N200、P300 等脑电成分表现出来，这些成分对注意和种族分类的过程非常敏感，同时会受到种族分类信息自动编码和注意定向的影响（Ito et al., 2004）。

在社会分类中，一种突出的划分方式是本族和外族。Dickter 和 Bartholow（2007）让黑人被试和高加索被试观看黑人和高加索人的图片，进行性别分类任务，同时记录 ERP 数据。结果发现，高加索人在观看黑人面孔时的 P200 要大于本族面孔，N200 的表现则相反。然而，在黑人被试数据中，这个结果模式反转了（Kubota & Ito, 2007）。在另一项研究中，让被试观看拿着小物体的高加索人和黑人图片，被试需要判断图片中的物体是枪还是其他无伤害性物体。结果发现，那些对黑人和高加索人图片在 P200 和 N200 的成分上表现出更大差异的被试，还会表现出更加显著的行为偏差。例如，其对带枪黑人比带枪白人的反应更快（Correll et al., 2006）。这说明，种族信息的神经活动差异体现在更广泛的社会分类上。

二、群际接触影响种族面孔识别的研究意义

近年来的 ERP 研究表明，种族偏见能够影响个体早期的认知加工。相比之下，fMRI 研究侧重于探讨面孔加工、评价、移情、信任等过程中种族偏见的神经生理机制。这些研究多数可以被纳入迭代再加工模型进行解释。根据该理论，

种族偏见的神经机制是一个动态、多水平的迭代交互过程。感觉信息经过丘脑传递至杏仁核,做出快速、自动的初始评估,产生趋近或退避的动机倾向。初始迭代之后,杏仁核会给 OFC 等脑区的奖赏回路发送信息,OFC 将得到信息和即时的背景信息再一次进行整合,并返回到杏仁核调节其激活水平。当刺激没有奖赏意义或冲突时,将激活 ACC 和两侧前额叶皮层的冲突检测及意识控制机能,并检测自身态度是否适合社会规范,从而产生自上而下的调控(Cunningham et al., 2007)。因此,种族偏见的认知加工过程会受到心理因素、个体经历、群际关系、社会环境等因素的调节。

以往的多数研究将杏仁核视作一个重要脑区,然而其对杏仁核在种族记忆形成中的联结和去联结的机制没有进行过探讨。一般认为,杏仁核是建立恐惧条件反射的重要结构,一旦建立联结,恐惧条件反射的消退过程将会非常缓慢。另外,语义联结记忆是形成刻板印象的生理基础,这个系统与左侧前额叶、颞叶等相关神经网络的激活有关。近期的一项研究发现,运用重复经颅磁刺激技术抑制左侧前颞叶活动,能够直接降低刻板印象的 IAT 分数(Gallate et al., 2011)。通常人们会受到动机的驱使去控制或表现出刻板印象。研究表明,动机在种族偏见表达的知觉、评价以及行为反应之间有重要的调节作用(Cunningham et al., 2012)。不过,目前不仅没有直接的神经生理研究描述动机如何减少种族偏见在不同阶段的表达,而且对于内部平等动机和外部公平环境在此类效应中扮演的角色也鲜有涉及。

关于内隐种族偏见的测量,多数研究仍然使用传统的 IAT 任务。然而,Amodio 和 Devine(2006)认为,内隐种族偏见包括内隐刻板印象和内隐消极评价两种不同的存储形式。前者涉及了记忆系统的语义联结,存储于语言学习相关的新皮质结构;后者涉及情绪记忆方面,与杏仁核负责的恐惧学习过程有关。两者不仅分属于不同的神经系统,而且形成和消退的过程也是独立的。传统的 IAT 仅适合测量内隐消极评价。为了准确地测量内隐刻板印象的联结程度,他们对传统的内隐联想任务进行了修改,设计了刻板印象 IAT。在任务的词语试次中,被试不再对词语的效价进行判断,而是对词义属于心理还是物理类别进行判断。采用上述方法,Gilbert 等(2012)验证了两个偏见成分 IAT 任务各自所涉及的神经机制,结果表明,消极评价 IAT 任务激活的区域在外侧眶额叶皮层,而刻板印象 IAT 任务激活的区域在内侧前额叶皮层。

群际接触对种族关系的促进及改善是当前的一个重要研究问题。已有研究发现，群际接触能够降低群体之间的歧视、偏见；提高对外群体成员的信任程度；减少在群际交往过程中的焦虑情绪。多数研究证明了群际接触在整体上对群际关系改善产生了积极的影响。然而，也有其他研究表明，群际接触的效果会随着双方的社会地位、社会身份、优势差别而有所不同。在一方弱势、另一方强势的情况下，群际接触可能会加剧群际冲突。因为弱势群体在群际交往的过程中格外关注外群体成员对自己的偏见，他们对群际交往预期的改变会严重影响其对优势群体的态度。

面孔加工是社会交往中不可或缺的认知过程。在群际交往中，人们往往会根据快速的感知觉对他人做出亲近或远离、危险或安全等一系列判断。面孔识别过程与个体的注意分配有关，对这一过程的考察，能够发现个体在短时间内对外民族面孔加工的神经生理过程。本次研究主要考察了群际接触是否能够改变不同群体成员之间的视觉加工过程。研究选取了面孔识别这一社会情境中最普遍的认知神经过程。首先，由于前人的相关研究所采用的研究对象都是国外的群体成员，不适用于中国的文化环境，本次研究主要选取少数民族大学生作为研究对象，考察其对内群体和外群体的面孔识别过程机制。研究中采用了序列启动任务范式，根据行为结果来评估被试对种族态度的个体差异。其次，本次研究将考察群际接触对面孔加工过程是否存在影响，以及群际接触的效应是否导致行为控制过程的改变。

三、群际接触影响面孔识别的数据收集

（一）少数民族个体面孔识别的 ERP 研究（实验一）

1. 研究设计

本次研究采用 ERP 技术，考察少数民族个体对本民族和汉族面孔的早期视觉加工过程是否存在差异；检验少数民族面孔图片和汉族面孔图片诱发的 N170 振幅和潜伏期是否存在差异，并探讨其产生的原因，为考察群际接触对种族面孔加工的影响提供实证基础。

研究对象为少数民族被试，他们是来自于某大学的在校本科生，大学之前都

在和汉族混合居住的城市学习和生活，他们对汉语都具有很好的理解能力，但是和汉族人的交往程度不均等。被试中有男生 16 名、女生 17 名，年龄为 19～23 岁，平均年龄为 21.07（SD=2.51）岁。这些被试都没有参加过前面的实验材料的评定工作。其身体健康，无精神疾病史，且均为右利手，视力或矫正视力正常。对于被试，通过校内 BBS 发布公告招募，其自愿报名参加实验，实验后给予其一定报酬。

本次实验采用 3（面孔民族：汉族面孔、少数民族面孔、轿车正面图）×2（被试性别：少数民族男生、少数民族女生）的两因素混合实验设计，民族面孔为被试内变量，被试性别为被试间变量，因变量为完成任务的反应时和正确率。

2. 实验材料

（1）图片材料

选取 20 张少数民族男性面孔照片和 20 张汉族男性面孔照片，无名人面孔，面孔情绪效价呈中性。用 Photoshop 7.0 软件对照片进行统一标准的图像处理，去掉面孔的头发、耳朵、脖子等外部特征，只保留眼、鼻、口、面颊等内部特征。面孔图片采用白底灰色面孔，图片尺寸为 260×300 像素。

由 60 名评分者对所选取的 40 张少数民族男性面孔材料进行吸引力、愉悦度、唤醒度、民族特征的评定，对吸引力、愉悦度、唤醒度进行 1～5 级评分，同时对情绪效价（1 为积极、2 为中性、3 为消极）和民族特征（1 为少数民族、2 为汉族）进行评分。然后，根据评定结果进行筛选，最终选取吸引力、愉悦度、唤醒度三个属性平衡的少数民族男性和汉族男性图片各 10 张作为实验材料，汉族面孔和少数民族面孔在吸引力、唤醒度、愉悦度三个维度上均没有显著差异（表 6-1）。

表 6-1　种族面孔材料的标准化评定结果（$M±SD$）

类别（N=20）	汉族面孔	少数民族面孔	t	p
吸引度	2.672±0.353	2.853±0.464	0.937	0.359
愉悦度	2.541±0.224	2.653±0.396	0.464	0.647
唤醒度	2.566±0.333	2.922±0.353	0.544	0.592

(2) 语词材料

在《现代汉语常用词词频词典》《现代汉语分类词典》《新编汉语形容词词典》《汉语形容词用法词典》中查找形容词，让 40 名评分者评定这些词语的正负效价，确定积极词和消极词。最后，平衡词频、笔画和唤醒度，选出 20 个词语，其中，积极词 10 个，消极词 10 个。两类词在词频上的差异不显著，$t(9)=0.213$，$p>0.05$；在唤醒度上也不存在显著差异，$t(9)=0.492$，$p>0.05$。

3. 实验程序

(1) 实验任务

本次研究要求被试完成一项序列启动任务。实验程序由 E-prime2.0 呈现，程序如图 6-1 所示。屏幕中央先出现 600ms 的掩蔽图片，然后，在掩蔽相同的位置出现面孔图片，持续 300ms，图片有可能是少数民族面孔、汉族面孔或轿车正面图片，三者呈现的概率是相等的，并且呈现的方式是随机的。接着，在相应的位置上出现的一个积极词语或者消极词语，两种词语出现的概率相等，呈现方式是随机的，被试需要对所出现的词语做出词性判断。例如，积极词要按 1 键，消极词需要按 2 键，被试需要立即做出反应，如果被试的反应时大于 600ms，按键之后会出现一个"太慢了"的反馈界面，提示被试需要提高速度。如果被试的反应时小于 100ms，会出现"太快了"的反馈。只要被试进行词语判断的时间短于 1000ms，反应时和正确率的信息都可以作为最后的结果得以分析。反馈结束之后，间隔 800～1000ms 进行下一个试次，如图 6-1 所示。

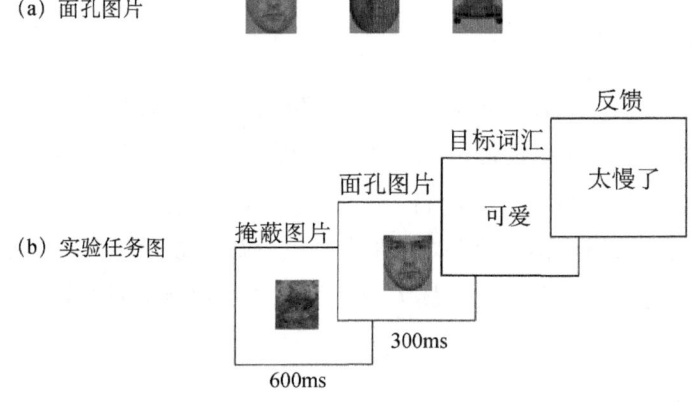

图 6-1 序列启动任务

(2) EEG 记录和分析

EEG 记录采用德国 Brain Product 公司的专业记录分析系统，依照国际 10-20 系统扩展的 64 导电极帽记录各电极点上的 EEG。EEG 记录以左侧乳突为参考电极，同时另一电极置于右侧乳突。右眼下侧安置电极记录垂直眼电。信号记录滤波带通为 15～100Hz，采样频率为 1000Hz；记录时头皮和电极之间的阻抗不高于 10kΩ。EEG 离线分析采用 Brain Product 公司提供的专业分析软件 Brain Vision Analyzer 2.02，并以左右侧乳突电极平均值为参考电极。

（二）群际接触影响面孔识别的 ERP 研究（实验二）

1. 研究设计

本次研究主要考察群际接触能否改变个体对本族和外族面孔的识别。根据问卷调查筛选出符合实验要求的少数民族大学生，男生 19 名，女生 16 名。其中，小学到高中阶段在民考民和双语班级学习的学生 16 人，在民考汉班级学习的学生有 16 人。民考汉指的是少数民族学生在参加学校统一考试时，使用汉语答卷；民考民指的是少数民族学生在参加学校统一考试时，使用本民族文字答卷。其年龄为 19～23 岁，平均年龄为 21.07（SD=2.51）岁。被试身体健康，无精神疾病史，且均为右利手，视力或矫正视力正常。对于被试，通过校内 BBS 发布公告招募，被试自愿报名参加实验，实验后给予其一定报酬。

本次研究采用 3（面孔民族：汉族面孔、少数民族面孔、轿车正面图）×3（班级：民考民、双语班、民考汉）的两因素混合实验设计，面孔的民族为被试内变量，被试接触组别的变量为被试间变量。实验材料同实验一。

2. 实验程序

在某大学的大一少数民族学生中发放 70 份问卷，说明本次实验的目的是考察少数民族大学生对汉语词语的认知加工过程。请他们填写所读学校班级信息的问卷。根据所填写的问卷信息，将 17 个民考汉班级的大一学生作为本次实验的高接触被试组，17 个民考民和双语班的大一少数民族学生作低接触被试组。然后，与实验一类似，要求少数民族大学生被试完成序列启动任务，同时记录其脑电数据。

四、群际接触影响面孔识别的数据分析

(一) 少数民族个体面孔识别的 ERP 研究 (实验一)

1. 行为数据分析结果

采用 SPSS19.0 对被试的反应正确率和反应时进行统计分析。反应时和正确率的描述性统计如表 6-2 所示。对所有反应时数据进行对数转换，然后对转换后的数据进行 3（启动图片：少数民族面孔、汉族面孔、轿车正面图片）×2（词性：积极词、消极词）×2（被试性别：男性、女性）的三因素方差分析，结果如表 6-3 所示。方差分析结果表明，启动图片和语词效价的主效应显著；性别的主效应不显著；三因素的交互作用不显著；启动图片和语词效价的交互作用显著。简单效应分析结果表明，被试对少数民族面孔积极词语的判断速度显著快于对汉族面孔积极词语的判断速度。

表 6-2 序列启动任务的反应时和正确率

项目	行为数据	积极词		消极词	
		M	SD	M	SD
少数民族	反应时/ms	505.141	45.946	538.924	58.736
	正确率	0.872	0.084	0.825	0.143
汉族面孔	反应时/ms	551.213	66.185	542.297	45.395
	正确率	0.852	0.117	0.825	0.154
轿车正面图片	反应时/ms	525.333	48.913	582.674	59.407
	正确率	0.902	0.072	0.823	0.135

表 6-3 任务反应时的方差分析表

变异来源	SS	df	MS	F
词语效价	0.156	1	0.156	15.423***
启动图片	0.111	2	0.055	5.558**
性别	0.014	1	0.014	0.029

续表

变异来源	SS	df	MS	F
启动图片×词语效价	0.247	2	0.123	2.732*
词语效价×性别	5.577	2	2.788	0.141
启动图片×性别	0.063	1	0.032	0.001
启动图片×性别×词语效价	0.002	2	0.001	0.109

2. ERP 结果分析

对 N170 振幅进行 2（左右脑电极点：左脑电极、右脑电极）×2（被试性别：男、女）的混合因素方差分析，结果表明，左右脑电极点的主效应显著，右脑上电极点所产生的 N170 成分的振幅显著大于左脑，PO8 电极点出现的 N170 振幅最大。因此，我们集中对右脑 PO8 电极点出现的 N170 数据进行分析。

为了考察少数民族被试对本族和异族面孔的加工过程，对 N170 振幅进行 3（启动图片：少数民族面孔、汉族面孔、轿车正面图片）×2（被试性别：男性、女性）的混合因素方差分析。结果表明，启动图片的主效应显著；性别的主效应不显著；两者的交互作用不显著（表 6-4）。进一步的分析表明，少数民族面孔产生的 N170 振幅显著大于轿车图片；汉族面孔导致的 N170 振幅显著大于轿车图片；少数民族面孔和汉族面孔所导致的 N170 振幅没有显著差异。对 N170 的潜伏期进行 3（启动图片：少数民族面孔、汉族面孔、轿车正面图片）×2（被试性别：男性、女性）的混合因素方差分析，结果只有启动图片的主效应显著，$F(2, 60)=8.991$，$p<0.01$。对轿车正面图片产生的 N170 振幅显著大于少数民族面孔和汉族面孔，如图 6-2 所示。

表 6-4 N170 振幅的方差分析表

变异来源	SS	df	MS	F
性别	1.402	1	1.402	0.071
启动图片	25.198	2	12.599	5.819*
性别×启动图片	5.577	2	2.788	0.141

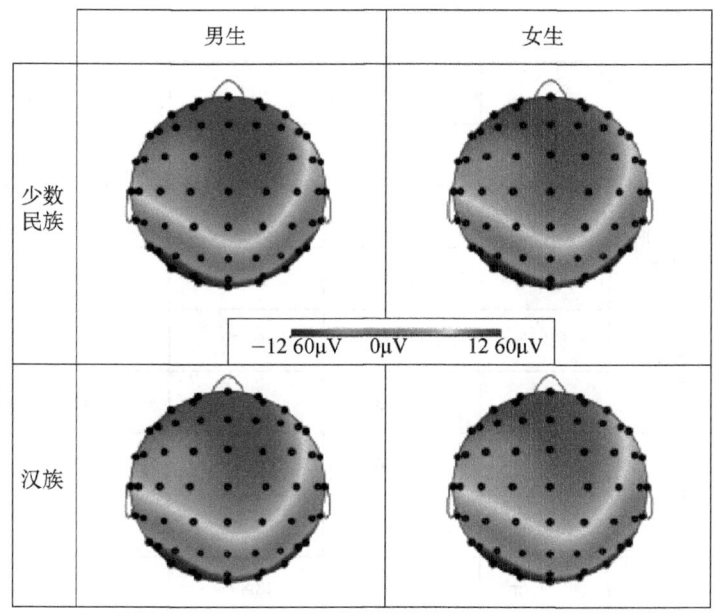

图 6-2 被试任务中的 ERP 的地形图（见彩图 6-2）

（二）群际接触影响面孔识别的 ERP 研究（实验二）

1. 行为数据分析结果

反应时和正确率的描述性统计结果如表 6-5 所示。同实验一，对所有反应时数据进行对数转换，然后对转换后的数据进行 3（启动图片：少数民族面孔、汉族面孔、轿车正面图片）×2（词性：积极词、消极词）×2（接触程度：高接触组、低接触组）的混合因素方差分析。结果表明，除词语效价和启动图片的主效应显著及两者的交互作用显著外，其他效应均不显著（表 6-6）。

表 6-5 序列启动任务的反应时和正确率

组别	类别	行为数据	积极词		消极词	
			M	SD	M	SD
高接触组	少数民族面孔	反应时/ms	503.882	44.245	537.114	55.366
		正确率	0.873	0.085	0.825	0.145
	汉族面孔	反应时/ms	551.212	66.189	542.294	45.397
		正确率	0.854	0.117	0.823	0.159

续表

组别	类别	行为数据	积极词		消极词	
			M	SD	M	SD
高接触组	轿车正面图片	反应时/ms	525.336	48.913	582.675	59.408
		正确率	0.904	0.074	0.827	0.138
低接触组	少数民族面孔	反应时/ms	506.142	45.779	535.964	55.776
		正确率	0.873	0.086	0.825	0.144
	汉族面孔	反应时/ms	531.886	66.783	542.592	45.993
		正确率	0.853	0.116	0.828	0.154
	轿车正面图片	反应时/ms	526.357	48.893	582.644	59.486
		正确率	0.909	0.070	0.823	0.133

表 6-6　任务反应时的方差分析结果

变异来源	SS	df	MS	F
词语效价	0.151	1	0.151	14.916***
启动图片	0.106	2	0.053	5.222**
接触程度	0.003	1	0.001	0.299
启动图片×词语效价	0.308	2	0.154	2.956*
词语效价×接触程度	0.018	2	0.009	0.141
启动图片×接触程度	0.004	1	0.002	0.107
启动图片×接触程度×词语效价	0.002	2	0.001	0.102

2. ERP 的分析结果

为了考察少数民族被试对本族和异族面孔的加工过程，同实验一的分析过程，对 N170 振幅进行 3（启动图片：少数民族面孔、汉族面孔、轿车正面图片）×2（接触程度：高接触组、低接触组）的混合因素方差分析。结果发现，启动图片和接触程度的交互作用不显著，$F(2, 60)=0.019$，$p>0.05$，接触程度的主效应显著（表 6-7），$F(1, 30)=8.112$，$p<0.01$，在看到种族面孔图片时，高接触组的被试比低接触组的被试产生的 N170 振幅更小。启动图片的主效应显著，$F(2, 60)=3.615$，$p<0.05$，汉族面孔和少数民族面孔引发的 N170 振幅均与轿车正面图片引发的 N170 振幅存在差异，但是少数民族面孔和汉族面孔所引发的 N170 振幅之间不存在差异。

表 6-7　N170 振幅的方差分析结果

变异来源	SS	df	MS	F
接触程度	145.146	1	145.146	8.112**
种族面孔	21.999	2	10.999	3.615*
接触程度×种族面孔	0.674	2	0.337	0.019

对 N170 的潜伏期进行 3（启动图片：少数民族面孔、汉族面孔、轿车正面图片）×2（接触程度：低接触、高接触）的混合因素方差分析，结果表明，只有接触程度的主效应显著，$F(1, 30)=8.196$，$p<0.05$。被试在看到种族面孔图片时，高接触组比低接触组的 N170 潜伏期更短。

五、群际接触影响面孔识别的分析讨论

（一）少数民族个体面孔识别的神经机制

在实验一的序列启动任务中，让被试对词语的词性做出积极或消极的判断，在这个判断之前会出现少数民族面孔、汉族面孔以及轿车正面图片作为启动图片。反应时的数据表明，少数民族面孔在汉族面孔启动后，少数民族被试对积极词的反应更快速，而对消极词语的反应中则没有出现这种实验效应。在 Amodio 和 Devine（2006）的研究中，在序列启动任务中，在出现黑人图片启动后，白人被试对消极词的反应更快，本次研究的结果与此不同。这有可能说明少数民族被试对汉族被试并不存在内隐偏见或内隐消极态度，而仅仅对本族图片具有更加积极的态度，也就是内群体偏爱。

在相关研究中，N170 被证明是和面孔识别相关的电生理成分。该成分在以往种族面孔识别的研究中存在争议。一些学者认为，N170 反应的是面孔识别的熟练程度，按照这个观点，熟悉程度越高的面孔会引发越大的 N170 振幅。另一些学者则认为，N170 的振幅会随着识别面孔难度的增加而增大，打乱面孔结构的图片会引发更大的 N170 振幅，因此，外族面孔会引发更大振幅的 N170。这些不一致的结果可能说明，N170 振幅不仅仅受到外部线索的影响，还会受到内部动机、态度等因素的影响。本次研究没有发现少数民族被试本族面孔和汉族面孔识别过程的显著差异。

本次研究对 N170 振幅和自动分数做了一个回归分析，结果发现，本族偏好的自动分数和 N170 振幅的种族间差异存在显著相关。本族偏好的程度越高，汉族面孔比本族面孔所引发的 N170 振幅越大。这可能是因为对本族的偏好程度越强，去看本族面孔的频率就越高，看汉族面孔的频率就越低，因而他们需要调动更多的资源来对汉族面孔进行识别。这提示我们，早期的认知神经加工不是单一的自下而上的加工模式，而是会受到自上而下的高级认知过程的影响。

（二）群际接触影响种族面孔加工的神经机制

实验二采用了 ERP 技术来考察群际接触对种族面孔识别过程的影响，采用了序列任务来呈现本族和外族面孔图片，来获得本族偏好的行为自动分数以及不同类型面孔的 N170 的成分。结果发现，群际接触程度不同的被试并没有出现本族偏好。相反，高接触组和低接触组对少数民族和汉族面孔引发的 N170 成分存在显著差异。高接触组由种族面孔图片引发的 N170 振幅显著小于低接触组。低接触组的 N170 种族效应和本族偏好的自动分数存在显著相关，而在高接触组中没有出现这种实验效应。

高低接触组在本族偏好上没有表现出差异。这可能有几种解释：首先，群际接触的效应对不同社会背景的群体的影响是不同的。Pettigrew 和 Tropp（2008）的研究发现，群际接触对改善同性恋态度的效果最好，其次是种族偏见。但是，群际接触在改善对精神病患者和老年人偏见方面的效果不显著。因为同性恋群体比老年人或者少数民族群体更偏离主流群体，偏离主流群体程度越大，群际接触对其态度的改善效果越好。另一个原因可能是高低接触组的选取有可能混入了无关变量。本次实验中将被试分配到高接触组和低接触组的依据是他们高中所在的班级是民考民班还是民考汉或者双语班。有可能因为他们对本族和汉族群体的态度上的差异，导致了选择不同的班级进行学习，此时态度差异和接触程度之间可能产生了抵消作用。

本次研究ERP的结果和行为结果并不一致，高接触组被试在看到本族和汉族面孔图片时的N170振幅均小于低接触组被试。由于高接触组对本族和汉族面孔的识别都达到了非常熟练的程度，相对于低接触组来说，他们在面孔识别过程中所需要消耗的认知资源更少。一些研究者的实验表明，个体在对一些偶然的、不常见的、消极的面孔进行加工时，会比那些具有一般性的、常见的面孔产生更大的N170振幅。针对群际接触如何影响面孔加工的理论假说可分为两种：一种是种族态度假说。该假说认为假如本族的个体对其他种族成员具有偏见，他们对外族人的面孔就不会有过多的关注。另一种是专家假说。这种假说认为人类是识别本族面孔的专家，而对于外族面孔的识别，则是新手。本次研究表明，高接触组的数据结果更加符合专家假说的观点。

（三）研究展望

本次研究试图考察群际接触对少数民族大学生面孔识别种族效应的影响。研究发现，群际接触的确能够提高少数民族大学生被试对种族面孔的识别能力。但是，这项研究仍有很多方面需要进一步探索：

首先，将不同阶段的群际接触效果进行比较，有助于探讨群际接触干预的时限性问题。研究表明，多种族综合学校的儿童比那些常规学校的儿童更少有种族基本信念，这对指导学校教育计划制定、提高其有效性非常有益。

其次，群际接触对社会认知过程的作用机制有待进一步研究。面孔识别是人际交往活动中较为常见的知觉过程，发生在早期基础的认知阶段。对这一阶段的神经生理反应的研究固然具有重要意义，但其加工过程包括大量的加工环节。如归因、决策等。对这些内部心理机制的探讨是非常重要的研究课题。

再次，应该重视群际接触对认知过程动态性的考察。ERP收集的数据主要来自于被试在看到种族面孔图片后短时间内的神经信号。为了控制额外变量，实验材料去掉了被试头发在内的面孔以外的部分。很显然，在真实的社会情境中，人们对面孔的第一印象往往来自于外在的着装、头发的颜色、身体的姿势等。

最后，在被试的选择方面，本次研究对象是少数民族大学生，他们具备一定的汉语水平，并对汉族文化有所了解。在早期的学习阶段，他们所在城市并非完全没有汉族人，所以大多数少数民族学生有一定的和汉族人群交往的经验。本次实验中所定义的高低接触组采用的划分方法，将来还有待进一步明确。

（四）研究结论

本次研究主要考察了群际接触是否能够影响少数民族被试对本族和汉族面孔的加工过程，以及群际接触、内隐种族态度与N170的种族效应之间存在怎样的关系，研究结论如下。

1) 少数民族和汉族面孔所引发的N170振幅不存在差异。个体的态度差异和种族之间的N170振幅差异存在显著相关性。

2) 在看到种族面孔图片时，高接触组比低接触组会引起更小的N170振幅，群际接触经验会减少被试在识别过程中所需要的注意资源。少数民族被试对本族和汉族面孔的加工过程不存在显著差异。

第二节　道德信念对内隐种族偏见的影响

1999年11月25日，5岁的Elian在佛罗里达海岸获救后便成了公众关于监护权争论的焦点。在从古巴到美国的途中，由于小船沉没，Elian的妈妈及另外10人死亡，Elian被发现时在一个轮胎的内胎上漂流了50个小时。获救后，Elian先是被寄养在迈阿密的一个亲戚家里，后来亲戚将Elian送到了美国的一个收容机构。之后，Elian在古巴的父亲则请求美国政府将Elian送回他身边抚养。在法庭上经过几个月的辩论、权衡和协商后，政府强行将Elian带走。2000年6月28日Elian回到了古巴父亲的身边。

Elian的事件引发了强烈的社会关注，围绕什么样的结果是正确的？如何预测公众的公正判断？社会心理学的两种解释取向成了公众讨论的焦点。程序公正的观点认为，对程序公正的考虑决定了人们对 Elian 事件处理的公平判断。因为程序公正比最终结果更能反映出组织的可信性和权威性，所以人们更加关心决定是怎样做出的，而不是这个决定的结果是什么。在这个前提下，权威的中立、可信等积极特征会影响人们是否愿意接受决策和遵守规则，程序公正会影响人们对政治合法性的认知和对法律的遵守。当结果是通过公平的程序得到时，人们甚至可以接受那些消极、不喜欢的结果，并把它看成是公正的。

道德信念保护的观点则认为，Elian 事件触动了人们的核心道德信念。其中，一种观点认为，剥夺一个父亲拥有自己儿子的权利是错误且不道德的；另一种观点则认为，道德上更重要的是应该给予 Elian 一个安全、舒适的成长机会和环境。同自己的道德信念是否一致，是进行公正判断的重要标准，因为道德信念是关于事件对错和是否道德的价值判断。尽管个别道德信念可能是推理出来的理性推论，但绝大多数道德信念是不需要推理和证明的，人们更倾向通过直觉和本能判断一件事情道德与否。无论道德信念源自有意推理还是直觉判断，任何一种道德信念都被假设为是不可动摇的，是关于对错的最基本的观念。

道德律令是和道德信念密切相关的概念，是指从道德信念中发展出来的态度和观点。例如，有意推理或者通过直觉判断出剥夺一个父亲和自己儿子在一起的权利是错误的，这是道德信念。道德律令则以道德信念为基础，将其转化成强烈的富有道德色彩的态度，可以诱发强烈的道德义愤情绪和道德清洗行为。总之，道德信念的观点认为，人们对 Elian 事件的公正判断取决于事件的解决是否符合他们自身的道德信念。

一、道德信念影响内隐种族偏见研究的缘起

近年来，在种族相关的群际关系领域中，内隐偏见的研究颇受关注。从研究取向来看，在社会认知领域，已有很多与双过程加工相关的发现。它们的共同之处是把认知过程区分为自动无意识的加工和熟虑有意识的加工两个结构和进化都不相同的认知体系。内隐认知的研究热潮不仅促使心理学家从内隐的角度来审视种族偏见，也推动了内隐测量方法在该领域的应用。另外，以往对种族偏见产生机制的研究基本上是沿着群体和个体两条主线进行的。20 世纪 50 年代，研究者更倾向从个体差异的角度解释偏见的产生，尤其是权威主义人格对偏见的影响研

究颇为盛行。到 70 年代，由于社会认同理论的出现，在种族偏见的研究中，更重视群体变量的作用，相对忽视于个体差异的影响。近年来，对内隐种族偏见的关注也反映了研究者的研究视角从群体变量向个体差异的回归。

在实践方面，目前关于内隐种族偏见的研究多聚焦于美国社会中的有色人种尤其是黑人，由于历史、战争、利益冲突、宗教信仰等因素造成的白人对有色人种的偏见，已经成为美国社会较为普遍的现象。虽然黑人的维权运动和保护性法律条文的制定在某种程度上促进了种族融合，但并不表明种族偏见就此彻底消失，种族主义者可能正以一种不自主的内隐方式表达着他们的偏见。因此，改善种族偏见的实践需求仍十分迫切。内隐种族偏见是否可以避免或得到减少呢？近年来的研究对此多持乐观态度。不少研究表明，尽管内隐种族偏见的自动激活不可避免，但采用一定的策略不仅可以抑制内隐偏见的产生，还可以减少它对其他信息加工过程的影响。

有研究者认为，人们关心公正背后的动机是道德，而不仅仅是自我利益和归属需要等非道德的动机（Rupp & Bell，2010）。这符合进化心理学的观点，因为在进化心理学看来，那些学会在竞争和合作中达到平衡的人发展出了道德善恶的概念，惩罚破坏契约和公正规范的人比那些没能发展出这些特质的人有明显的适应优势（Robinson et al.，2007）。

个体的道德信念是独立于其他因素的动机力量，且人们相信自己的道德标准同样适用于其他人，倾向认为自己的道德信念是大家都应该认同的普遍真理，当自己的道德信念受到威胁时，无论对亲近还是陌生人，均表现出非容忍性，道德信念的分歧会显著影响彼此间的社会和心理距离，不仅不愿与持不同信念的人合作，甚至不惜动用歧视、双重标准等不公正的方式对待他们，此时偏见也就产生了。基于以上观点，本次研究将探讨道德信念差异对内隐种族偏见的影响，以及基于道德信念的种族偏见的改善策略。

二、道德信念影响内隐种族偏见的数据收集

（一）道德信念对内隐种族偏见的影响（实验一）

1. 研究设计

本次实验的目的是探讨在以黄种人为被试时，与黑人在道德信念上的分歧

对被试内隐种族偏见的影响。研究对象为公开招募自愿参加本次实验的某大学非心理学专业大学生 63 名，其中，男性 29 名，女性 34 名，所学专业以理科为主。被试年龄范围为 19～24 岁（M=21.15，SD=0.91）。被试均无阅读障碍，且无韩语学习经验。被试每 6 人一组，同时在实验室的隔间中单独完成全部的实验程序。

实验采用 2（道德信念差异：黑异黄同、黑同黄同）×2（启动刺激类型：黑人面孔、黄种人面孔）的两因素混合实验设计，其中，道德信念差异为被试间变量，启动刺激为被试内变量。黑同黄同组中的被试认同美国黑人对强奸犯表现出的较不宽容的态度，并认为自己与美国黑人不存在道德信念上的分歧；黑异黄同组中的被试不认同美国黑人所表现的出的对强奸犯的宽容态度，且认为自己与美国黑人存在道德信念上的分歧。因变量为情感归因偏误程序（AMP）中启动刺激后被试将中性刺激判断为消极效价的比例。被试在中性刺激呈现后的消极判断比例越高，表明其对作为启动刺激的面孔图片与消极属性间的联结越强，在本次实验的 AMP 程序中，表明被试对该启动刺激的内隐偏见越强。

2. 实验材料

（1）概念学习材料

"道德信念"和"非道德信念"的操作性界定来自于 Wright 等（2008）的研究。"道德信念"，即人们认为某一行为的正确与否具有客观性，认为所有人对某一行为或事件的看法都应该是一致的，无法通过协商改变，人们所持的这种信念就是道德信念。"非道德信念"，即人们认为某一行为或事件的正确与否具有主观性，或者说某一行为或事件的正确与否可能会因个人喜好或社会环境而有所差异，人们所持的这种信念就是非道德信念。

概念学习资料由两部分组成，分别为概念学习部分和为了检验概念学习效果的部分。实验要求被试在完成"道德信念"与"非道德信念"两个概念的学习后，对问题部分中的 10 种行为做出"支持"或"反对"以及是否涉及"道德信念"或"非道德信念"的判断。10 种行为分别为用小动物进行医学实验、兄妹乱伦、持枪自卫、文身、听摇滚乐、送孩子去幼儿园、坚持每天洗澡、强奸、从政、禁止未成年人饮酒。其中，被试对"强奸"行为的答案将被作为筛选合格被试的指标。合格的被试应该反对强奸，且认为强奸触及其道德信念。被试对其他行为的态度不属于本次研究的考察范围。

（2）道德信念启动材料

Wright 等（2008）对 100 名被试进行的涉及道德信念或非道德信念的 41 种行为的调查表明，90%的被试认为"强奸"行为触及了其道德信念，另外触及大多数被试道德信念的行为有"考试作弊"（70%）、"诚信"（66%）、"乱伦"（74%）、"处死残疾儿童"（77%）和"父母爱孩子"（75%）。因此，本次研究中选择有关"强奸"行为的阅读资料启动被试对黑人的道德信念差异。阅读资料共有两个：两组被试首先阅读同一篇有关一起"美国士兵强奸韩国老妪"事件的资料，随后黑同黄同组被试阅读能启动其与黑人道德信念一致的资料；黑异黄同组被试阅读能启动其与黑人道德信念产生分歧的资料。

为了筛选出"强奸"行为确实触及了其道德信念的被试，即保证阅读资料确实能够启动道德信念差异，每组被试在阅读完两份材料后，都要回答学校效果检测问题。其中，问题 3 和问题 5 的答案会作为筛选合格被试的指标，在这两个问题中，被试需要对短文中黑人表现出对强奸犯的宽容态度做出"认同"或"不认同"的判断，并回答自己与黑人是否在对强奸犯的态度上存在道德信念上的差异。合格的黑同黄同组被试应该认同美国黑人对强奸犯表现出的较不宽容的态度，并认为自己与美国黑人不存在道德信念上的分歧；合格的黑异黄同组被试应该不认同美国黑人所表现出的对强奸犯的宽容态度，且认为自己与美国黑人存在道德信念上的分歧。

3. 实验程序

每次同时有 6 名被试参与实验。被试被安排在同一间实验室内的不同隔间内，整个实验期间被试均独立活动，在实验过程中无互动。进入实验室后，主试向 6 名被试介绍实验目的、规则、流程及报酬等信息。为了得到更真实的测量结果，本次实验向被试隐藏了真实的实验目的，取而代之的是告知被试本次实验研究的是中国人对韩国文字积极或消极效价的评定。具体实验流程分 3 个步骤：

步骤 1，概念学习及道德信念差异启动。为了掩盖真实的实验目的，主试会告知被试此阶段的纸笔测试是一项与本次研究无关的资料评定任务。主试向被试发放概念学习资料、道德信念分歧启动资料和答题纸，并告知被试如果在概念学习阶段遇到困难，可以要求主试讲解。为了排除社会赞许性对实验结果的影响，答题纸上仅有被试编号，而无其他信息。

步骤2，采用AMP程序测量被试对黑人的内隐种族偏见。在AMP程序中，启动图片为175×201像素的黄种人和黑人的中性表情面孔。面孔图片由3D Image Commander软件制成，并在正式实验前，请30名心理学专业的学生对图片从消极到积极进行了1~5分的效价评定。根据评定结果选取中性表情的面孔图片共44张，其中，黑人面孔和黄种人面孔图片各22张，男女各半，面孔图片中有8张用于实验练习部分，36张用于正式实验。

在AMP程序中，中性刺激图片为175×201像素的韩国文字，正式实验前也进行了1到5分的效价评定，从被评为中性效价的文字图片中，随机选取44张，其中8张用于实验练习部分，36张用于正式实验。AMP程序共包括72个trial，流程如图6-3所示。首先，在屏幕上呈现黄种人或黑人面孔作为启动刺激，短暂空屏后，呈现韩国文字图片作为目标刺激，要求被试在图片消失后通过按"F"或"J"键对该文字做出消极或积极的评定，并告知被试尽量避免先前的面孔图片对其判断的影响。

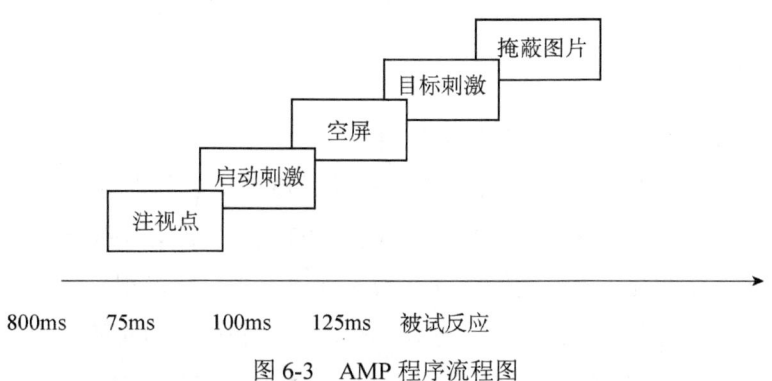

图6-3 AMP程序流程图

步骤3，回收步骤1中的概念学习资料、阅读资料及答题纸。完成后，向被试说明研究意图，告知其阅读资料是虚构的，求得被试谅解。最后，向被试发放纪念品。

（二）道德信念和假想接触对内隐种族偏见的影响（实验二）

1. 实验设计

本次实验区分了道德信念分歧和非道德信念分歧，以探究由道德信念分歧引起的内隐种族偏见是否强于由非道德信念引起的内隐种族偏见，前者被称为"道德性内隐种族偏见"，后者被称为"非道德性内隐种族偏见"。另外，本次实验的另一个目的是检验假想接触策略对道德性内隐种族偏见的干预效果。

研究对象为自愿参加的某大学非心理学专业大学生 57 名，所学专业以理科为主，其中男生 23 名，女生 34 名。被试的年龄范围为 19～24 岁（M=21.78，SD=0.87），均无阅读障碍。被试每 6 人一组，同时在实验室的隔间中单独完成全部的实验程序。

本次实验采用 2（信念分歧类型：道德信念分歧、非道德信念分歧）×2（反应/不反应联想测验任务类别：兼容任务、不兼容任务）的混合实验设计，其中信念分歧类型为被试间变量，反应/不反应联想测验、任务类别为被试内变量，因变量为 GNAT 任务中的辨别力指数 d'。根据信号检测论，辨别力指数 d' =Z 击中−Z 虚惊，其中，Z 击中和 Z 虚惊由击中率和虚惊率通过正态分布表转换得到的。

2. 实验材料

（1）道德和非道德信念分歧启动材料

在实验 1 和实验 2 中，共有 123 人完成了道德信念与非道德信念的概念学习，被试对所列举的 10 种行为的态度表明，100%的被试反对强奸行为，100%的被试认为这一行为触及了其道德信念。故本次研究中，仍沿用有关强奸内容的资料启动被试与黑人在道德信念上的分歧，启动资料和问题与实验一中的黑异黄同组基本相同，区别是在问题部分，删去与"道德信念"有关的问题。

除强奸行为外，在概念学习部分，123 名被试反对率最高的行为是"兄妹乱伦"，其次是"持枪自卫"，反对率分别为 95%和 82%。其中，74%的被试认为前者涉及"道德信念"，91%的被试认为后者涉及"非道德信念"，故在本次实验中，选择有关"持枪自卫"内容的资料启动被试与黑人在非道德信念上的分歧。

筛选被试的标准如下：在合格的道德信念分歧组，被试应该不认同黑人对强奸犯表现出的较宽容态度；在合格的非道德信念分歧组，被试应该不认同黑人对"持枪"的态度，但是认为"持枪权"是一种因地制宜的政策，也就是说被试与黑人的分歧属于非道德信念分歧。

（2）假想接触材料

在假想接触部分，被试的任务是按照屏幕呈现的指导语，想象与一名黑人留学生进行了愉快的接触。为了使被试能更好地完成这一想象任务，屏幕上同时呈现了一幅场景图片，内容为在大学校园里，一名黑人留学生正在朝镜头微笑。假想接触指导语为：

请你按照图片的情景设置，想象有一名黑人留学生正微笑向你走来，用不太流利的汉语向你询问文科一号楼的位置，而你正好也往那个方向走，于是你就带他过去了。一路上，你们用中文、英文、手势等方法愉快地聊着天，并约定以后每周都见一次面互相学习语言。

3. 实验程序

步骤1，启动分歧。为了掩盖真实的实验目的，主试通过指导语告知被试此阶段为一项与实验无关的资料阅读任务，目的是帮助被试更好地适应实验环境并集中注意力，以便顺利地进入实验状态。本阶段通过有关的短文及问题启动被试与黑人在道德信念上的分歧，通过与"强奸"行为与"持枪自卫"行为有关的短文及问题启动被试与黑人在非道德信念上的分歧。两组被试所阅读的短文篇幅相仿。

步骤2，用GNAT程序考查被试对黑人的内隐种族偏见。为了掩盖真实的实验目的，主试通过指导语告知被试这是一项有关图片归类的任务，测量的是被试在有干扰图片的情况下，能否对目标图片做出正确的归类。在GNAT程序中，刺激材料包括1个作为目标概念的黑人面孔、1个作为干扰概念的黄种人面孔、2个属性概念分别为积极图片（如宠物、鲜花）和消极图片（如蜘蛛、蛇）。其中，对面孔图片的筛选方式同研究一，选取40张（20张黑人面孔，20张黄种人面孔，男女各半）用于正式实验，8张（4张黑人面孔，4张黄种人面孔，男女各半）用于练习；属性概念图片的为175×201像素，正式实验前也进行了从消极到积极的1～5分的效价评定，从中选出40张（积极图片20张，消极图片20张）

在正式实验中使用，另选 8 张（积极图片 4 张，消极图片 4 张）在练习部分使用。练习部分和正式实验部分的信噪比均为 1:1。

此程序包含 2 个阶段（见表 6-8）：阶段 1 要求被试对兼容目标类别"黑人+消极图片"做出"go"的判断（空格键），阶段 2 要求被试对不兼容目标类别"黑人+积极图片"做出"go"的判断（空格键），两个阶段中，均要求被试对不属于目标类别的图片做出"no-go"的判断，即无须按键。被试需要在 600ms 内对屏幕图片是否属于目标类别做出"go"或"no-go"的判断。正式实验开始前，被试需先完成 4 组（每组 8 个试次）的归类练习，程序会对被试的反应给出"正确""错误""判断超时"的反馈。4 组归类练习分别为：从 2 种属性概念图片中选出积极图片；从 2 种属性概念图片中选出消极图片；从 2 种面孔图片中选出黑人面孔；从 2 种面孔图片中选出黄种人面孔。在正式实验中，每个区组中包含平衡顺序的 80 个试次。

表 6-8　GNAT 对内隐种族偏见测量的实验程序

实验阶段	反应	
	按空格键（go）	不反应（no-go）
1	黑人面孔+消极图片	黄种人面孔+积极图片
2	黑人面孔+积极图片	黄种人面孔+消极图片

步骤 3，假想接触。为了掩盖真实的实验目的，主试通过指导语告知被试此阶段是一项为了使被试放松的想象任务。被试按照指导语中的情景设置完成一个历时 3min 的与黑人留学生的假想接触。3min 后，屏幕提示被试"放松结束"，并进入下一个实验。

步骤 4，用 GNAT 程序测量干预后被试对黑人的内隐种族偏见。GNAT 程序与步骤 3 相同。

步骤 5，向被试说明研究意图，并告知阅读资料是虚构的，求得被试谅解。最后，向被试发放纪念品。

三、道德信念对内隐种族偏见影响的数据分析

（一）道德信念对内隐种族偏见的影响（实验一）

所有 63 名被试（黑同黄同组 31 名，黑异黄同组 32 名）均完成了道德信念分歧启动部分，且达到了设定的作为合格被试的标准。在测量内隐偏见的 AMP 程序中，剔除对所有目标图片做出同一反应的被试数据 4 份，占总数据的 6.3%。有效样本容量为 59 人，其中黑同黄同组 29 人，黑异黄同组 30 人。

1. 描述性统计结果

统计被试在黑人面孔和黄种人面孔启动后，对中性目标刺激做出消极判断的数量，除以总的反应数目，分别得到他们在黑人面孔启动条件下和在黄种人面孔启动条件下的消极判断比例，描述统计结果如表 6-9 所示。

表 6-9　AMP 程序中消极判断比例描述统计结果

道德信念差异类型	启动图片	M	SD
黑同黄同（n=29）	黑人面孔	0.55	0.19
	黄种人面孔	0.33	0.08
黑异黄同（n=30）	黑人面孔	0.70	0.15
	黄种人面孔	0.35	0.12

2. 方差分析结果

对道德信念差异启动后两组被试在启动刺激后的消极判断比例进行方差分析，具体如表 6-10 所示。结果表明，道德信念差异类型的主效应显著，$F(1, 114)=10.20$，$p<0.01$；启动刺激类型的主效应显著，$F(1, 114)=117.74$，$p<0.001$；道德信念差异类型与启动刺激类型的交互作用显著，$F(1, 114)=5.65$，$p<0.05$。

表 6-10　不同实验条件下消极判断比例的方差分析

变异来源	SS	df	MS	F
道德信念差异类型	0.21	1	0.21	10.20**
启动刺激类型	2.36	1	2.36	117.74***
道德信念差异类型×启动刺激类型	0.11	1	0.11	5.65*
误差	2.29	114	0.02	

对道德信念和启动刺激交互作用的简单效应进行分析，结果表明，当启动刺激为黑人面孔时，道德信念类型的主效应显著，黑同黄同组被试的消极判断比例显著低于黑异黄同组被试；当启动刺激为黄种人面孔时，道德信念类型的主效应不显著，即两组被试的消极判断比例不存在显著差异。

（二）道德信念和假想接触对内隐种族偏见的影响（实验二）

所有被试均完成了分歧启动部分任务，道德信念分歧组被试也都达到了预设的判别合格被试的标准，而非道德信念分歧组中有 2 名被试对"问题 3"的回答为"无所谓"，这表明阅读资料没有使被试在"持枪自卫"问题上与黑人产生分歧，故剔除这 2 名被试的数据。另外，剔除 GNAT 程序中 $d' \leqslant 0$ 的 4 名被试的数据，因为 $d' \leqslant 0$ 意味着被试缺少从噪声中区分信号的能力。剔除无效数据后，有效样本容量为 51 人，其中道德信念分歧组 25 人，非道德信念分歧组 26 人。

1. 描述性统计结果

根据 Nosek 和 Banaji（2001）的方法，本次研究对击中率为 1 或虚报率为 0 的数据进行了修正。击中率为 1，即被试在 40 个"有信号"刺激中全部做出了"有信号"的反应，此情况下击中次数记为 39.65，则修正后的击中率 P_{SN} = 39.65/40 = 0.99；虚报率为 0，即被试在 40 个"无信号"刺激中全部做出了"无信号"的反应，此情况下虚报次数记为 0.35，则修正后的虚报率 P_N = 0.35/40 =0.008。两组被试在想象接触干预前后两次 GNAT 程序的描述性统计如表 6-11 和表 6-12 所示。

表 6-11　干预前 GNAT 程序中的辨别力

信念分歧类型	任务类型	M	SD
道德信念分歧	相容任务	2.77	0.27
	不相容任务	2.09	0.39
非道德信念分歧	相容任务	2.70	0.37
	不相容任务	2.10	0.38

表 6-12　干预后 GNAT 程序中的辨别力

信念分歧类型	任务类型	M	SD
道德信念分歧	相容任务	2.83	0.57
	不相容任务	2.19	0.45
非道德信念分歧	相容任务	2.60	0.23
	不相容任务	2.34	0.27

2. 方差分析结果

对假想策略干预前两组被试在 GNAT 程序中不同类别下的辨别力指数 d' 进行方差分析，结果如表 6-13 所示。方差分析结果表明，任务类别的主效应显著，$F(1,98)=82.33$，$p<0.001$，被试在相容任务中的辨别力指数 d' 显著高于不相容任务，即所有被试对黑人面孔与消极图片间的联结都强于黑人面孔与积极图片间的联结，说明被试对黑人均存在内隐种族偏见。

表 6-13　干预前辨别力指数的方差分析结果

变异来源	SS	df	MS	F
信念分歧类型	0.019	1	0.02	0.15
任务类别	10.35	1	10.35	82.33***
信念差异类型×任务类别	0.05	1	0.05	0.38
误差	12.32	98	0.13	

对假想策略干预后两组被试在 GNAT 程序中不同类别下的辨别力指数 d' 进行方差分析，结果如表 6-14 所示。方差分析表明，任务类别的主效应显著，$F(1,98)=32.06$，$p<0.001$；信念差异类型和任务类别的交互作用显著，$F(1,98)=5.59$，$p<0.05$。

表 6-14　干预后辨别力指数的方差分析结果

变异来源	SS	df	MS	F
信念分歧类型	0.04	1	0.04	0.26
任务类别	5.15	1	5.15	32.06***
信念差异类型×任务类别	0.90	1	0.90	5.59*
误差	15.75	98	0.16	

对任务类别在信念差异类型两水平上的简单效应分析表明,道德信念分歧组被试在相容任务中的辨别力指数 d' 显著高于不相容任务;非道德信念分歧组被试在相容任务中的辨别力指数 d' 显著高于不相容任务。以上的简单效应分析表明,两组被试在假想策略干预后对黑人与消极图片的联结均强于黑人与积极图片的联结,即对黑人都持有内隐种族偏见。

为了更好地比较两组被试之间或同组被试在两次偏见测量程序中的表现,本次实验对内隐态度进行了量化。内隐态度为相容任务中辨别力指数 d' 相容与不相容任务中辨别力指数 d' 不相容的差值,差值越大,表明被试对相容任务中的目标概念与属性概念的联结越强;在本次实验使用的 GNAT 程序中,此差值越大,表明被试对黑人的内隐偏见越强。

对两组被试干预前后的内隐态度进行方差分析,结果如表 6-15 所示。方差分析结果表明,信念差异类型的主效应显著,$F(1,98)=10.56$,$p<0.01$;偏见测量时间点的主效应显著,$F(1,98)=6.947$,$p<0.05$;信念差异类型与偏见测量时间点的交互作用显著,$F(1,98)=4.11$,$p<0.05$。

表 6-15　干预前后内隐偏见测量结果

分歧类型	偏见测量点	M	SD
道德信念分歧	干预前	0.68	0.41
	干预后	0.64	0.45
非道德信念分歧	干预前	0.59	0.35
	干预后	0.26	0.15

对测量时间点在信念差异类型两水平上的简单效应的分析表明,道德信念分歧组中测量时间点的主效应不显著,即道德信念组被试干预前与干预后对黑人的内隐偏见水平没有显著差异;非道德信念分歧组中测量时间点的主效应显著,即非道德信念分歧组被试干预前的内隐偏见水平显著高于干预后(表 6-16)。

表 6-16　干预前后内隐态度的方差分析

变异来源	SS	df	MS	F
信念分歧类型	1.36	1	1.36	10.56**
偏见测量时间点	0.90	1	0.90	6.95*
信念差异类型×偏见测量时间点	0.53	1	0.53	4.11*
误差	12.65	98	0.13	

四、道德信念对内隐种族偏见影响的分析讨论

（一）道德信念对内隐种族偏见的影响

实验一的结果表明，无论目标对象是黑人还是白人，个体与目标对象之间的道德信念差异均会影响内隐种族偏见。具体来说，当与黑人（或白人）存在道德信念分歧时，个体对黑人（或白人）的内隐种族偏见水平显著提高；反之，当与黑人（或白人）的道德信念一致时，个体对黑人（或白人）的内隐种族偏见水平显著降低。

实验二的结果也表明，道德信念分歧和非道德信念分歧均能引起被试对黑人的内隐种族偏见。对黑人持道德信念分歧的被试，其对黑人的内隐种族偏见受假想策略的干预效果较差；对黑人持非道德信念分歧的被试，其对黑人的内隐种族偏见受假想策略的干预效果较好，由此可以说明，由道德信念分歧建立的内隐种族偏见较为稳定。

道德信念整合理论提出的道德价值保护模型认为，自我认同的核心部分是道德价值，而个体会通过道德信念的表达来强化自我认同，并依据道德律令，即道德信念的态度成分，区分"合法"或"违法"。无论是他人还是自己违反道德命令时，个体的自我认同都会受到威胁。当自己违反道德命令时，个体会感到自责、内疚，且常常采取道德清洗以保护自我认同；当他人违反道德命令时，则会激发个体的道德义愤，导致不公正感、蔑视、消极认同甚至强烈抗议。

个体的道德信念不仅与种族偏见的产生有关，也与种族偏见的表达有关。例如，在种族偏见研究中，研究者多关注偏见产生的原因，并试图以偏见动机为基础寻求偏见的改善策略。不过，这使研究者忽视了另一个值得关注的研究路径，即对控偏动机的研究。弄清人们控制偏见的动机对偏见的改善尤为重要。早期的控偏动机研究多使用量表测量外显动机。例如，Plant 和 Devine（1998）的控偏动机量表区分了内部和外部动机两个维度。其中，内部动机用来评估平等对待他人对个体自我概念的重要程度；外部动机旨在测量个体对自身偏见表现的外部关心和服从社会压力的愿望。理论上，高内部、低外部动机的个体有着最纯粹的平等主义目标。不过，这类外显控偏动机的测量主要关注了偏见的表达，未能深入

到偏见的产生阶段。而且，在易受社会赞许性影响的偏见领域，自我报告式测量结果的信度和效度并不理想。

近年来，Glaser 和 Knowles（2008）提出了内隐控偏动机的两个逻辑前提，即内隐偏见厌恶（negative attitude toward prejudice，NAP）和内隐受偏信念（belief that oneself is prejudiced，BOP），而且研究者还通过将两者的结合实现了对内隐控偏动机的间接测量。例如，一个十分厌恶偏见（高 NAP）但又坚信自己不会受到偏见影响的个体（低 BOP）通常不会产生内隐控偏动机。此类概念和测量方法的提出，不仅有利于对内隐种族偏见进行更精准的测量，而且可以更加系统地说明内隐种族偏见的产生机制。

（二）内隐种族偏见的干预策略

实验二中采用假想接触对与黑人存在道德信念分歧和非道德信念分歧的两组被试进行干预，作为移情策略的一种，假想接触已经被很多研究证明了其对内隐种族偏见有着较好的干预效果。虽然实验二的结果使我们得出了"与基于非道德信念分歧建立的内隐种族偏见相比，基于道德信念分歧建立的内隐种族偏见更为稳定"这一结论，但是仅对基于一种道德信念分歧（强奸）建立的内隐种族偏见进行研究，结论略显单薄。

道德信念由认知和情感两个成分组成，研究表明，道德信念对群际反应的影响更多地源于道德信念的认知成分而非伴随信念产生的情感，即个体认为引起冲突的矛盾是不可转变的，是不依赖于个体或社会权威的客观存在（Wright et al.，2008）。这一发现解释了为什么人们对相同的群体或事件有着不同的态度，且由于对相异态度的容忍程度取决于个体间道德信念的差异水平，因此对道德信念认知成分的干预可能有助于提高对相异态度的容忍水平，从而改善个体对持相异道德信念群体的内隐种族偏见。

有研究表明，持有偏见信念的个体受社会化经验的影响已经形成固有的偏见习惯，这种偏见习惯的打破不可能是一蹴而就的。相反，当持有反偏见信念的个体意识到自己正表现出偏见态度或行为时，会自发的寻找能打破"偏见习惯"的任务并为之付出努力，或通过自我调节以干扰自动化的偏见，并阻止随之而来的偏见表达（Amodio et al.，2007）。Plant 和 Devine（2009）认为，要打破偏见习惯，个体必须意识到自身的偏见态度、关心偏见的后果，了解易于激活偏见的情境以及学会如何用无偏见反应取代偏见反应。

Devine 等（2012）则整合了偏见习惯模型和内隐偏见的干预策略，发展出一套打破偏见习惯的综合干预策略，包括学习内隐偏见性质和结果、反刻板印象想象、观点采择、群际接触等方式。历时 12 周的追踪证实了综合干预的长期效果。因此，未来我们不仅要进一步整合各种干预策略，提出综合性的干预方案，还应该广泛采用追踪设计探讨干预的长期效果。

在内隐种族偏见的干预中，调节匹配的观点值得关注。根据调节聚焦理论，目前改善种族内隐偏见的策略都可以纳入"追求平等"和"避免偏见"两种基本方式。采取促进聚焦的个体追求成功，注重其自身发展和自我实现；采取防御聚焦的个体则会通过避免失败的方式实现理想，注重履行责任和满足他人的期望。当调节聚焦策略与个体追求的目标及环境效价匹配时，能更有效地改善内隐种族偏见。例如，Phills 等（2011）的研究结果表明，在积极环境线索下，"追求平等"能更好地抑制内隐种族偏见；在消极环境线索下，"避免偏见"的策略更有效。随后的 IAT 还表明，当激活被试的促进聚焦时，"追求平等"的策略更有效；当激活防御聚焦时，"避免偏见"的策略更有优势。调节匹配理论的优势在于较好地整合了个体和环境因素，强调在个体和环境的动态互动中取得最佳的干预效果。

最后，考虑到社会情境中偏见线索的多样性，相对于关注线索属性，元认知水平的干预可能更具本质性。Mendoza 等（2010）的研究发现，"分心-抑制"和"反应-促进"的执行意图均能自动地抑制内隐种族偏见的表达。Webb 等（2012）在对执行意图与内隐偏见关系的研究中也发现，执行意图不但能在即时的模拟情境下缓解被试的内隐种族偏见，还能在真实情境及 3 周后的测验中保持干预效果。

（三）测量方法的有效性和局限

本次研究的实验一采用 AMP 程序测量了被试的内隐偏见水平，AMP 程序中作为启动刺激的黑人面孔与黄种人面孔采用的均是被试内设计，即参与实验的被试在一个程序中会看到两种不同的启动刺激。因此，由此测出的结果不能排除对比效应的影响，即可能是因为被试看到了非常积极的黄种人面孔启动，而把相对不那么积极的黑人面孔感受为消极的。

任娜等（2012）在使用 AMP 程序研究大学生对老年人的内隐态度时，除了将"老年人"作为启动图片外，还加入了数字图片作为中性启动。结果表明，被试在中性数字启动后对中性刺激的积极判断比例显著高于老年人启动，且数字启动后被试对中性刺激的平均积极判断比例为 60%，而不是理论值 50%。本次研究使用的 AMP 程序并未加入此种中性启动，因此只能比对被试在两种差异启动下的内隐偏见水平的相对值，而无法确定当平均消极判断比例为多少时，被试的态度是偏积极或偏消极的。

本次研究的两个实验全部采用短文法启动被试的信念差异，由于通过短文较难启动被试与内群体间的道德信念差异，因此在实验一中仅设置了"黑异黄同"和"黑同黄同"组，这样无法考察道德信念分歧对内群体偏好的影响。虽然对实验一和实验二的数据分析表明，被试启动道德信念差异前后的内隐偏见水平存在显著差异，即证明了短文启动的有效性，但启动方法过于单一，仍是本次研究的不足之处。本次研究初步探讨了关于对道德性内隐种族偏见的干预问题，结果表明，与基于非道德信念分歧建立的内隐种族偏见相比，基于道德信念分歧建立的内隐种族偏见受假想接触策略的干预效果较差。

本次研究中选择"持枪自卫"（非道德信念分歧）和"强奸"（道德信念分歧）两份资料作为启动分歧的短文，虽然筛选后的被试确实与目标对象产生了分歧，但由于"持枪自卫"和"强奸"两种行为对个体的威胁程度并未经过标准化，威胁程度上的差异势必会导致态度上的差异，态度上的差异又势必会导致干预效果的不同。而且，研究中仅选用假想接触作为干预策略，用 GNAT 作为内隐偏见的测量程序，实验结论可能并不具有普遍性，未来的研究中还应采用多种测量范式对其他策略的干预效果进行评估。

得益于内隐认知研究的热潮，以往的关于内隐种族偏见的研究广泛地采用了内隐测量方法，但这些实验范式可能还不足以反映内隐种族偏见的特性。

第一，内隐种族偏见可能是社会化经验长期累积的结果，尽管在内隐种族偏见的干预研究中已有研究采用纵向设计测量长期的干预效果，但追踪研究在该领域还非常鲜见。

第二，根据符号互动论的观点，自我认同是在社会互动中形成的，互动双方的内群态度和外群态度必然会影响双方的群体认同。另外，在社会生活中，歧视者和被歧视者的角色不是一成不变的，因为族群间或个体间存在互动，偏见也不可能是静止的。为了提高研究的生态效度，对内隐种族偏见实质的把握和测量必须纳入动态的互动模式中来，对应的干预策略也应该反映这种动态性。

第三，以往的内隐种族偏见的研究对象比较单一，主要是对美国社会中的有色人种尤其是黑人的种族歧视进行研究。事实上，世界上不少国家都有着多元的民族结构，经济发展、民族传统的不同会使内隐种族偏见表现出巨大的文化差异。因此，未来关于内隐种族偏见的研究还需关注这种文化差异性，研究内容要有民族特色，实验材料要贴近生活，实验方法要逐步实现内隐测量和文化心理学方法的结合。

第四，受生活经验、成长环境等因素的影响，人们形成内隐种族偏见的途径多种多样，如在美国社会白人对黑人的偏见可能源于长期存在或历史遗留的矛盾或冲突，而黄种人对黑人的偏见则可能是源于陌生或恐惧导致的群际交往焦虑。另外，目前对内隐种族偏见干预策略的研究多以大学生为被试，且很少在实施干预前对个体的偏见水平进行控制，因此降低了干预策略的生态效度。鉴于此，未来的研究中可将被干预人群按一定标准进行分类，以增强干预策略的适用性。

第五，社会态度包含情感、认知及行为倾向三种成分，而内隐种族偏见的干预研究很少关注情感和行为倾向这两种成分。已有的关于情感成分的研究如监控被试在观看外群体图片时杏仁核的激活水平，或采用心率、皮肤电、皮表温度等生理指标监控被试的情绪变化（Lieberman et al.，2005）；对行为倾向的研究如测量被试与外群体主试的社交距离，或采用屏幕射击任务，通过比较被试对持有武器的内外群体成员的射击倾向来评估被试的内隐种族偏见（Glaser & Knowles，2008）。未来的研究中应综合考虑偏见干预中的认知、情感和行为成分。

（四）研究结论

本次研究得出以下结论。

1）道德信念差异会影响个体对外群体的内隐偏见态度，即与外群体道德信念的分歧会提高个体的内隐种族偏见水平，而与外群体道德信念的统一会降低个体的内隐种族偏见水平。

2）当被试与外种族群体在非道德信念上发生分歧时，同样会产生内隐种族偏见，但假想接触策略对基于非道德信念分歧产生的内隐偏见有着显著的干预效果，而对基于道德信念分歧产生的内隐偏见的干预效果较差。

参考文献

蔡华俭. (2003). Greenwald 提出的内隐联想测验介绍. *心理科学进展, 11*(3), 339-344.

刘源、梁南元、王德进、张社英、杨铁鹰等. (1990). *现代汉语常用词词频词典（音序部分）*. 北京：宇航出版社.

任娜，佐斌，侯飞翔，汪国驹. (2012). 情境效应或自动化加工：大学生对老年人的内隐态度. *心理学报, 44*(6), 777-788.

魏晓娟. (2007). 欺负卷入儿童的归因特点及教育建议. *中小学心理健康教育, 3*, 7-9.

杨治良，刘素珍. (1996). "攻击性行为"社会认知的实验研究. *心理科学, 19*(2), 75-78.

叶茂林，杨治良. (2004). 未成年人归因的内隐特征与攻击行为. *心理科学, 27*(4), 821-823.

赵红梅，苏彦捷. (2006). 同伴接纳与青少年对同伴拒绝的解释. *中国心理卫生杂志, 5*, 347-349.

周浩，龙立荣. (2007). 公平敏感性研究述评. *心理科学进展, 15*(4), 702-707.

朱婵媚，宫火良，郑希付. (2006). 未成年人内隐攻击性特征的实验研究. *心理学探新, 26*(98), 48-50.

赤松利恵，野村真利香，堀口逸子，田中久子，丸井英二. (2009). 自治体等における栄養担当者の安全に関するリスクコミュニケーションへの関与の現状と課題. *日術誌, 64*(2), 32-40.

大渕宪一.（2005）.公共事業政策に対する公共評価の心理学的構造：政府に対する一般的信頼と社会的公正感. 実験社会心理学研究, 45（1），65-76.

渡部幹.（2002）.「アキレスの亀と信頼の醸成」. 土木学会誌, 87（6），17-20.

高井亨，岸本充生.（2009）. ナノテクノロジー製品の受容に感情, 信頼および知識の及ぼす影響. 日本リスク研究学会誌, 19（4），71-82.

吉野娟子，木下富雄，山田友希子，金川智恵，福井誠，竹西亜古.（2003）.リスクコミュニケーター養成プログラムの設計—農林水産省を例として：（2）研修の効果. 日本リスク研究学会第16回研究発表会講演論文集, 7-10.

鈴木直人，金野祐介，山岸俊男.（2007）. 信頼行動の内集団バイアス—最小条件集団を用いた分配者選択実験. 心理学研究, 78（1），17-24.

木下富雄.（2003）. 効果的なリスクコミュニケーション：内容編.農林水産省大臣官房企画評価課技術調整室（編）「食の安全性」に関するリスクコミュニケーションについて（PP.20-22）. 農林：農林水産省.

木下富雄.（2004）.リスクコミュニケーション：思想と技術. エネルギーレビュー, 2（1），6-20.

木下富雄，吉川肇子.（1989）. リスクコミュニケーションの効果（1）. 日本社会心理学会第10回大会発表論文集, 109-110.

木下富雄，吉野娟子，山田友希子，金川智恵，福井誠，竹西亚古.（2003）. リスクコミュニケーター養成プログラムの設計—農林水産省を例として：（1）設計思想とプログラムの内容. 日本リスク研究学会第16回研究発表会講演論文集, 1-6.

松本隆信，塩見哲郎，中谷内一也.（2005）.リスクコミュニケーションに対する送り手の評価：原子力広報担当者を対象として. 社会心理学研究, 20（3），201-207.

藤井听.（2005）. 行政に対する信頼の醸成条件.実験社会心理学研究, 45（1），27-41.

藤井听，吉川肇子，竹村和久.（2003）.リスク管理者に対する信頼と監視. 社会技術研究論文集, 1（2），123-132.

増地あゆみ，龙川哲夫.（1998）.リスクの受容判断における社会的視点と個人的視点. 北海道心理学研究, 21（1），15-23.

中谷内一也，大沼进.（2003）. 環境リスクマネジメントにおける信頼と合意形成——千歳川放水路計画についての札幌市での質問紙調査. 実験社会心理学研究, 42（2），187-200.

中谷内一也，渡部幹.（2005）. 人質提供が信頼性評価におよぼす影響——自発的供出と行為実績の効果. 心理学研究, 76（3），235-243.

中谷内一也，野波寛，加藤潤三.（2010）. 沖縄赤土流出問題における一般住民と被害者住民の信頼比較リスク管理組織への信頼規定因と政策受容. *実験社会心理学研究*, *49*(2), 205-216.

竹西亜古, 竹西正典, 福井誠, 金川智恵, 吉野娟子. (2008). リスクメッセージの心理的公正基準: 管理者への手続き的公正査定における事実性と配慮性. *社会心理学研究*, *24*(1), 23-33.

Alexander, W. H., & Brown, J. W. (2010). Competition between learned reward and error outcome predictions in anterior cingulate cortex. *NeuroImage*, *49*(4), 3210-3218.

Allport, G. W. (1954). The nature of prejudice. *Journal of Negro History*, *52*(3), 390-393.

Amodio, D. M. (2010). Coordinated roles of motivation and perception in the regulation of intergroup responses: Frontal cortical asymmetry effects on the P2 event-related potential and behavior. *Journal of Cognitive Neuroscience*, *22*(11), 2609-2617.

Amodio, D. M., & Devine, P. G. (2006). Stereotyping and evaluation in implicit race bias: Evidence for independent constructs and unique effects on behavior. *Journal of Personality and Social Psychology*, *91*(4), 652-661.

Amodio, D. M., Devine, P. G., & Harmon-Jones, E. (2007). A dynamic model of guilt implications for motivation and self-regulation in the context of prejudice. *Psychological Science*, *18*(6), 524-530.

Amodio, D. M., Harmon-Jones, E., & Devine, P. G. (2003). Individual differences in the activation and control of affective race bias as assessed by startle eyeblink response and self-report. *Journal of Personality and Social Psychology*, *84*(4), 738-753.

Amodio, D. M., Harmon-Jones, E., Devine, P. G., Curtin, J. J., Hartley, S. L., & Covert, A. E. (2004). Neural signals for the detection of unintentional race bias. *Psychological Science*, *15*(2), 88-93.

Anderson, C. A., & Bushman, B. J. (2002). Human aggression. *Annual Review of Psychology*, *53*(1), 27-51.

Aquino, K., Freeman, D., Reed I, A., Lim, V. K. G., & Felps, W. (2009). Testing a social-cognitive Model of moral behavior: The interactive influence of situations and moral identity centrality. *Journal of Personality and Social Psychology*, *97*(1), 123-141.

Aquino, K., Skarlicki, D., Freeman, D., Nadisic, T., & Fortin, M. (2009). *The lives of others: The Role of Moral Identity in Third parties' Emotional, Cognitive, and Behavioral Reactions to Injustice.* Unpublished manuscript.

Aquino, K., Tripp, T. M., & Bies, R. J. (2001). How employees respond to personal offense: The effects of blame attribution, victim status, and offender status on revenge and reconciliation in the workplace. *Journal of Applied Psychology, 86*(1), 52-59.

Aquino, K., Tripp, T. M., Bies, R. J. (2006). Getting even or moving on? Power, procedural justice, and types of offense as predictors of revenge, forgiveness, reconciliation, and avoidance in organizations. *Journal of Applied Psychology, 91*(3), 653-668.

Aramovich, N. P., Lytle, B. L., & Skitka, L. J. (2012). Opposing torture: Moral conviction and resistance to majority influence. *Social Influence, 7*(1), 21-34.

Aron, A. (2003). Self and close relationships. In M. R. Leary, & J. P. Tangney (Eds.). *Handbook of Self and Identity* (pp. 442-461). New York: Guilford Press.

Aron, A., Aron, E. N., & Norman, C. (2001). Self-expansion model of motivation and cognition in close relationships and beyond. In G. J. O. Fletcher, & M. S. Clark (Eds.). *Blackwell Handbook of Social Psychology: Interpersonal Processes* (pp. 478-501). Maiden: Blackwell Publishing.

Aron, A., Aron, E. N., Tudor, M., & Nelson, G. (1991). Close relationships as including other in the self. *Journal of Personality and Social Psychology, 60*(2), 241-253.

Avenanti, A., Sirigu, A., & Aglioti, S. M. (2010). Racial bias reduces empathic sensorimotor resonance with other-race pain. *Current Biology, 20*(11), 1018-1022.

Awh, E., Jonides, J., & Reuter-Lorenz, P. A. (1998). Rehearsal in spatial working memory. *Journal of Experimental Psychology: Human Perception and Performance, 24*(3), 780-790.

Awh, E., Jonides, J., Smith, E. E., Buxton, R. B., Frank, L. R., et al. (1999). Rehearsal in spatial working memory: Evidence from neuroimaging. *Psychological Science, 10*(5), 433-437.

Awh, E., Anllo-Vento, L., & Hillyard, S. A. (2000). The role of spatial selective attention in working memory for locations: Evidence from event-related potentials. *Journal of Cognitive Neuroscience, 12*(5), 840-847.

Aydin, N., Fischer, P., & Frey, D. (2010). Turning to god in the face of ostracism: Effects of social exclusion on religiousness. *Personality and Social Psychology Bulletin, 36*(6), 742-753.

Aydin, N., Graupmann, V., Fischer, J., Frey, D., & Fischer, P. (2011). My role is my castle — The appeal of family roles after experiencing social exclusion. *Journal of Experimental Social Psychology, 47*(5), 981-986.

Ayduk, Ö., Gyurak, A., & Luerssen, A. (2008). Individual differences in the rejection-aggression link in the hot sauce paradigm: The case of rejection sensitivity. *Journal of Experimental Social Psychology, 44* (3), 775-782.

Baddeley, A. D. (2003). Working memory: Looking back and looking forward. *Nature Reviews Neuroscience, 4* (10), 829-839.

Baddeley, A. D., & Hitch, G. J. (1994). Developments in the concept of working memory. *Neuropsychology, 8* (4), 485-493.

Banki, S., & Latham, G. P. (2010). The criterion-related validities and perceived fairness of the situational interview and the situational judgment test in an Iranian organisation. *Applied Psychology, 59* (1), 124-142.

Bar-Anan, Y., De Houwer, J., & Nosek, B. A. (2010). Evaluative conditioning and conscious knowledge of contingencies: A correlational investigation with large samples. *Quarterly Journal of Experimental Psychology, 63* (12), 2313-2335.

Barclay, L. J., Skarlicki, D. P., & Pugh, S. D. (2005). Exploring the role of emotions in injustice perceptions and retaliation. *Journal of Applied Psychology, 90* (4), 629-643.

Barden, J., Maddux, W. W., Petty, R. E., & Brewer, M. B. (2004). Contextual moderation of racial bias: The impact of social roles on controlled and automatically activated attitudes. *Journal of Personality and Social Psychology, 87* (1), 5-22.

Bargh, J. A., & McKenna, K. Y. A. (2004). The Internet and social life. *Annual Review of Psychology, 55* (1), 573-590.

Bartholomew, K. J., Ntoumanis, N., Ryan, R. M., Bosch, J. A., & Gersen-Ntoumani, C. (2011). Self-determination theory and diminished functioning: The role of interpersonal control and psychological need thwarting. *Personality & Social Psychology Bulletin, 37* (11), 1459-1473.

Bartholow, B. D., Dickter, C. L., & Sestir, M. A. (2006). Stereotype activation and control of race bias: Cognitive control of inhibition and its impairment by alcohol. *Journal of Personality and Social Psychology, 90* (2), 272-287.

Bastian, B., & Haslam, N. (2010). Excluded from humanity: The dehumanizing effects of social ostracism. *Journal of Experimental Social Psychology, 46* (1), 107-113.

Batson, C. D. (2006). Not all self-interest after all: Economics of empathy-induced altruism. In De Cremer, D., Zeelenberg, M. J. K., Murnighan (Eds.).*Social Psychology and Economics* (pp.281-299). Mahwah: Lawrence Erlbaum Associates.

Batson, C. D. (2007). Anger at unfairness: Is it moral outrage? *European Journal of Social*

Psychology, *37*(6), 1272-1285.

Batson, C. D., Kennedy, C. L., Nord, L. A., Stocks, E., Fleming, D. Y. A., et al. (2007). Anger at unfairness: Is it moral outrage? *European Journal of Social Psychology*, *37*(6), 1272-1285.

Bauman, C. W., & Skitka, L. J. (2009). Moral disagreement and procedural justice: Moral mandates as constraints to voice effects. *Australian Journal of Psychology*, *61*(1), 40-49.

Baumeister, R. F., De Wall, C. N., Ciarocco, N. J., & Twenge, J. M. (2005). Social exclusion impairs self-regulation. *Journal of Personality and Social Psychology*, *88*(4), 589-604.

Baumeister, R. F., De Wall, C. N., & Vohs, K. D. (2009). Social rejection, control, numbness, and emotion: How not to be fooled by. *Perspectives on Psychological Science*, *4*(5), 489-493.

Baumeister, R. F., & Leary, M. R. (1995). The need to belong: Desire for interpersonal attachments as a fundamental human motivation. *Psychological Bulletin*, *117*(3), 497-529.

Baumeister, R. F., & Sommer, K. L. (1997). What do men want? Gender differences and two spheres of belongingness: Comment on Cross and Madson. *Psychological Bulletin*, *122*(1), 38-44.

Baumeister, R. F., & Tice, D. M. (1990). Point-counterpoints: Anxiety and social exclusion. *Journal of Social and Clinical Psychology*, *9*(2), 165-195.

Baumeister, R. F., Twenge, J. M., & Nuss, C. K. (2002). Effects of social exclusion on cognitive processes: Anticipated aloneness reduces intelligent thought. *Journal of Personality and Social Psychology*, *83*(4), 817-827.

Baumert, A., & Schmitt, M. (2009). Justice-sensitive interpretations of ambiguous situations. *Australian Journal of Psychology*, *61*(1), 6-12.

Baumert, A., Gollwitzer, M., Staubach, M., & Schmitt, M. (2011). Justice sensitivity and the processing of justice-related information. *European Journal of Personality*, *25*(5), 386-397.

Bavel, J. J. V., Swencionis, J. K., O'Connor, R. C., & Cunningham, W. A. (2012). Motivated social memory: Belonging needs moderate the own-group bias in face recognition. *Journal of Experimental Social Psychology*, *48*(3), 707-713.

Bayer, U. C., Gollwitzer, P. M., & Achtziger, A. (2010). Staying on track: Planned goal striving is protected from disruptive internal states. *Journal of Experimental Social Psychology*, *46*(3), 505-514.

Beer, J. S., Stallen, M., Lombardo, M. V., Gonsalkorale, K., Cunningham, W. A., & Sherman, J. W. (2008). The Quadruple Process model approach to examining the neural underpinnings of prejudice. *NeuroImage, 43* (4), 775-783.

Bell, R., & Buchner, A. (2010). Justice sensitivity and source memory for cheaters. *Journal of Research in Personality, 44* (6), 677-683.

Bernstein, M. J., Sacco, D. F., Brown, C. M., Young, S. G., & Claypool, H. M. (2010). A preference for genuine smiles following social exclusion. *Journal of Experimental Social Psychology, 46* (1), 196-199.

Bernstein, M. J., Young, S. G., Brown, C. M., Sacco, D. F., & Claypool, H. M. (2008). Adaptive responses to social exclusion: Social rejection improves detection of real and fake smiles. *Psychological Science, 19* (10), 981-983.

Bettencourt, B. A., Brewer, M. B., Croak, M. R., & Miller, N. (1992). Cooperation and the reduction of intergroup bias: The role of reward structure and social orientation. *Journal of Experimental Social Psychology, 28* (4), 301-319.

Bies, R. J., & Shapiro, D. L. (1987). Interactional fairness judgments: The influence of causal accounts. *Social Justice Research, 1* (2), 199-218.

Blackhart, G. C., Nelson, B. C., Knowles, M. L., & Baumeister, R. F. (2009). Rejection elicits emotional reactions but neither causes immediate distress nor lowers self-esteem: A meta-analytic review of 192 studies on social exclusion. *Personality and Social Psychology Review, 13* (4), 269-309.

Blair, I. V., Ma, J. E., & Lenton, A. P. (2001). Imagining stereotypes away: The moderation of implicit stereotypes through mental imagery. *Journal of Personality and Social Psychology, 81* (5), 828-841.

Blake, P. R., & McAuliffe, K. (2011). "I had so much it didn't seem fair": Eight-year-olds reject two forms of inequity. *Cognition, 120* (2), 215-224.

Bolling, D. Z., Pitskel, N. B., Ben, D. E., Crowley, M. J., Mcpartland, J. C., er al., (2011). Dissociable brain mechanisms for processing social exclusion and rule violation. *NeuroImage, 54* (3), 2462-2471.

Bos, M. W., Dijksterhuis, A., & Van Baaren, R. B. (2008). On the goal-dependency of unconscious thought. *Journal of Experimental Social Psychology, 44* (4), 1114-1120.

Botvinick, M. M., Braver, T. S., Barch, D. M., Carter, C. S., & Cohen, J. D. (2001). Conflict monitoring and cognitive control. *Psychological Review, 108* (3), 624-652.

Brebels, L., De Cremer, D., & Sedikides, C. (2008). Retaliation as a response to procedural unfairness: A self-regulatory approach. *Journal of Personality and Social Psychology, 95* (6), 1511-1525.

Brockner, J., Heuer, L., Magner, N., Folger, R., Umpbress, E., Van den Bos, K., et al. (2003). High procedural fairness heightens the effect of outcome favorability on self-evaluations: An attributional analysis. *Organizational Behavior and Human Decision Processes, 91*, 51-68.

Brockner, J., De Cremer, D. D., Van den Bos, K., & Chen, Y. R. (2005). The influence of interdependent self-construal on procedural fairness effects. *Organizational Behavior & Human Decision Processes, 96* (2), 155-167.

Brosch, T., Bar-David, E., & Phelps, E. A. (2013). Implicit race bias decreases the similarity of neural representations of black and white faces. *Psychological Science, 24* (2), 160-166.

Brown, K. W., & Ryan, R. M. (2012). Fostering healthy self-regulation from within and without: A self-determination theory perspective. In P. A. Linley & S. Joseph (Eds.). *Positive Psychology in Practice* (pp.105-124). Manhattan: John Wiley & Sons, Inc.

Buckley, K. E., Winkel, R. E., & Leary, M. R. (2004). Reactions to acceptance and rejection: Effects of level and sequence of relational evaluation. *Journal of Experimental Social Psychology, 40* (1), 14-28.

Buelow, M. T., Okdie, B. M., Brunell, A. B., & Trost, Z. (2015). Stuck in a moment and you cannot get out of it: The lingering effects of ostracism on cognition and satisfaction of basic needs. *Personality & Individual Differences, 76*, 39-43.

Burson, A., Crocker, J., & Mischkowski, D. (2012). Two types of value-affirmation: Implications for self-control following social exclusion. *Social Psychological and Personality Science, 3* (4), 510-516.

Cacioppo, J. T., Hawkley, L. C., & Berntson, G. G. (2003). The anatomy of loneliness. *Current Directions in Psychological Science, 12* (3), 71-74.

Callan, M. J., Kay, A. C., Davidenko, N., & Ellard, J. H. (2009). The effects of justice motivation on memory for self-and other-relevant events. *Journal of Experimental Social Psychology, 45* (4), 614-623.

Caprara, G. V., Paciello, M., Gerbino, M., & Cugini, C. (2007). Individual differences conducive to aggression and violence: Trajectories and correlates of irritability and hostile rumination through adolescence. *Aggressive Behavior*, *33*（4）, 359-374.

Cameron, L., Rutland, A., Brown, R., & Douch, R.（2006）. Changing children's intergroup attitudes toward refugees: Testing different models of extended contact. *Child Development*, *77*（5）, 1208-1219.

Castelli, L., & Tomelleri, S.（2008）. Contextual effects on prejudiced attitudes: When the presence of others leads to more egalitarian responses. *Journal of Experimental Social Psychology*, *44*（3）, 679-686.

Chernyak, N., & Zayas, V.（2010）. Being excluded by one means being excluded by all: Perceiving exclusion from inclusive others during one-person social exclusion. *Journal of Experimental Social Psychology*, *46*（3）, 582-585.

Claypool, H. M., & Bernstein, M. J.（2014）. Social exclusion and stereotyping: Why and when exclusion fosters individuation of others. *Journal of Personality and Social Psychology*, *106*（4）, 571-589.

Clore, G. L., & Huntsinger, J. R.（2007）. How emotions inform judgment and regulate thought. *Trends in Cognitive Sciences*, *11*（9）, 393-399.

Clore, G. L., & Palmer, J.（2009）. Affective guidance of intelligent agents: How emotion controls cognition. *Cognitive Systems Research*, *10*（1）, 21-30.

Cohen, G. L., & Sherman, D. K.（2014）. The psychology of change: Self-affirmation and social psychological intervention. *Annual Review of Psychology*, *65*（1）, 333-371.

Colquitt, J. A., Conlon, D. E., Wesson, M. J., & Porter, C. O. L. H.（2001）. Justice at the millennium: A meta-analytic review of 25 years of organizational justice research. *Journal of Applied Psychology*, *86*（3）, 425-445.

Colquitt, J. A., Scott, B. A., Judge, T. A., & Shaw, J. C.（2006）. Justice and personality: Using integrative theories to derive moderators of justice effects. *Organizational Behavior and Human Decision Processes*, *100*（1）, 110-127.

Columb, C., & Plant, E. A.（2011）. Revisiting the Obama effect: Exposure to Obama reduces implicit prejudice. *Journal of Experimental Social Psychology*, *47*（2）, 499-501.

Correll, J., Urland, G. R., & Ito, T. A.（2006）. Event-related potentials and the decision to shoot: The role of threat perception and cognitive control. *Journal of Experimental Social Psychology*, *42*（1）, 120-128.

Creswell, J. D., Welch, W. T., & Taylor, S. E.（2005）. Affirmation of personal values buffers neuroendocrine and psychological stress responses. *Psychological Science*, *16*（11）, 846-

851.

Crisp, R. J., & Turner, R. N. (2009). Can imagined interactions produce positive perceptions? Reducing prejudice through simulated social contact. *American Psychologist, 64* (4), 231-240.

Crocker, J., Niiya, Y., & Mischkowski, D. (2008). Why does writing about important values reduce defensiveness? Self-affirmation and the role of positive other-directed feelings. *Psychological Science, 19* (7), 740-747.

Crowe, E., & Higgins, E. T. (1997). Regulatory focus and strategic inclinations: Promotion and prevention in decision-making. *Organizational Behavior & Human Decision Processes, 69* (2), 117-132.

Cunningham, W. A., Johnson, M. K., Gatenby, J. C., Gore, J. C., & Banaji, M. R. (2003). Neural components of social evaluation. *Journal of Personality and Social Psychology, 85* (4), 639-649.

Cunningham, W. A., Van Bavel, J. J., Arbuckle, N. L., Packer, D. J., & Waggoner, A. S. (2012). Rapid social perception is flexible: Approach and avoidance motivational states shape P100 responses to other-race faces. *Frontiers in Human Neuroscience, 6* (15), 1-7.

Cunningham, W. A., Van Bavel, J. J., & Johnsen, I. R. (2008). Affective flexibility: Evaluative processing goals shape amygdala activity. *Psychological Science, 19* (2), 152-160.

Cunningham, W. A., & Zelazo, P. D. (2007). Attitudes and evaluations: A social cognitive neuroscience perspective. *Trends in Cognitive Sciences, 11* (3), 97-104.

Cunningham, W. A., Zelazo, P. D., Packer, D. J., & Van Bavel, J. J. (2007). The iterative reprocessing model: A multilevel framework for attitudes and evaluation. *Social Cognition, 25* (5), 736-760.

Cvetkovich, G., & Nakayachi, K. (2007). Trust in a high-concern risk controversy: A comparison of three concepts. *Journal of Risk Research, 10* (2), 223-237.

Daly, J. P., Williams, D. R., O'Connor, S. J., & Pouder, R. W. (2009). Interpersonal aspects of justice in relationships between consumers and service providers: A confirmatory factor analysis. *Social Justice Research, 22* (4), 335-350.

Dar, Y., & Resh, N. (2001). Exploring the multifaceted structure of sense of deprivation. *European Journal of Social Psychology, 31* (1), 63-81.

De Cremer, D., Wubben, M. J. J., & Brebels, L. (2008). When unfair treatment leads to anger: The effects of other people's emotions and ambiguous unfair procedures. *Journal of Applied*

Social Psychology, 38(10), 2518-2549.

Devine, P. G., Forscher, P. S., Austin, A. J., & Cox, W. T. (2012). Long-term reduction in implicit race bias: A prejudice habit-breaking intervention. *Journal of Experimental Social Psychology, 48*(6), 1267-1278.

De Waal-Andrews, W., & Van Beest, I. (2012). When you don't quite get what you want: Psychological and interpersonal consequences of claiming inclusion. *Personality and Social Psychology Bulletin, 38*(10), 1367-1377.

De Wall, C. N., & Baumeister, R. F. (2006). Alone but feeling no pain: Effects of social exclusion on physical pain tolerance and pain threshold, affective forecasting, and interpersonal empathy. *Journal of Personality and Social Psychology, 91*(1), 1-15.

De Wall, C. N., Baumeister, R. F., & Masicampo, E. J. (2008a). Evidence that logical reasoning depends on conscious processing. *Consciousness and Cognition, 17*(3), 628-645.

De Wall, C. N., Baumeister, R. F., & Vohs, K. D. (2008b). Satiated with belongingness? Effects of acceptance, rejection, and task framing on self-regulatory performance. *Journal of Personality and Social Psychology, 95*(6), 1367-1382.

De Wall, C. N., & Bushman, B. J. (2011). Social acceptance and rejection the sweet and the bitter. *Current Directions in Psychological Science, 20*(4), 256-260.

De Wall, C. N., Deckman, T., Pond, R. S., & Bonser, I. (2011). Belongingness as a core personality trait: How social exclusion influences social functioning and personality expression. *Journal of Personality, 79*(6), 1281-1314.

De Wall, C. N., MacDonald, G., Webster, G. D., Masten, C. L., Baumeister, R. F., et al. (2010). Acetaminophen reduces social pain: Behavioral and neural evidence. *Psychological Science, 21*(7), 931-937.

De Wall, C. N., Maner, J. K., & Rouby, D. A. (2009). Social exclusion and early-stage interpersonal perception: Selective attention to signs of acceptance. *Journal of Personality and Social Psychology, 96*(4), 729-741.

De Wall, C. N., Masten, C. L., Powell, C., Combs, D., Schurtz, D. R., & Eisenberger, N. I. (2012). Do neural responses to rejection depend on attachment style? An fMRI study. *Social Cognitive and Affective Neuroscience, 7*(2), 184-192.

De Wall, C. N., Twenge, J. M., Bushman, B., Im, C., & Williams, K. (2010). A little acceptance goes a long way: Applying social impact theory to the rejection-aggression link. *Social Psychological and Personality Science, 1*(2), 168-174.

De Wall, C. N., Twenge, J. M., Gitter, S. A., & Baumeister, R. F. (2009). It's the thought that counts: The role of hostile cognition in shaping aggressive responses to social exclusion. *Journal of Personality and Social Psychology, 96*(1), 45-59.

De Wall, C. N., Twenge, J. M., Koole, S. L., Baumeister, R. F., Marquez, A., & Reid, M. W. (2011). Automatic emotion regulation after social exclusion: Tuning to positivity. *Emotion, 11*(3), 623-636.

Dickter, C. L., & Bartholow, B. D. (2007). Event-related brain potential evidence of ingroup and outgroup attention biases. *Social, Cognitive, and Affective Neuroscience, 2*(3), 189-198.

Dijksterhuis, A., & Baaren, R. (2008). On the goal-dependency of unconscious thought. *Journal of Experimental Social Psychology, 44*(4), 1114-1120.

Dijksterhuis, A., & Van Knippenberg, A. D. (1996). The knife that cuts both ways: Facilitated and inhibited access to traits as a result of stereotype activation. *Journal of Experimental Social Psychology, 32*(3), 271-288.

Dodge, K. A. (1983). Behavioral antecedents of peer social status. *Child Development, 54*(6), 1386-1399.

Dodge, K. A., & Frame, C. L. (1982). Social cognitive biases and deficits in aggressive boys. *Child Development, 53*(3), 620-635.

Echterhoff, G., Higgins, E. T., & Levine, J. M. (2009). Shared reality experiencing commonality with others' inner states about the world. *Perspectives on Psychological Science, 4*(5), 496-521.

Ehrhart, M. G. (2004). Leadership and procedural justice climate as antecedents of unit-level organizational citizenship behavior. *Personnel Psychology, 57*(1), 61-94.

Eimerand, M., & Kiss, M. (2010). An electrophysiological measure of access to representations in visual working memory. *Psychophysiology, 47*(1), 197-200.

Eisenberger, N. I., Inagaki, T. K., Muscatell, K. A., Haltom, K. E. B., & Leary, M. R. (2011). The neural sociometer: Brain mechanisms underlying state self-esteem. *Journal of Cognitive Neuroscience, 23*(11), 3448-3455.

Eisenberger, N. I., Lieberman, M. D., & Williams, K. D. (2003). Does rejection hurt? An fMRI study of social exclusion. *Science, 302*(5643), 290-292.

Eisenberger, N.I., & Lieberman, M.D. (2004). Why rejection hurts: A common neural alarm system for physical and social pain. *Trends in Cognitive Sciences, 8*(7), 294-300.

Epley, N., Akalis, S., Waytz, A., & Cacioppo, J. T. (2008). Creating social connection through inferential reproduction: Loneliness and perceived agency in gadgets, gods, and greyhounds. *Psychological Science, 19*(2), 114-120.

Evans, J. S. B. T. (2008). Dual-processing accounts of reasoning, judgment, and social cognition. *Annual Review of Psychology, 59*, 255-278.

Eysenck, M. W., & Calvo, M. G. (1992). Anxiety and performance: The processing efficiency theory. *Cognition & Emotion, 6*(6), 409-434.

Faccenda, L., Pantaléon, N., & Reynes, E. (2009). Significant predictors of soccer players moral functioning from components of contextual injustice, sensitivity to injustice and moral atmosphere. *Social Justice Research, 22*(4), 399-415.

Fanger, S. M., Frankel, L. A., & Hazen, N. (2012). Peer exclusion in preschool children's play: Naturalistic observations in a playground setting. *Merrill-Palmer Quarterly, 58*(2), 224-254.

Fanti, K. A., Vanman, E., Henrich, C. C., & Avraamides, M. N. (2009). Desensitization to media violence over a short period of time. *Aggressive Behavior, 35*(2), 179-187.

Farnham, S. D., Greenwald, A. G., & Banaji, M. R. (1999). Implicit self-esteem. In D. Abrams, & M. A. Hogg (Eds.). *Social Identity and Social Cognition* (pp.230-248). Malden: Blackwell Publishers Inc.

Fehr, E., & Fischbacher, U. (2003). The nature of human altruism-proximate patterns and evolutionary origins. *Nature, 425*(6960), 785-791.

Fehr, E., & Fischbacher, U. (2004). Third-party punishment and social norms. *Evolution and Human Behavior, 25*(2), 63-87.

Fehr, E., & Schmidt, K. M. (1999). A theory of fairness, competition, and cooperation. *The Quarterly Journal of Economics, 114*(3), 817-868.

Fehr, E., Fischbacher, U., & Gächter, S. (2002). Strong reciprocity, human cooperation, and the enforcement of social norms. *Human Nature, 13*(1), 10-25.

Fetchenhauer, D., & Huang, X. (2004). Justice sensitivity and distributive decisions in experimental games. *Personality and Individual Differences, 36*(5), 1015-1029.

Fiebach, C. J., Rissman, J., & D'Esposito, M. (2006). Modulation of inferotemporal cortex activation during verbal working memory maintenance. *Neuron, 51*(2), 251-261.

Fishbach, A., & Labroo, A. A. (2007). Be better or be merry: How mood affects self-control. J *Pers Soc Psychol, 93*(2), 158-173.

Folger, R. (1998). Fairness as a moral virtue. In M. Schminke (Ed.).*Managerial Ethics: Morally Managing People and Processes* (pp. 13-34). Mahwah: Lawrence Erlbaum Associates.

Foltz, E. L., & White, L. E. (1968). The role of rostral cingulumotomy in "pain" relief. *International Journal of Neurology, 6* (3-4), 353-373.

Francis, L. D. (2002). Organizational justice, sensitivity to injustice and the experience of stress (Unpublished doctorial dissertation). University of Guelph.

Friedman, R. S., & Förster, J. (2001). The effects of promotion and prevention cues on creativity. *Journal of Personality and Social Psychology, 81* (6), 1001-1013.

Fusser, F., Linden, D. E. J., Rahm, B., Hampel, H., Haenschel, C., & Mayer, J. S. (2011). Common capacity-limited neural mechanisms of selective attention and spatial working memory encoding. *The European Journal of Neuroscience, 34* (5), 827-838.

Gaertner, S. L., Dovidio, J. F., Rust, M. C., Nier, J. A., Banker, B. S, et al. (1999). Reducing intergroup bias: Elements of intergroup cooperation. *Journal of Personality and Social Psychology, 76* (3), 388-402.

Galinsky, A. D., Leonardelli, G. J., Okhuysen, G. A., & Mussweiler, T. (2005). Regulatory focus at the bargaining table: Promoting distributive and integrative success. *Personality and Social Psychology Bulletin, 31* (8), 1087-1098.

Galinsky, A. D., Wang, C. S., & Ku, G. (2008). Perspective-takers behave more stereotypically. *Journal of Personality and Social Psychology, 95* (2), 404-419.

Gallate, J., Wong, C., Ellwood, S., Chi, R., & Snyder, A. (2011). Noninvasive brain stimulation reduces prejudice scores on an implicit association test. *Neuropsychology, 25* (2), 185-192.

Gardner, W. L., Pickett, C. L., & Brewer, M. B. (2000). Social exclusion and selective memory: How the need to belong influences memory for social events. *Personality and Social Psychology Bulletin, 26* (4), 486-496.

Gaucher, D., Hafer, C. L., Kay, A. C., & Davidenko, N. (2010). Compensatory rationalizations and the resolution of everyday undeserved outcomes. *Personality and Social Psychology Bulletin, 36* (1), 109-118.

Gawronski, B., Deutsch, R., Mbirkou, S., Seibt, B., & Strack, F. (2008). When "just say no" is not enough: Affirmation versus negation training and the reduction of automatic stereotype activation. *Journal of Experimental Social Psychology, 44* (2), 370-377.

Gazzaley, A., Cooney, J. W., Mcevoy, K., Knight, R. T., & D'Esposito, M. (2005).

Top-down enhancement and suppression of the magnitude and speed of neural activity. *Journal of Cognitive Neuroscience*, *17*(3), 507-517.

Geraci, A., & Surian, L. (2011). The developmental roots of fairness: Infants' reactions to equal and unequal distributions of resources. *Developmental Science*, *14*(5), 1012-1020.

Gilbert, S. J., Swencionis, J. K., & Amodio, D. M. (2012). Evaluative vs. trait representation in intergroup social judgments: Distinct roles of anterior temporal lobe and prefrontal cortex. *Neuropsychologia*, *50*(14), 3600-3611.

Glaser, J., & Knowles, E. D. (2008). Implicit motivation to control prejudice. *Journal of Experimental Social Psychology*, *44*(1), 164-172.

Gollwitzer, M., Rothmund, T., Pfeiffer, A., & Ensenbach, C. (2009). Why and when justice sensitivity leads to pro- and antisocial behavior. *Journal of Research in Personality*, *43*(6), 999-1005.

Gollwitzer, M., Schmitt, M., Schalke, R., Maes, J., & Baer, A. (2005). Asymmetrical effects of justice sensitivity perspectives on prosocial and antisocial behavior. *Social Justice Research*, *18*(2), 183-201.

Gonsalkorale, K., Von Hippel, W., Sherman, J. W., & Klauer, K. C. (2009). Bias and regulation of bias in intergroup interactions: Implicit attitudes toward Muslims and interaction quality. *Journal of Experimental Social Psychology*, *45*(1), 161-166.

Goodwin, G. P., & Darley, J. M. (2008). The psychology of meta-ethics: Exploring objectivism. *Cognition*, *106*(3), 1339-1366.

Greenberg, J., Solomon, S., & Pyszczynski, T. (1997). Terror management theory of self-esteem and cultural worldviews: Empirical assessments and conceptual refinements. In M. P. Zanna (Ed.). *Advances in Experimental Social Psychology* (Vol. 29, pp. 61-139). New York: Academic Press.

Greenwald, A. G., & Banaji, M. R. (1995). Implicit social cognition: Attitudes, self-esteem, and stereotypes. *Psychological Review*, *102*(1), 4-27.

Greenwald, A. G., Mcghee, D. E., & Schwartz, J. L. K. (1998). Measuring individual differences in implicit cognition: The implicit association test. *Journal of Personality & Social Psychology*, *74*(6), 1464-1480.

Greenwald, A. G., Poehlman, T. A., Uhlmann, E. L., & Banaji, M. R. (2003). Understanding and using the implicit association test. *Journal of Personality and Social Psychology*, *31*(2), 197-216.

Greenwald, A. G., Poehlman, T. A., Uhlmann, E. L., & Banaji, M. R. (2009). Understanding and using the implicit association test: iii. Meta-analysis of predictive validity. *Journal of Personality & Social Psychology, 97*(1), 17-41.

Gruber, O. (2001). Effects of domain-specific interference on brain activation associated with verbal working memory task performance. *Cerebral Cortex, 11*(11), 1047-1055.

Guinote, A., Willis, G. B., & Martellotta, C. (2010). Social power increases implicit prejudice. *Journal of Experimental Social Psychology, 46*(2), 299-307.

Gutsell, J. N., & Inzlicht, M. (2010). Empathy constrained: Prejudice predicts reduced mental simulation of actions during observation of outgroups. *Journal of Experimental Social Psychology, 46*(5), 841-845.

Haidt, J. (2003). The moral emotions. In R. J. Davidson, K. R. Scherer & H. H. Goldsmith (Eds.). *Handbook of Affective Sciences* (pp.852-870). Oxford: Oxford University Press.

Hales, A. H., Dvir, M., Wesselmann, E. D., Kruger, D. J., & Finkenauer, C. (2018). Cell phone-induced ostracism threatens fundamental needs. *Journal of Social Psychology, 158*(4), 460-473.

Ham, J., & Van den Bos, K. (2008). Not fair for me! The influence of personal relevance on social justice inferences. *Journal of Experimental Social Psychology, 44*(3), 699-705.

Ham, J., & Van den Bos, K. (2011). On Justice Knowledge Activation: Evidence for spontaneous activation of social justice inferences. *Social Justice Research, 24*(1), 43-65.

Hawes, D. J., Zadro, L., Fink, E., Richardson, R., O'Moore, K., & Griffiths, B. (2012). The effects of peer ostracism on children's cognitive processes. *European Journal of Developmental Psychology, 9*(5), 599-613.

Hawkley, L. C., Burleson, M. H., Berntson, G. G., & Cacioppo, J. T. (2003). Loneliness in everyday life: Cardiovascular activity, psychosocial context, and health behaviors. *Journal of Personality and Social Psychology, 85*(1), 105-120.

Hayashi, Y. (2007). The four perspectives on social justice: A review. *Japanese Journal of Social Psychology, 22*(3), 305-330.

Hecker, R., & Mapperson, B. (1997). Dissociation of visual and spatial processing in working memory. *Neuropsychologia, 35*(5), 599-603.

Henrich, J., McElreath, R., Barr, A., Ensminger, J., Barrett, C., et al. (2006). Costly punishment across human societies. *Science, 312*(5781), 1767-1770.

Henry, P. J., & Hardin, C. D. (2006). The contact hypothesis revisited status bias in the reduction of implicit prejudice in the United States and Lebanon. *Psychological Science*, 17（10）, 862-868.

Hess, Y. D., & Pickett, C. L. （2010）. Social rejection and self- versus other-awareness. *Journal of Experimental Social Psychology*, 46（2）, 453-456.

Hester, R., Nestor, L., & Garavan, H. （2009）. Impaired error awareness and anterior cingulate cortex hypoactivity in chronic cannabis users. *Neuropsychopharmacology*, 34（11）, 2450-2458.

Heuer, L., Blumenthal, E., Douglas, A., & Weinblatt, T. （1999）. A deservingness approach to respect as a relationally based fairness judgment. *Personality and Social Psychology Bulletin*, 25（10）, 1279-1292.

He, Y., Johnson, M. K., Dovidio, J. F., & McCarthy, G. （2009）. The relation between race-related implicit associations and scalp-recorded neural activity evoked by faces from different races. *Social Neuroscience*, 4（5）, 426-442.

Higgins, E. T. （1996）. Knowledge activation: Accessibility, applicability, and salience. In E. T. Higgins, & A. W. Kruglanski （Eds.）.*Social Psychology Handbook of Basic Principles*（pp. 133-168）. London: Guilford Press.

Higgins, E. T. （1997）. Beyond pleasure and pain. *American Psychologist*, 52（12）, 1280-1300.

Higgins, E. T. （2002）. How self-regulation creates distinct values: The case of promotion and prevention decision making. *Journal of Consumer Psychology*, 12（3）, 177-191.

Higgins, E. T., Friedman, R. S., Harlow, R. E., Idson, L. C., Ayduk, O. N., & Taylor, A. （2001）. Achievement orientations from subjective histories of success: Promotion pride versus prevention pride.*European Journal of Social Psychology*, 31（1）, 3-23.

Hornsey, M. J., & Hogg, M. A. （2000）. Intergroup similarity and subgroup relations: Some implications for assimilation. *Personality and Social Psychology Bulletin*, 26（8）, 948-958.

Hornsey, M. J., Smith, J. R., & Begg, D. （2007）. Effects of norms among those with moral conviction: Counter - conformity emerges on intentions but not behaviors. *Social Influence*, 2（4）, 244-268.

House, J. S., Umberson, D., & Landis, K. R. （1988）. Structures and processes of social support. *Annual Review of Sociology*, 14（1）, 293-318.

Huntsinger, J. R., Sinclair, S., & Clore, G. L. （2009）. Affective regulation of implicitly measured stereotypes and attitudes: Automatic and controlled processes. *Journal of Experimental*

Social Psychology, 45 (3), 560-566.

Huntsinger, J. R., Sinclair, S., Dunn, E., & Clore, G. L. (2010). Affective regulation of stereotype activation: It's the (accessible) thought that counts. *Personality and Social Psychology Bulletin*, 36 (4), 564-577.

Huseman, R. C., Hatfield, J. D., & Miles, E. W. (1987). A new perspective on equity theory: The equity sensitivity construct. *Academy of Management Review*, 12 (2), 222-234.

Ibanez, A., Gleichgerrcht, E., Hurtado, E., Gonzalez, R., Haye, A., & Manes, F. F. (2010). Early neural markers of implicit attitudes: N170 modulated by intergroup and evaluative contexts in IAT. *Frontiers in Human Neuroscience*, 4, 188.

Idson, L. C., Liberman, N., & Higgins, E. T. (2000). Distinguishing gains from nonlosses and losses from nongains: A regulatory focus perspective on hedonic intensity. *Journal of Experimental Social Psychology*, 36 (3), 252-274.

Ijzerman, H., Gallucci, M., Pouw, W. T., Weigerber, S. C., Van Doesum, N. J., & Williams, K. D. (2012). Cold-blooded loneliness: Social exclusion leads to lower skin temperatures. *Acta Psychologica*, 140 (3), 283-288.

Ikkai, A., & Curtis, C. E. (2011). Common neural mechanisms supporting spatial working memory, attention and motor intention. *Neuropsychologia*, 49 (6), 1428-1434.

Ito, T. A., Thompson, E., & Cacioppo, J. T. (2004). Tracking the timecourse of social perception: The effects of racial cues on event-related brain potentials. *Personality and Social Psychology Bulletin*, 30 (10), 1267-1280.

Ito, T. A., & Urland, G. R. (2003). Race and gender on the brain: Electrocortical measures of attention to the race and gender of multiply categorizable individuals. *Journal of Personality and Social Psychology*, 85 (4), 616-626.

Ito, T. A., & Urland, G. R. (2005). The influence of processing objectives on the perception of faces: An ERP study of race and gender perception. *Cognitive, Affective, & Behavioral Neuroscience*, 5 (1), 21-36.

Inzlicht, M., Gutsell, J. N., & Legault, L. (2012). Mimicry reduces racial prejudice. *Journal of Experimental Social Psychology*, 48 (1), 361-365.

Jacques, C., & Rossion, B. (2007). Electrophysiological evidence for temporal dissociation between spatial attention and sensory competition during human face processing. *Cerebral Cortex*, 17 (5), 1055-1065.

Johnson, R. E., Chang, C., & Rosen, C. C. (2010). "Who I am depends on how fairly I'm treated": Effects of justice on self-identity and regulatory focus. *Journal of Applied Social Psychology*, *40*(12), 3020-3058.

Just, M. A. (1992). A capacity theory of comprehension: Individual differences in working memory. *Psychological Review*, *99*(1), 122-149.

Kahneman, D., Knetsch, J. L., & Thaler, R. (1986). Fairness as a constraint on profit seeking: Entitlements in the market. *American Economic Review*, *76*(4), 728-741.

Kahneman, D., Knetsch, J., & Thaler, R. H. (1986). Fairness and the assumptions of economics. *Journal of Business*, *59*(4), 285-300.

Kaiser, C. R., Drury, B. J., Spalding, K. E., Cheryan, S., & O'Brien, L. T. (2009). The ironic consequences of Obama's election: Decreased support for social justice. *Journal of Experimental Social Psychology*, *45*(3), 556-559.

Kawakami, K., & Dovidio, J. F. (2001). The reliability of implicit stereotyping. *Personality and Social Psychology Bulletin*, *27*(2), 212-225.

Kawakami, K., Dovidio, J. F., Moll, J., Hermsen, S., & Russin, A. (2000). Just say no (to stereotyping): Effects of training in the negation of stereotypic associations on stereotype activation. *Journal of Personality and Social Psychology*, *78*(5), 871-888.

Kerns, J. G., Cohen, J. D., MacDonald, A. W., Cho, R. Y., Stenger, V. A., & Carter, C. S. (2004). Anterior cingulate conflict monitoring and adjustments in control. *Science*, *303*(5660), 1023-1026.

Khatcherian, S. (2011). Neural activity during social exclusion: An exploratory examination (Unpublished Doctorial Dissertation). Illinois Wesleyan University, USA.

Kiecolt-Glaser, J. K., Ricker, D., George, J., Messick, G., Speicher, C. E., Garner, W., & Glaser, R. (1984). Urinary cortisol levels, cellular immunocompetency, and loneliness in psychiatric inpatients. *Psychosomatic Medicine*, *46*(1), 15-24.

Knutson, K. M., DeTucci, K. A., & Grafman, J. (2011). Implicit attitudes in prosopagnosia. *Neuropsychologia*, *49*(7), 1851-1862.

Koomen, W., & Dijker, A. J. (1997). Ingroup and outgroup stereotypes and selective processing. *European Journal of Social Psychology*, *27*(5), 589-601.

Kubota, J. T., & Ito, T. A. (2007). Multiple cues in social perception: The time course of processing race and facial expression. *Journal of Experimental Social Psychology*, *43*(5), 738-752.

Kurzban, R., DeScioli, P., & O'Brien, E. (2007). Audience effects on moralistic punishment. *Evolution and Human Behavior, 28*(2), 75-84.

Kuster, F., Orth, U., & Meier, L. L. (2012). Rumination mediates the prospective effect of low self-esteem on depression a five-wave longitudinal study. *Personality and Social Psychology Bulletin, 38*(6), 747-759.

Larsen, R. J., & Briefs, S. (2004). Emotion and cognition: The case of automatic vigilance. *Psychological Science Agenda, 18*(11), 10-20.

Laurent, S. M., & Myers, M. W. (2011). I know you're me, but who am I? Perspective taking and seeing the other in the self. *Journal of Experimental Social Psychology, 47*(6), 1316-1319.

Lau, G., Moulds, M. L., & Richardson, R. (2009). Ostracism: How much it hurts depends on how you remember it. *Emotion, 9*(3), 430-434.

Lavric, A., Rippon, G., & Gray, J. R. (2003). Threat-evoked anxiety disrupts spatial working memory performance: An attentional account. *Cognitive Therapy and Research, 27*(5), 489-504.

Leary, M. R. (2001). Toward a conceptualization of interpersonal rejection. In M. L. Leary (Ed.). *Interpersonal Rejection* (pp. 3-20). New York: Oxford University Press.

Lea, S. E., & Webley, P. (2006). Money as tool, money as drug: The biological psychology of a strong incentive. *Behavioral and Brain Sciences, 29*(2), 161-209.

Lee, A. Y., Aaker, J. L., & Gardner, W. L. (2000). The pleasures and pains of distinct self-construals: The role of interdependence in regulatory focus. *Journal of Personality and Social Psychology, 78*(6), 1122-1134.

Leiss, W. (1996). Three phases in the evolution of risk communication practice. *The Annals of the American Academy of Political and Social Science, 545*(1), 85-94.

Leonardelli, G. J., Lakin, J. L., & Arkin, R. M. (2007). A regulatory focus model of self-evaluation. *Journal of Experimental Social Psychology, 43*(6), 1002-1009.

Leventhal, G. S. (1980). What should be done with equity theory? *Social Exchange, 25*(1), 27-55.

Liberman, N., Molden, D. C., Idson, L. C., & Higgins, E. T. (2001). Promotion and prevention focus on alternative hypotheses: Implications for attributional functions. *Journal of Personality and Social Psychology, 80*(1), 5-18.

Lickel, B., Miller, N., Stenstrom, D. M., Denson, T. F., & Schmader, T. (2006). Vicarious retribution: The role of collective blame in intergroup aggression. *Journal of Personality and Social Psychology Review, 10*, 372-390.

Liddell, B. J., Brown, K. J., Kemp, A. H., Barton, M. J., Das, P., et al. (2005). A direct brainstem-amygdala-cortical "alarm" system for subliminal signals of fear. *NeuroImage, 24*(1), 235-243.

Lieberman, M. D. (2003). Reflexive and reflective judgment processes: A social cognitive neuroscience approach. *Social Judgments: Implicit and Explicit Processes, 13*(2), 44-67.

Lieberman, M. D., & Eisenberger, N. I. (2004). The neural alarm system: Behavior and beyond. Reply to Ullsperger et al. *Trends in Cognitive Sciences, 8*(10), 446-447.

Lieberman, M. D., Gaunt, R., Gilbert, D. T., & Trope, Y. (2002). Reflexion and reflection: A social cognitive neuroscience approach to attributional inference. *Advances in Experimental Social Psychology, 34*(2), 199-249.

Lieberman, M. D., Hariri, A., Jarcho, J. M., Eisenberger, N. I., & Bookheimer, S. Y. (2005). An fMRI investigation of race-related amygdala activity in African-American and Caucasian-American individuals. *Nature Neuroscience, 8*(6), 720-722.

Lind, E. A., & Van den Bos, K. (2002). When fairness works: Toward a general theory of uncertainty management. *Research in Organizational Behavior, 24*(2), 181-223.

Lo Bue, V., Nishida, T., Chiong, C., De Loache, J. S., & Haidt, J. (2009). When getting something good is bad: Even three-year-olds react to inequality. *Social Development, 20*(1), 154-170.

Lodewijkx, H. F. M., Kersten, G. L. E., & Van Zomeren, M. (2008). Dual pathways to engage in "Silent Marches" against violence: Moral outrage, moral cleansing and modes of identification. *Journal of Community & Applied Social Psychology, 18*(3), 153-167.

Lott, B. (2002). Cognitive and behavioral distancing from the poor. *American Psychologist, 57*(2), 100-110.

Lotz, S. (2010). The stability and fragility of fairness: How individual concerns for justice affect human perception, emotion, and behavior (Unpublished doctorial dissertation). Universität zu Köln.

Lovaš, L., & Wolt, R. (2002). Sensitivity to injustice in the context of some personality traits. *Studia Psychologica, 44*(2), 125-131.

Lowery, B. S., Hardin, C. D., & Sinclair, S. (2001). Social influence effects on automatic racial prejudice. *Journal of Personality and Social Psychology, 81*(5), 842-855.

Lustenberger, D. E., & Jagacinski, C. M. (2010). Exploring the effects of ostracism on performance and intrinsic motivation. *Human Performance*, *23*(4), 283-304.

Lyubomirsky, S., King, L., & Diener, E. (2005). The benefits of frequent positive affect: Does happiness lead to success? *Psychological Bulletin*, *131*(6), 803-855.

Maas, M., & Van den Bos, K. (2009). An affective-experiential perspective on reactions to fair and unfair events: Individual differences in affect intensity moderated by experiential mindsets. *Journal of Experimental Social Psychology. 45*(4), 667-675.

MacDonald, G., & Leary, M. R. (2005). Why does social exclusion hurt? The relationship between social and physical pain. *Psychological Bulletin*, *131*(2), 202-223.

MacLean, P. D. (1993). Introduction: Perspectives on cingulate cortex in the limbic system. In B. A. Vogt & M. Gabriel (Eds.). *Neurobiology of the Cingulate Cortex and Limbic Thalamus: A Comprehensive Handbook* (pp. 1-15). Boston: Birkhauser.

Macnamara, A., Ferri, J., & Hajcak, G. (2011). Working memory load reduces the late positive potential and this effect is attenuated with increasing anxiety. *Cognitive Affective & Behavioral Neuroscience*, *11*(3), 321-331.

Malti, T., Killen, M., & Gasser, L. (2012). Social judgments and emotion attributions about exclusion in Switzerland. *Child Development*, *83*(2), 697-711.

Maner, J. K., De Wall, C. N., Baumeister, R. F., Maner, J. K., & Schaller, M. (2007). Does social exclusion motivate interpersonal reconnection? Resolving the "porcupine problem". *Journal of Personality & Social Psychology*, *92*(1), 42-55.

Mann, N. H., & Kawakami, K. (2012). The long, steep path to equality: Progressing on egalitarian goals. *Journal of Experimental Psychology: General*, *141*(1), 187-197.

Marigold, D. C., Holmes, J. G., & Ross, M. (2010). Fostering relationship resilience: An intervention for low self-esteem individuals. *Journal of Experimental Social Psychology*, *46*(4), 624-630.

Markus, H. R., & Kitayama, S. (1991). Culture and the self: Implications for cognition, emotion, and motivation. *Psychological Review*, *98*(2), 224-253.

Masten, C. L., Telzer, E. H., & Eisenberger, N. I. (2011). An fMRI investigation of attributing negative social treatment to racial discrimination. *Journal of Cognitive Neuroscience*, *23*(5), 1042-1051.

Mathur, V. A., Harada, T., Lipke, T., & Chiao, J. Y. (2010). Neural basis of extraordinary empathy and altruistic motivation. *NeuroImage*, *51*(4), 1468-1475.

Mendes, W. B., Major, B., McCoy, S., & Blascovich, J. (2008). How attributional ambiguity shapes physiological and emotional responses to social rejection and acceptance. *Journal of Personality and Social Psychology*, 94（2）, 278-291.

Mendoza, S. A., Gollwitzer, P. M., & Amodio, D. M.（2010）. Reducing the expression of implicit stereotypes: Reflexive control through implementation intentions. *Personality and Social Psychology Bulletin*, 36（4）, 512-523.

Mcconnell, A. R., Brown, C. M., Shoda, T. M., Stayton, L. E., & Martin, C. E.（2011）. Friends with benefits: On the positive consequences of pet ownership. *Journal of Personality and Social Psychology*, 101（6）, 1239-1252.

McIntosh, N. D., Silver, R. C., & Wortman, C. B.（1993）. Religion's role in adjustment to a negative life event: Coping with the loss of a child. *Journal of Personality and Social Psychology*, 65（4）, 812-821.

McQueen, A., & Klein, W. M.（2006）. Experimental manipulations of self-affirmation: A systematic review. *Self and Identity*, 5（4）, 289-354.

Mendes, W. B., Blascovich, J., Lickel, B., & Hunter, S.（2002）. Challenge and threat during social interactions with White and Black men. *Personality and Social Psychology Bulletin*, 28（7）, 939-952.

Miedema, J., Van den Bos, K., & Vermunt, R.（2006）. The influence of self-threats on fairness judgments and affective measures. *Social Justice Research*, 19（2）, 228-253.

Minshew, N. J., & Goldstein, G.（2001）. The pattern of intact and impaired memory functions in autism. *Journal of Child Psychology and Psychiatry*, 42（8）, 1095-1101.

Mohiyeddini, C., & Schmitt, M.（1997）. Sensitivity to befallen injustice and reactions to unfair treatment in a laboratory situation. *Social Justice Research*, 10（3）, 333-353.

Molden, D. C., Lee, A. Y., & Higgins, E. T.（2008）. Motivations for promotion and prevention. In J. Y. Shah & W. L. Gardner（Eds.）.*Handbook of Motivation Science*（pp. 169-187）. New York: Guilford Press.

Molet, M., Macquet, B., Lefebvre, O., & Williams, K. D.（2013）. A focused attention intervention for coping with ostracism. *Consciousness and Cognition*, 22（4）, 1262-1270.

Monin, B., & Miller, D. T.（2001）. Moral credentials and the expression of prejudice. *Journal of Personality and Social Psychology*, 81（1）, 33-43.

Moskowitz, G. B., & Li, P. Z.（2011）. Egalitarian goals trigger stereotype inhibition: A proactive form of stereotype control. *Journal of Experimental Social Psychology*, 47（1）, 103-116.

Moskowitz, G. B., Li, P. Z., Ignarri, C., & Stone, J.（2011）. Compensatory cognition associated with egalitarian goals. *Journal of Experimental Social Psychology, 47*（2）, 365-370.

Mulder, L. B.（2008）. The difference between punishments and rewards in fostering moral concerns in social decision making. *Journal of Experimental Social Psychology, 44*（6）, 1436-1443.

Mullen, E., & Nadler, J.（2008）. Moral spillovers: The effect of moral violations on deviant behavior. *Journal of Experimental Social Psychology, 44*（5）, 1239-1245.

Mullen, E., & Skitka, L. J.（2006）. Exploring the psychological underpinnings of the moral mandate effect: Motivated reasoning, group differentiation, or anger? *Journal of Personality and Social Psychology, 90*（4）, 629-643.

Murphy, K.（2009）. Procedural justice and affect intensity: Understanding reactions to regulatory authorities. *Social Justice Research, 21*（1）, 1-30.

Murphy, S. T., & Zajonc, R. B.（1993）. Affect, cognition, and awareness: Affective priming with optimal and suboptimal stimulus exposures. *Journal of Personality and Social Psychology, 64*（5）, 723-739.

Murray, S. L.（2005）. Regulating the risks of closeness: A relationship-specific sense of felt security. *Current Directions in Psychological Science, 14*（2）, 74-78.

Murray, S. L., Holmes, J. G., & Pinkus, R. T.（2010）. A smart unconscious? Procedural origins of automatic partner attitudes in marriage. *Journal of Experimental Social Psychology, 46*（4）, 650-656.

Nelissen, R. M., & Zeelenberg, M.（2009）. Moral emotions as determinants of third-party punishment: Anger, guilt, and the functions of altruistic sanctions. *Judgment and Decision Making, 4*（7）, 543-553.

Nichols, D. F., Betts, L. R., & Wilson, H. R.（2010）. Decoding of faces and face components in face-sensitive human visual cortex. *Frontiers in Psychology, 1*（28）, 1-13.

Nosek, B. A., Banaji, M. R., & Greenwald, A. G.（2002）. Harvesting implicit group attitudes and beliefs from a demonstration web site. *Group Dynamics: Theory, Research, and Practice, 6*（1）, 101-115.

Nosek, B. A., Hawkins, C. B., & Frazier, R. S.（2011）. Implicit social cognition: From measures to mechanisms. *Trends in Cognitive Sciences, 15*（4）, 152-159.

Nosek, B. A., & Smyth, F. L.（2007）. A multitrait-multimethod validation of the Implicit Association Test: Implicit and explicit attitudes are related but distinct constructs. *Experimental Psychology, 54*（1）, 14-29.

Norton, M. I., Mason, M. F., Vandello, J. A., Andrew, B., & Rebecca, D. (2013). An fMRI investigation of racial paralysis. *Social Cognitive and Affective Neuroence, 8*(4), 387-393.

Oaten, M., Williams, K. D., Jones, A., & Zadro, L. (2008). The effects of ostracism on self-regulation in the socially anxious. *Journal of Social and Clinical Psychology, 27*(5), 471-504.

Obhi, S. S., & Hogeveen, J. (2010). Incidental action observation modulates muscle activity. *Experimental Brain Research, 203*(2), 427-435.

O'Brien, L. T., Major, B., & Simon, S. (2012). Why did you choose that person over me? Ingroup rejection and attributions to discrimination. *Journal of Experimental Social Psychology, 48*(6), 1225-1233.

Ofan, R. H., Rubin, N., & Amodio, D. M. (2011). Seeing race: N170 responses to race and their relation to automatic racial attitudes and controlled processing. *Journal of Cognitive Neuroscience, 23*(10), 3153-3161.

O'Gorman, R. H., Wilson, D. S., & Miller, R. R. (2005). Altruistic punishing and helping differ in sensitivity to relatedness, friendship, and future interactions. *Evolution and Human Behavior, 26*(5), 375-387.

Olson, M. A., Carmona, S., Downey, G., Bolger, N., & Ochsner, K. N. (2013). Learning biases underlying individual differences in sensitivity to social rejection. *Emotion, 13*(4), 616-621.

Olson, M. A., & Fazio, R. H. (2006). Reducing automatically activated racial prejudice through implicit evaluative conditioning. *Personality and Social Psychology Bulletin, 32*(4), 421-433.

Olsson, A., & Ochsner, K. N. (2008). The role of social cognition in emotion. *Trends in Cognitive Sciences, 12*(2), 65-71.

Ottone, S. (2004). Transfers and altruistic punishments in third party punishment game experiments. *Polis Working Papers, 7*(1), 161-190.

Oyserman, D., & Swim, J. K. (2001). Stigma: An insider's view. *Journal of Social Issues, 57*(1), 1-14.

Oyserman, D., Uskul, A. K., Yoder, N., Nesse, R. M., & Williams, D. R. (2007). Unfair treatment and self-regulatory focus. *Journal of Experimental Social Psychology, 43*(3), 505-512.

Paluck, E. L. (2010). Is it better not to talk? Group polarization, extended contact, and perspective taking in eastern Democratic Republic of Congo. *Personality and Social Psychology Bulletin*, *36*（9）, 1170-1185.

Park, J., & Baumeister, R. F.（2015）. Social exclusion causes a shift toward prevention motivation. *Journal of Experimental Social Psychology*, *56*（1）, 153-159.

Park, Y., & Killen, M.（2010）. When is peer rejection justifiable? Children's understanding across two cultures. *Cognitive Development*, *25*（3）, 290-301.

Pascoe, E. A., & Richman, L. S.（2009）. Perceived discrimination and health: A meta-analytic review. *Psychological Bulletin*, *135*（4）, 531-554.

Patrícia, A., Vala, J., Correia, I., & Cícero, P.（2008）. Justice in our world and in that of others: Belief in a just world and reactions to victims. *Social Justice Research*, *21*（1）, 50-68.

Payne, B. K., Cheng, C. M., Govorun, O., & Stewart, B. D.（2005）. An inkblot for attitudes: Affect misattribution as implicit measurement. *Journal of Personality and Social Psychology*, *89*（3）, 277-293.

Payne, B. K., Krosnick, J. A., Pasek, J., Lelkes, Y., Akhtar, O., & Tompson, T.（2010）. Implicit and explicit prejudice in the 2008 American presidential election. *Journal of Experimental Social Psychology*, *46*（2）, 367-374.

Pejic, T., Hermann, A., Vaitl, D., & Stark, R.（2013）. Social anxiety modulates amygdala activation during social conditioning. *Social Cognitive and Affective Neuroscience*, *8*（3）, 267-276.

Pettigrew, T. F.（1997）. Generalized intergroup contact effects on prejudice. *Personality and Social Psychology Bulletin*, *23*（2）, 173-185.

Pettigrew, T. F.（1998）. Intergroup contact theory. *Annual Review of Psychology*, *49*（1）, 65-85.

Pettigrew, T. F., Christ, O., Wagner, U., & Stellmacher, J.（2007）. Direct and indirect intergroup contact effects on prejudice: A normative interpretation. *International Journal of Intercultural Relations*, *31*（4）, 411-425.

Pettigrew, T. F., & Tropp, L. R.（2006）. A meta-analytic test of intergroup contact theory. *Journal of Personality and Social Psychology*, *90*（5）, 751-783.

Pettigrew, T. F., & Tropp, L. R.（2008）. How does intergroup contact reduce prejudice? Meta-analytic tests of three mediators. *European Journal of Social Psychology*, *38*（6）, 922-934.

Peyron, R., Laurent, B., & Garcia-Larrea, L.（2000）. Functional imaging of brain responses to pain. A review and meta-analysis. *Neurophysiologie Clinique*, *30*（5）, 263-288.

Pfundmair, M., Aydin, N., Du, H., Yeung, S., Frey, D., & Graupmann, V. (2015). Exclude me if you can: Cultural effects on the outcomes of social exclusion. *Journal of Cross-Cultural Psychology, 46* (4), 579-596.

Phelps, E. A., O'Connor, K. J., Cunningham, W. A., Funayama, E. S., Gatenby, J. C., Gore, J. C., & Banaji, M. R. (2000). Performance on indirect measures of race evaluation predicts amygdala activation. *Journal of Cognitive Neuroscience, 12* (5), 729-738.

Phills, C. E., Kawakami, K., Tabi, E., Nadolny, D., & Inzlicht, M. (2011). Mind the gap: Increasing associations between the self and Blacks with approach behaviors. *Journal of Personality and Social Psychology, 100* (2), 197-210.

Phills, C. E., Santelli, A. G., Kawakami, K., Struthers, C. W., & Higgins, E. T. (2011). Reducing implicit prejudice: Matching approach/avoidance strategies to contextual valence and regulatory focus. *Journal of Experimental Social Psychology, 47* (5), 968-973.

Pickett, C. L., Gardner, W. L., & Knowles, M. (2004). Getting a cue: The need to belong and enhanced sensitivity to social cues. *Personality and Social Psychology Bulletin, 30* (9), 1095-1107.

Pickett, C. L., & Gardner, W. L. (2005). The social monitoring system: Enhanced sensitivity to social cues as an adaptive response to social exclusion. *The Social Outcast: Ostracism, Social Exclusion, Rejection, and Bullying, 23* (2), 213-226.

Plant, E. A., & Devine, P. G. (1998). Internal and external motivation to respond without prejudice. *Journal of Personality and Social Psychology, 75* (3), 811-832.

Plant, E. A., & Devine, P. G. (2009). The active control of prejudice: Unpacking the intentions guiding control efforts. *Journal of Personality and Social Psychology, 96* (3), 640-652.

Polich, J. (2007). Updating P300: An integrative theory of P3a and P3b. *Clinical Neurophysiology, 118* (10), 2128-2148.

Postle, B. R., D'Esposito, M., & Corkin, S. (2005). Effects of verbal and nonverbal interference on spatial and object visual working memory. *Memory & Cognition, 33* (2), 203-212.

Punwani, M., Metz, P., & Martin, A. (2005). Peer rejection: Developmental processes and intervention strategies. *Journal of the American Academy of Child & Adolescent Psychiatry, 44* (11), 1204-1205.

Prinz, J. (2007). *The Emotional Construction of Morals*. Oxford: Oxford University Press.

Richeson, J. A., Baird, A. A., Gordon, H. L., Heatherton, T. F., Wyland, C. L., Trawalter, S., & Shelton, J. N. (2003). An fMRI investigation of the impact of interracial contact on executive function. *Nature Neuroscience*, *6*(12), 1323-1328.

Richeson, J. A., Todd, A. R., Trawalter, S., & Baird, A. A. (2008). Eye-gaze direction modulates race-related amygdala activity. *Group Processes & Intergroup Relations*, *11*(2), 233-246.

Richeson, J. A., & Trawalter, S. (2008). The threat of appearing prejudiced and race-based attentional biases. *Psychological Science*, *19*(2), 98-102.

Richman, L. S., & Leary, M. R. (2009). Reactions to discrimination, stigmatization, ostracism, and other forms of interpersonal rejection: A multimotive model. *Psychological Review*, *116*(2), 365-383.

Ren, D. N., Wesselmann, E. D., & Williams, K. D. (2013). Interdependent self-construal moderates coping with (but not the initial pain of) ostracism. *Asian Journal of Social Psychology*, *16*(4), 320-326.

Riener, C. R., Stefanucci, J. K., Proffitt, D. R., & Clore, G. (2011). An effect of mood on the perception of geographical slant. *Cognition & Emotion*, *25*(1), 174-182.

Robertson, D., Snarey, J., Ousley, O., Harenski, K., Bowman, D. B., et al. (2007). The neural processing of moral sensitivity to issues of justice and care. *Neuropsychologia*, *45*(4), 755-766.

Robinson, P. H., Kurzban, R., & Jones, O. D. (2007). The origins of shared intuitions of justice. *Vanderbult Law Review*, *60*(1), 1633-1875.

Rupp, D. E. (2003). *Testing the moral violation component of fairness theory: Moral maturity as a moderator of the deontological effect*. Paper presented at the Annual Meeting of the Society for Industrial Organizational Psychology, Orlando, Florida.

Rupp, D. E., & Bell, C. M. (2010). Extending the deontic model of justice: Moral self-regulation in third-party responses to injustice. *Business Ethics Quarterly*, *20*(1), 89-106.

Rupp, D. (2003). *Testing the moral violations component of fairness theory: The moderating role of value preferences*. Paper presented at the 18th annual meeting of the Society for Industrial and Organizational Psychology, Orlando, Florida.

Santos, A., Meyer-Lindenberg, A., & Deruelle, C. (2010). Absence of racial, but not gender, stereotyping in Williams syndrome children. *Current Biology*, *20*(7), R307-R308.

Schmeichel, & Brandon, J. (2007). Attention control, memory updating, and emotion regulation temporarily reduce the capacity for executive control. *Journal of Experimental Psychology: General*, *136*(2), 241-255.

Schmeichel, B. J., & Kathleen, V. (2009). Self-affirmation and self-control: Affirming core values counteracts ego depletion. *Journal of Personality & Social Psychology, 96*(4), 770-782.

Schmitt, M., & Dörfel, M. (1999). Procedural injustice at work, justice sensitivity, job satisfaction and psychosomatic well-being. *European Journal of Social Psychology, 29*(4), 443-453.

Schmitt, M., Baumert, A., Gollwitzer, M., & Maes, J. (2010). The justice sensitivity inventory: Factorial validity, location in the personality facet space, demographic pattern, and normative data. *Social Justice Research, 23*(2-3), 211-238.

Schmitt, M., Gollwitzer, M., Maes, J., & Arbach, D. (2005). Justice sensitivity: Assessment and location in the personality space. *European Journal of Psychological Assessment, 21*(3), 202-211.

Schmitt, M., Neumann, R., & Montada, L. (1995). Dispositional sensitivity to befallen injustice. *Social Justice Research, 8*(4), 385-407.

Schnall, S., Zadra, J. R., & Proffitt, D. R. (2010). Direct evidence for the economy of action: Glucose and the perception of geographical slant. *Perception, 39*(4), 464-482.

Schwarz, N., & Clore, G. L. (2003). Mood as information: 20 years later. *Psychological Inquiry, 14*(3/4), 296-303.

Sedikides, C., & Brewer, M. B. (2001). *Individual Self, Relational Self, Collective Self*. Philadelphia: Psychology Press.

Sedikides, C., & Gregg, A. P. (2008). Self-enhancement: Food for thought. Perspectives on *Psychological Science, 3*(2), 102-116.

Senholzi, K. B., & Ito, T. A. (2013). Structural face encoding: How task affects the N170's sensitivity to race. *Social Cognitive and Affective Neuroscience, 8*(8), 937-942.

Sessa, P., Tomelleri, S., Luria, R., Castelli, L., Reynolds, M., & Dell'Acqua, R. (2012). Look out for strangers! Sustained neural activity during visual working memory maintenance of other-race faces is modulated by implicit racial prejudice. *Social Cognitive and Affective Neuroscience, 7*(3), 314-321.

Shackman, A. J., Sarinopoulos, I., Maxwell, J. S., Pizzagalli, D. A., Lavric, A., & Davidson, R. J. (2006). Anxiety selectively disrupts visuospatial working memory. *Emotion, 6*(1), 40-61.

Shamosh, N. A., & Gray, J. R. (2007). The relation between fluid intelligence and self-regulatory depletion. *Cognition & Emotion*, 21（8）, 1833-1843.

Shaw, A., & Olson, K. R.（2012）. Children discard a resource to avoid inequity. *Journal of Experimental Psychology. General*, 141（2）, 382-395.

Sherman, D. K.（2013）. Self-affirmation: Understanding the effects. *Social and Personality Psychology Compass*, 7（11）, 834-845.

Sherman, D. K., & Cohen, G. L.（2006）. The psychology of self-defense: Self-affirmation theory. *Advances in Experimental Social Psychology*, 38（6）, 183-242.

Sherman, D. A. K., Nelson, L. D., & Steele, C. M.（2000）. Do messages about health risks threaten the self? Increasing the acceptance of threatening health messages via self-affirmation. *Personality and Social Psychology Bulletin*, 26（9）, 1046-1058.

Shkurko, A. V.（2013）. Is social categorization based on relational ingroup/outgroup opposition? A meta-analysis. *Social Cognitive and Affective Neuroscience*, 8（8）, 870-877.

Simons, D. J.（1996）. In sight, out of mind: When object representations fail. *Psychological Science*, 7（5）, 301-305.

Smith, E. E., Jonides, J., & Koeppe, R. A.（1996）. Dissociating verbal and spatial working memory using pet. *Cerebral Cortex*, 6（1）, 11-20.

Smyth, M. M., & Scholey, K. A.（1994）. Interference in immediate spatial memory. *Memory & Cognition*, 22（1）, 1-13.

Sinaceur, M.（2010）. Suspending judgment to create value: Suspicion and trust in negotiation. *Journal of Experimental Social Psychology*, 46（3）, 543-550.

Sinclair, H. C., Ladny, R. T., & Lyndon, A. E.（2011）. Adding insult to injury: Effects of interpersonal rejection types, rejection sensitivity, and self-regulation on obsessive relational intrusion. *Aggressive Behavior*, 37（6）, 503-520.

Sivanathan, N., & Pettit, N.C.（2010）. Protecting the self through consumption: Status goods as affirmational commodities. *Journal of Experimental Social Psychology*, 46（3）, 564-570.

Skarlicki, D. P., & Rupp, D. E.（2010）. Dual processing and organizational justice: The role of rational versus experiential processing in third-party reactions to workplace mistreatment. *Journal of Applied Psychology*, 95（5）, 944-952.

Skitka, L. J, Bauman, C. W. & Mullen, E.（2008）. Morality and justice: An expanded theoretical perspective and empirical review. In K. A. Hegtvedt & J. Clay-Warner（Vol. Eds.）. *Advances in Group Processes: 25. Justice*（pp. 1-27）. Oxford: Emerald.

Skitka, L. J.（2002）. Do the means always justify the ends, or do the ends sometimes justify the means? A value protection model of justice reasoning. *Personality and Social Psychology Bulletin*, 28 (5), 588-597.

Skitka, L. J. (2006). *Legislating morality: How deep is the U.S. Supreme Court's reservoir of good will?* Paper Presented at the biannual meeting of the International Society for Justice Research, Berlin, Germany.

Skitka, L. J. (2009). Exploring the "Lost and Found" of justice theory and research. *Social Justice Research*, 22 (1), 98-116.

Skitka, L. J. (2010). The psychology of moral conviction. *Social and Personality Psychology Compass*, 4 (4), 267-281.

Skitka, L. J., Bauman, C. W., & Mullen, E. (2008). Morality and justice: An expanded theoretical perspective and empirical review. *Advances in Group Processes*, 25 (25), 1-27.

Skitka, L. J., Bauman, C. W., & Sargis, E. G. (2005). Moral conviction: Another contributor to attitude strength or something more? *Journal of Personality and Social Psychology*, 88 (6), 895-917.

Skitka, L. J., & Houston, D. A. (2001). When due process is of no consequence: Moral mandates and presumed defendant guilt or innocence. *Social Justice Research*, 14 (3), 305-326.

Skitka, L. J., Liu, J. H., Yang, Y. Y., Chen, H., Liu, L., & Xu, L. (2012). Exploring the cross-cultural generalizability and scope of morally motivated intolerance. *Social Psychological and Personality Science*, 4 (3), 324-331.

Skitka, L. J., & Mullen, E. (2002). Understanding judgments of fairness in a real-world political context: A test of the value protection model of justice reasoning. *Personality and Social Psychology Bulletin*, 28 (10), 1419-1429.

Skitka, L. J., & Mullen, E. (2008). Moral convictions often override concerns about procedural fairness: A reply to Napier and Tyler. *Social Justice Research*, 21 (4), 529-546.

Skorinko, J. L., & Sinclair, S. A. (2013). Perspective taking can increase stereotyping: The role of apparent stereotype confirmation. *Journal of Experimental Social Psychology*, 49 (1), 10-18.

Slovic, P. (1999). Trust, emotion, sex, politics, and science: Surveying the risk-assessment battlefield. *Risk Analysis*, 19 (4), 689-701.

Smeesters, D., Wheeler, S. C., & Kay, A. C. (2010). Indirect prime-to-behavior effects: The role of perceptions of the self, others, and situations in connecting primed constructs to social behavior. In M. P. Zanna (Ed.). *Advances in Experimental Social Psychology* (Vol. 42, pp. 259-

317). San Diego: Academic Press.

Spiegel, S., Grant-Pillow, H., & Higgins, E. T. (2004). How regulatory fit enhances motivational strength during goal pursuit. *European Journal of Social Psychology, 34*(1), 39-54.

Stanley, D. A., Sokol-Hessner, P., Banaji, M. R., & Phelps, E. A. (2011). Implicit race attitudes predict trustworthiness judgments and economic trust decisions. *Proceedings of the National Academy of Sciences, 108*(19), 7710-7715.

Stanley, D. A., Sokol-Hessner, P., Fareri, D. S., Perino, M. T., Delgado, M. R., Banaji, M. R., & Phelps, E. A. (2012). Race and reputation: Perceived racial group trustworthiness influences the neural correlates of trust decisions. *Philosophical Transactions of the Royal Society B: Biological Sciences, 367*(1589), 744-753.

Stapel, D. A., & Van der Zee, K. I. (2006). The self salience model of other-to-self effects: Integrating principles of self-enhancement, complementarity, and imitation. *Journal of Personality and Social Psychology, 90*(2), 258-271.

Stefanucci, J. K., & Proffitt, D. R. (2009). The roles of altitude and fear in the perception of height. *Journal of Experimental Psychology: Human Perception and Performance, 35*(2), 424-438.

Stenseng, F., Belsky, J., Skalicka, V., & Wichstrom, L. (2014). Preschool social exclusion, aggression, and cooperation: A longitudinal evaluation of the need-to-belong and the social-reconnection hypotheses. *Personality and Social Psychology Bulletin, 40*(12), 1637-1647.

Stewart, T. L., Latu, I. M., Kawakami, K., & Myers, A. C. (2010). Consider the situation: Reducing automatic stereotyping through situational attribution training. *Journal of Experimental Social Psychology, 46*(1), 221-225.

Stillman, T. F., Baumeister, R. F., Lambert, N. M., Crescioni, A. W., De Wall, C. N., & Fincham, F. D. (2009). Alone and without purpose: Life loses meaning following social exclusion. *Journal of Experimental Social Psychology, 45*(4), 686-694.

Sutter, M. (2007). Outcomes versus intentions: On the nature of fair behavior and its development with age. *Journal of Economic Psychology, 28*(1), 69-78.

Taishi, K., Keiichi, O., Ken'Ichiro, N., Hiroshi, N., Shuhei, Y., & Mitsuhiro, U. (2012). Is dorsal anterior cingulate cortex activation in response to social exclusion due to expectancy violation? An fMRI study. *Frontiers in Evolutionary Neuroscience, 4*(11), 1-10.

Telzer, E. H., Flannery, J., Shapiro, M., Humphreys, K. L., Goff, B. (2013a). Early experience shapes amygdala sensitivity to race: An international adoption design. *The Journal of*

Neuroscience, 33(33), 13484-13488.

Telzer, E. H., Humphreys, K. L., Shapiro, M., & Tottenham, N. (2013b). Amygdala sensitivity to race is not present in childhood but emerges over adolescence. *Journal of Cognitive Neuroscience, 25*(2), 234-244.

Tetlock, P. E., Kristel, O. V., Elson, S. B., Green, M. C., & Lerner, J. S. (2000). The psychology of the unthinkable: Taboo trade-offs, Forbidden base rates, and Heretical counterfactuals. *Journal of Personality and Social Psychology, 78*(5), 853-870.

Todd, A. R., Bodenhausen, G. V., Richeson, J. A., & Galinsky, A. D. (2011). Perspective taking combats automatic expressions of racial bias. *Journal of Personality and Social Psychology, 100*(6), 1027-1042.

Todorov, A., & Bargh, J. A. (2002). Automatic sources of aggression. *Aggression & Violent Behavior, 7*(1), 53-68.

Traut-Mattausch, E., Guter, S., Zanna, M., Jonas, E., & Frey, D. (2011). When citizens fight back: Justice sensitivity and resistance to political reform. *Social Justice Research, 24*(1), 25-42.

Tripp, T. M., Bies, R. J., & Aquino, K. (2007). A vigilante model of justice: Revenge, reconciliation, forgiveness, and avoidance. *Social Justice Research, 20*(1), 10-34.

Turillo, C. J., Folger, R., Lavelle, J. J., Umphress, E. E., & Gee, J. O. (2002). Is virtue its own reward? Self-sacrificial decisions for the sake of fairness. *Organizational Behavior and Human Decision Processes, 89*(1), 839-865.

Turner, R. N., Crisp, R. J., & Lambert, E. (2007). Imagining intergroup contact can improve intergroup attitudes. *Group Processes and Intergroup Relations, 10*(4), 427-441.

Twenge, J.M. (2005). When does social rejection lead to aggression? The influence of situations, narcissicm, emotion, and replenishing connections. In K. D. Williams, J. P. Forgas, & W. von Hippel (Eds.) .*The Social Outcast: Ostracism, Social Exclusion, Rejection and Bulyyinu*(pp.201-212). New York: Psychology Press.

Twenge, J. M., Baumeister, R. F., Tice, D. M., & Stucke, T. S. (2001). If you can't join them, beat them: Effects of social exclusion on aggressive behavior. *Journal of Personality and Social Psychology, 81*(6), 1058-1069.

Twenge, J. M., Campbell, W. K. (2003). "Isn't it fun to get the respect that we're going to deserve?" Narcissism, social rejection, and aggression. *Personality and Social Psychology Bulletin, 29*(2), 261-272.

Twenge, J. M., Catanese, K. R., & Baumeister, R. F. (2003). Social exclusion and the deconstructed state: Time perception, meaninglessness, lethargy, lack of emotion, and self-awareness. *Journal of Personality and Social Psychology, 85* (3), 409-423.

Tyler, T, R. (1997). The psychology of legitimacy: A relational perspective on voluntary deference to authorities. *Personality and Social Psychology Review, 1* (4), 323-345.

Tyler, T, R. (1999). Why people cooperate with organizations: An identity-based perspective. *Research in Organizational Behavior, 21* (2), 201-246.

Tyler, T. R., & Lind, E. A. (1992). A relational model of authority in groups. In M. P. Zanna (Ed.) .*Advances in Experimental Social Psychology* (Vol. 25, pp. 115-191). San Diego: Academic Press.

Tyler, T. R., & Huo, Y. J. (2003). Trust in the law: Encouraging public cooperation with the police and courts. *Social Forces, 82* (2), 840-841.

Uhlmann, E. L., Brescoll, V. L., & Machery, E. (2010). The motives underlying stereotype-based discrimination against members of stigmatized Groups. *Social Justice Research, 23* (1), 1-16.

Ullsperger, M., Volz, K.G., & Von Cramon, D.Y. (2004). A common neural system signaling the need for behavioral changes. *Trends in Cognitive Sciences, 8* (10), 445-446.

Van Bavel, J. J., Packer, D. J., & Cunningham, W. A. (2011). Modulation of the fusiform face area following minimal exposure to motivationally relevant faces: Evidence of in-group enhancement (not out-group disregard). *Journal of Cognitive Neuroscience, 23* (11), 3343-3354.

Van Beest, I., Williams, K. D., & Van Dijk, E. (2011). Cyberbomb: Effects of being ostracized from a death game. *Group Processes and Intergroup Relations, 14* (4), 581-596.

Van den Bos, K. V. D., Poortvliet, P. M., Maas, M., Miedema, J., & Ham, E. J. V. D. (2005). An enquiry concerning the principles of cultural norms and values: The impact of uncertainty and mortality salience on reactions to violations and bolstering of cultural worldviews. *Journal of Experimental Social Psychology, 41* (2), 91-113.

Van den Bos, K., & Lind, E. A. (2002). Uncertainty management by means of fairness judgments. In M. P. Zanna (Ed.) .*Advances in Experimental Social Psychology* (Vol. 34, pp. 1-60). San Diego: Academic Press.

Van den Bos, K., & Mass, M. (2009). On the psychology of the belief in a just world: Exploring experiential and rationalistic paths to victim blaming. *Personality and Social Psychology Bulletin, 35* (12), 1567-1578.

Van den Bos, K., Vermunt, R., & Wilke, H. A. M. (1997). Procedural and distributive justice: What is fair depends more on what comes first than on what comes next. *Journal of Personality and Social Psychology, 72*(1), 95-104.

Van den Bos, K., Wilke, H. A. M., Lind, E. A., & Vermunt, R. (1998). Evaluating outcomes by means of the fair process effect: Evidence for different processes in fairness and satisfaction judgments. *Journal of Personality and Social Psychology, 74*(6), 1493-1503.

Van Hiel, A., De Cremer, D., & Stouten, J. (2008). The personality basis of justice: The five-factor model as an integrative model of personality and procedural fairness effects on cooperation. *European Journal of Personality, 22*(6), 519-539.

Van Prooijen, J. W. V., De Cremer, D. D., Van Beest, I. V., Stahi, T., Dijke, M. V., & Lange, P. A. M. V. (2008).The egocentric nature of procedural justice: Social value orientation as moderator of reactions to decision-making procedures. *Journal of Experimental Social Psychology, 44*(5), 1303-1315.

Van Prooijen, J. W., & Van den Bos, K. (2009). We blame innocent victims more than I do: Self-construal level moderates responses to just-world threats. *Personality and Social Psychology Bulletin, 35*(11), 1528-1539.

Van-Dijk, D., & Kluger, A. N. (2004). Feedback sign effect on motivation: Is it moderated by regulatory focus? *Applied Psychology, 53*(1), 113-135.

Von den Bos, K. (2003). On the subjective quality of social justice: The role of affect as information in the psychology of justice judgments. *Journal of Personality and Social Psychology, 85*(3), 482-498.

Vorauer, J. D., Martens, V., & Sasaki, S. J. (2009). When trying to understand detracts from trying to behave: Effects of perspective taking in intergroup interaction. *Journal of Personality and Social Psychology, 96*(4), 811-827.

Walton, G. M., & Cohen, G. L. (2011). A brief social-belonging intervention improves academic and health outcomes of minority students. *Science, 331*(6023), 1447-1451.

Warburton, W. A., Williams, K. D., & Cairns, D. R. (2006). When ostracism leads to aggression: The moderating effects of control deprivation. *Journal of Experimental Social Psychology, 42*(2), 213-220.

Webb, T. L., Sheeran, P., & Pepper, J. (2012). Gaining control over responses to implicit attitude tests: Implementation intentions engender fast responses on attitude-incongruent trials. *British Journal of Social Psychology, 51*(1), 13-32.

Wells, A. (1995). A cognitive model of social phobia. *Social Phobia Diagnosis Assessment & Treatment, 4*(4), 69-93.

Wennekers, A. M., Holland, R. W., Wigboldus, D. H., & Knippenberg, A. V. (2012). First See, then nod the role of temporal contiguity in embodied evaluative conditioning of social attitudes. *Social Psychological and Personality Science, 3*(4), 455-461.

Wesselmann, E. D., Cardoso, F. D., Slater, S., & Williams, K. D. (2012). "To be looked at as though air": Civil attention matters. *Psychological Science, 23*(2), 166-168.

Wesselmann, E. D., Ren, D., Swim, E., & Williams, K. D. (2013). Rumination hinders recovery from ostracism. *International Journal of Developmental Science, 7*(1), 33-39.

Wesselmann, E. D., & Williams, K. D. (2010). The potential balm of religion and spirituality for recovering from ostracism. *Journal of Management Spirituality & Religion, 7*(1), 31-49.

Williams, K. D. (2009). Ostracism: A temporal need-threat model. *Advances in Experimental Social Psychology, 41*(2), 275-314.

Williams, D. L., Goldstein, G., Carpenter, P. A., & Minshew, N. J. (2005). Verbal and spatial working memory in autism. *Journal of Autism and Developmental Disorders, 35*(6), 747-756.

Williams, K. D., Cheung, C. K., & Choi, W. (2000). Cyberostracism: Effects of being ignored over the Internet. *Journal of Personality and Social Psychology, 79*(5), 748-762.

Williams, K. D., & Jarvis, B. (2006). Cyberball: A program for use in research on interpersonal ostracism and acceptance. *Behavior Research Methods, 38*(1), 174-180.

Williams, K. D., & Nida, S. A. (2011). Ostracism consequences and coping. *Current Directions in Psychological Science, 20*(2), 71-75.

Williams, K. D., & Wesselmann, E. D. (2011). The link between ostracism and aggression. In J. P. Forgas, A. W. Kruglanski & K. D. Williams (Eds.). *Psychology of Social Conflict and Aggression* (pp. 37-51). New York: Psychology Press.

Winkielman, P., & Berridge, K. C. (2004). Unconscious emotion. *Current Directions in Psychological Science, 13*(3), 120-123.

Wijn, R., & Van den Bos, K. (2010). Toward a better understanding of the justice judgment process: The influence of fair and unfair events on state justice sensitivity. *European Journal of Social Psychology, 40*(7), 1294-1301.

Wirth, J. H., & Williams, K. D. (2009). They don't like our kind': Consequences of being ostracized while possessing a group membership. *Group Processes & Intergroup Relations*, 12 (1), 111-127.

Wirth, J. H., Sacco, D. F., Hugenberg, K., & Williams, K. D. (2010). Eye gaze as relational evaluation: Averted eye gaze leads to feelings of ostracism and relational devaluation. *Personality and Social Psychology Bulletin*, 36 (7), 869-882.

Wright, J. C., Cullum, J., & Schwab, N. (2008). The cognitive and affective dimensions of moral conviction: Implications for attitudinal and behavioral measures of interpersonal tolerance. *Personality and Social Psychology Bulletin*, 34 (11), 1461-1476.

Wright, S. C., Aron, A., McLaughlin-Volpe, T., & Ropp, S. A. (1997). The extended contact effect: Knowledge of cross-group friendships and prejudice. *Journal of Personality and Social Psychology*, 73 (1), 73-90.

Yabar, Y., Johnston, L., Miles, L., & Peace, V. (2006). Implicit behavioral mimicry: Investigating the impact of group membership. *Journal of Nonverbal Behavior*, 30 (3), 97-113.

Yanagisawa, K., Masui, K., Furutani, K., Nomura, M., Ura, M., & Yoshida, H. (2011). Does higher general trust serve as a psychosocial buffer against social pain? An NRIS study of social exclusion. *Social Neuroscience*, 6 (2), 190-197.

Zadro, L., Boland, C., & Richardson, R. (2006). How long does it last? The persistence of the effects of ostracism in the socially anxious. *Journal of Experimental Social Psychology*, 42 (5), 692-697.

Zadro, L., Williams, K. D., & Richardson, R. (2004). How low can you go? Ostracism by a computer is sufficient to lower self-reported levels of belonging, control, self-esteem, and meaningful existence. *Journal of Experimental Social Psychology*, 40 (4), 560-567.

Zanto, T. P., & Gazzaley, A. (2009). Neural suppression of irrelevant information underlies optimal working memory performance. *Journal of Neuroscience*, 29 (10), 3059-3066.

Zhong, C. B., & Leonardelli, G. J. (2008). Cold and lonely: Does social exclusion literally feel cold? *Psychological Science*, 19 (9), 838-842.

Zhou, X., Vohs, K. D., & Baumeister, R. F. (2009). The symbolic power of money: Reminders of money alter social distress and physical pain. *Psychological Science*, 20 (6), 700-706.

Zhu, Y., Zhang, L., Fan, J., & Han, S. (2007). Neural basis of cultural influence on self-representation. *NeuroImage*, 34 (3), 1310-1316.

彩　插

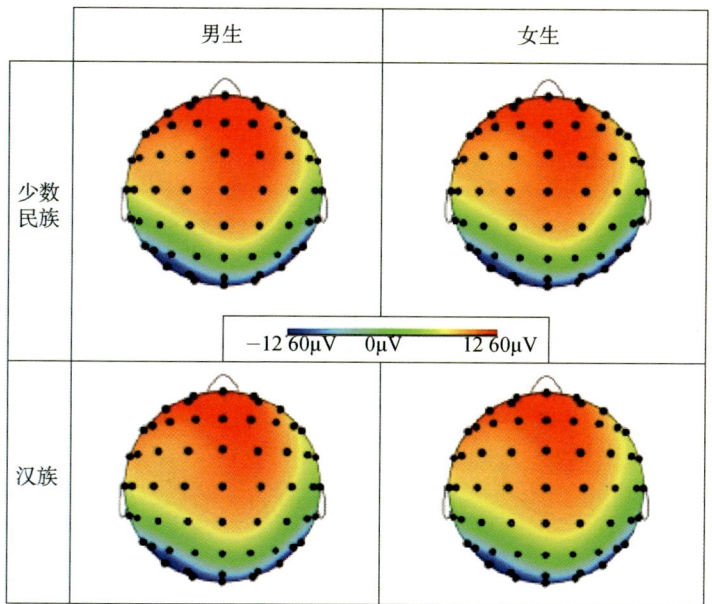

图 6-2　被试任务中的 ERP 的地形图